VOYAGES

CHEZ

LES PEUPLES SAUVAGES.

Cet Ouvrage se vend à Paris,

CHEZ
{
PIRONNET, Palais-Royal.
L. MONGIE jeune, Galeries de bois.
P. MONGIE aîné, Cour des Fontaines.
CHAUMEROT, Galeries de bois.
}

(Il est époux et père)

VOYAGES

CHEZ

LES PEUPLES SAUVAGES,

OU

L'HOMME

DE LA NATURE,

Histoire des peuples sauvages des deux Continens, et des naturels des Isles de la mer du Sud;

Par M. F. RICHARD.

SECONDE ÉDITION.

Avec figures.

TOME PREMIER.

A PARIS,

Chez LAURENS aîné, Imp.-Libraire, rue d'Argenteuil, n. 17.

AN 1808.

AVIS
DE L'EDITEUR.

En 1793, époque qui nous rappelle des souvenirs douloureux, un homme de lettres, âgé de plus de 75 ans, languissoit dans une prison; il augmentoit le nombre des infortunés détenus *révolutionnairement*, s'il nous est permis de nous exprimer ainsi. Cet homme de lettres avoit servi son pays par des écrits vraiment utiles; il étoit philosophe et pieux; homme d'église et citoyen; riche et bienfaisant : on pourroit peut-être attribuer sa captivité à ses vertus vraiment civiques; car dans ces temps d'injustice, de violence et de crime, le vrai mérite étoit le premier déclaré suspect, dénoncé, opprimé : l'homme de bien éprouvoit le même sort que l'intrigant, l'ambitieux et le scélérat; et souvent il n'étoit délivré de ses chaînes, que pour expier par une mort tragique la honte d'avoir vécu sous le règne des oppresseurs de son pays. Il possédoit un manuscrit très-volumineux, contenant des extraits de voyages chez les peuples Sauvages, fruit de lectures continuelles, de pénibles recherches : il avoit été composé dans un temps où la philosophie étoit aux prises avec la religion ; où ces deux filles du ciel, livrées aux attaques des méchans, sembloient s'être déclaré une guerre cruelle, et faisoient triompher, sans le vouloir, les abus nombreux, les sots préjugés, l'hypocrisie, l'amour des nouveautés et l'imposture. Dans ces extraits l'homme de lettres avoit respecté la religion et la philosophie ; il s'étoit contenté de recueillir ce qu'il avoit lu de plus intéressant dans les écrits des voyageurs anciens et modernes, dans les voyages de l'abbé Prevost et dans les ouvrages volumineux des *Cook*, des *Bougainville*, des *Biron*. Détenu depuis plusieurs mois, pour charmer ses loisirs, il continuoit d'analyser les voyages de nos plus célèbres navigateurs chez les peuples sauvages. Il en avoit formé des écrits volumineux, sans ordre, mais qui n'en offroient pas moins des matériaux utiles pour une partie de l'histoire des hommes dont on ne s'étoit point encore occupé.

Le 9 thermidor parut, et le règne des lois avec lui : des milliers de captifs lui durent leur liberté ; la France une constitution (1) ; la République une existence durable. A cette époque l'homme de bien fut mis en liberté ; mais accablé

---

(1) Celle de l'an III ; elle n'existe plus.

par les années, et plus encore par les rigueurs de sa captivité, il comprit qu'il lui étoit impossible de se servir des matériaux qu'il avoit recueillis, et de mettre lui-même la dernière main à l'histoire générale des sauvages qu'il avoit conçue; il céda ses manuscrits à un imprimeur de ses amis, et l'invita à les confier à un littérateur instruit, pour les mettre en ordre, et en former l'histoire complette des sauvages des deux Continens et des naturels des îles de la mer du *Sud*.

L'imprimeur a cru trouver l'instant favorable ; il a rempli les vœux du vieillard, et fait choix d'un homme de lettres, qui depuis deux ans s'est chargé de cette entreprise longue et pénible : il falloit tirer parti des nombreux manuscrits qui lui furent confiés. Ils avoient besoin d'être quelquefois analysés, et plus souvent abrégés ; il falloit en ôter d'inutiles digressions; en composer un ouvrage digne d'être lu par tous les peuples dont il convenoit de respecter les antiques préjugés ou les nouvelles idées, les principes philosophiques ou religieux ; il falloit les dépouiller de ce qui pouvoit, en France, blesser des républicains, faire tolérer un système qui, puisé dans les principes religieux de son auteur, pouvoit peut-être ne pas supporter l'œil sévère d'une saine philosophie, puisqu'il a paru absurde à certains philosophes modernes, dignes de la vénération publique, et qu'il fut combattu par le plus célèbre d'entr'eux, *J. J. Rousseau* (1); il falloit dépouiller d'une sécheresse presqu'inévitable des raisonnemens métaphysiques; embellir ces détails par des anecdotes intéressantes et vraies, par des écrits historiques, par un abrégé adroitement amené des découvertes de nos modernes navigateurs. L'entreprise étoit difficile. L'histoire de l'*Homme de la Nature* ne peut être un roman; il falloit présenter l'être sauvage tel qu'il est; que le tableau qui devoit nous l'offrir, ne fût ni flatteur ni flatté; donner un démenti à ces historiens fabuleux qui, pour plaire à la multitude ignorante, toujours éprise du merveilleux, peignent ces hommes d'après leur imagination; veulent trouver le bonheur et des heureux, parmi des êtres que la nature a jettés comme par hasard dans des contrées arides ou fertiles, désertes ou peuplées, et qui par-tout a placé au milieu d'eux les peines de la vie, la nécessité du travail, l'ignorance et les passions. On trouvoit déjà dans l'ouvrage cette manière de peindre l'homme avec une scrupuleuse fidélité; le cadre étoit tracé, il ne fal-

---

(1) Emile, tom. III; dans plusieurs Lettres de l'Héloïse; réponse au Mandement de M. l'Archevêque.

DE L'ÉDITEUR.

loit plus que le remplir. Les lecteurs pourront juger par eux-mêmes, si celui qui s'est chargé de cette entreprise pénible, a secondé les intentions de l'auteur; si son style s'est élevé quelquefois à la hauteur de son sujet; s'il étoit digne d'unir ses pinceaux à ceux du vieillard respectable, qui desiroit que son ouvrage un jour fût accueilli d'un public connoisseur et pût être utile et plaire à ses concitoyens.

L'histoire de l'homme civilisé jusqu'à nos jours est complette : celle de l'homme sauvage étoit à faire : le moraliste la demandoit, le philosophe la réclamoit, l'homme de la Société l'attendoit comme le complément de son histoire. Cet ouvrage, intéressant dans toutes ses parties, pouvoit faire cinq volumes; il est réduit à trois ; un grand nombre de paragraphes ont été supprimés; plusieurs ont été abrégés, beaucoup ont été ajoutés, sur-tout dans le premier volume. Quelques notes historiques et philosophiques ont été placées par le second auteur. L'éditeur ose espérer que cet ouvrage sera lu avec indulgence, qu'il sera placé dans nos bibliothèques, et compté parmi les ouvrages utiles, qui devoient paroître au moment où la saine philosophie est révérée, où les hommes de toutes les contrées, de toutes les opinions, reviennent à des sentimens modérés, appellent la paix à grands cris, et reconnoissent que les sciences et les arts, l'histoire et la politique doivent être cultivés ensemble, pour faire fleurir un empire, et rendre les peuples fortunés.

Un grand bien qui peut résulter de l'ouvrage que nous offrons au public, c'est qu'il doit attacher tous les hommes à leur patrie ; c'est qu'il prouve à tous que le bonheur (s'il existe sur la terre) doit se trouver, plutôt parmi les êtres civilisés, que parmi les sauvages et les barbares, qui sacrifient sur les autels du tigre, sur ceux de la vengeance, et ne connoissent d'autre loi que celles de la nécessité, de la crainte et du besoin. Et quel est celui qui pourroit envier la condition des sauvages ?.... Si dans nos grandes cités, le crime lève une tête altière ; si tous les vices y abondent ; les antres des forêts, les contrées désertes et lointaines, les sables de l'Afrique et les glaces du Nord ont aussi leurs forfaits ; les maux physiques, joints à des maux plus cruels encore, les peines morales se réunissent pour rendre affreux le sort des peuples sauvages ou barbares. C'est parmi eux, que souvent l'homme n'est plus homme, et qu'il vient se placer au rang des bêtes les plus féroces, avec lesquelles il est toujours en guerre...... Or, quel est parmi les êtres de la société, l'infor-

tuné qui pourroit envier une pareille existence?...
Malheur à celui qui a conçu ce coupable desir !
mais malheur au gouvernement tyrannique qui
force le citoyen à former ce vœu coupable !........
Puisse cet ouvrage, consacré à l'instruction de
l'*Homme de la Société*, lui faire connoître
l'*Homme Sauvage*, et lui bien persuader que
l'être le plus heureux sur la terre, est celui qui,
dans des pays civilisés, est protégé par les loix ;
instruit par les leçons de la philosophie ; occupé,
recréé par les arts utiles et bienfaisans !

DISCOURS
PRÉLIMINAIRE.

Quelque multipliées que soient les relations des voyageurs, on en trouve peu où l'on se soit attaché à développer le caractère et les mœurs des peuples que l'on regarde comme sauvages; de ces hommes de la nature, dispersés en différentes régions du globe, sur-tout aux extrémités des grands continens, où les principes de civilisation n'ont pas encore pénétré; soit parce que les terres qu'ils habitent n'ont rien offert à l'avidité des conquérans qui l'ait tentée; soit parce que ces peuples, effrayés des entreprises d'un despotisme absolu, et attachés à la liberté et à l'indépendance dont ils étoient en possession, se soient retirés pour les conserver, dans des climats jusqu'alors déserts, et qui passoient pour inhabitables.

Mais comme l'industrie des hommes et leur courage naturel les mettent en état de vaincre la nature même en l'assujettissant à leur volonté, peu-à-peu ils sont parvenus à tirer du sol sur lequel ils s'étoient réfugiés, de quoi satisfaire à leurs besoins. Dans les climats les plus rigoureux, ils ont trouvé les ressources de la chasse et de la pêche ; les antres des montagnes leur ont offert des retraites ; les uns se sont construit des cabanes, où ils se sont mis à l'abri des injures de l'air et des rigueurs des saisons ; les autres se sont logés sous des tentes : les plus adroits et les plus entreprenans, ont été regardés comme les plus heureux, parce qu'ils ont trouvé plus de moyens de se procurer des subsistances.

Les premiers observateurs n'ont presque rien dit de l'*Homme de la Nature*, parce qu'ils ne l'ont pas connu : Aristote et Pline n'ont pas étendu leurs spéculations au-delà des régions civilisées des grands empires, avec lesquels les Grecs et les Romains avoient des relations ; ils croyoient les extrémités du globe et les régions situées sous l'équateur, inhabitables et inhabitées ; ils ne connoissoient de l'Afrique que les peuples établis sur les côtes de la Méditerranée, et dans l'Egypte fertile et civilisée. Ce que les anciens géographes ont raconté de quelques autres nations que l'on n'avoit qu'apperçues, sans avoir aucun commerce avec elles, ne portoit que sur des bruits populaires, qui avoient donné lieu à des fables absurdes.

PRÉLIMINAIRE.

Les connoissances se sont étendues depuis la découverte des Indes-Occidentales. On a observé dans ce vaste continent une multitude de nations, plus ou moins nombreuses, différentes par leurs usages, mais barbares pour la plupart, et féroces les unes à l'égard des autres, n'étant unies par d'autres liens que l'intérêt et le besoin de la société. Quelques-unes paroissent avoir fait partie des deux grands empires du Mexique et du Pérou. Les tribus ou familles qui purent se soustraire au joug des Espagnols, s'éloignèrent de leur patrie, et se réfugièrent dans des régions qu'elles crurent inaccessibles à leurs persécuteurs, où elles ne s'occupèrent qu'à pourvoir aux premiers besoins de la nature, et à défendre leur indépendance. Elles subsistent encore dans le même état; quelques-unes ont conservé les usages, les arts et l'industrie de leurs ancêtres; les autres sont retombées dans l'ignorance et la barbarie que produisent les grandes révolutions chez tous les hommes dont elles rompent la société, et qui, perdant toute idée des lois positives, reviennent à l'état primitif de la nature.

On a donné des descriptions assez détaillées de la manière d'être de ces différentes peuplades, pour reconnoître ce qu'elles ont conservé des premières loix de la nature, ou combien elles s'en sont écartées.

On a pénétré depuis moins de deux siècles jusqu'aux extrémités les plus reculées de l'ancien continent. On y a trouvé des nations nombreuses, dispersées sur de vastes terreins, sous des climats rigoureux, qui paroissent y vivre encore dans l'état primitif, sans lois proprement dites, sans principes reconnus de civilisation ; ayant à peine quelqu'idée d'un Etre suprême, sur lesquelles la superstition a pris peu d'empire, mais où l'on a admiré une probité, un désintéressement, une franchise, une bonté de caractère qui feroient honneur aux nations les mieux civilisées : leurs usages sont leurs loix; ils n'en connoissent pas d'autres, et ils n'en sont pas moins respectables.

Nos philosophes les plus célèbres ont profité de ces descriptions pour entrer dans des détails aussi instructifs qu'amusans, sur les variétés de l'espèce humaine, considérée physiquement, et seulement par ce qu'elle présente dans la conformation extérieure : s'ils ont parlé de quelques-unes de ces facultés, ils ne les ont examinées que dans le rapport qu'elles ont avec la reproduction de l'espèce et aux opérations purement physiques : ils s'en sont tenus à des notions générales sur les qualités des corps, et ils n'ont pas cru nécessaire de s'occuper des facultés intellectuelles : l'*Homme de la Nature* ne s'est présenté à eux que comme un être sauvage, peu au-dessus de la brute. Presque toutes les observations, celles même des navigateurs les plus modernes, nous offrent les peuples qu'ils ont découverts, comme formant entr'eux une société de sauvages, parce qu'ils n'ont trouvé parmi eux aucun de ces principes de civilisation, aucunes de ces lois sous l'empire desquelles ils sont nés. Sans arts, sans industrie, il semble que toutes les nations sauvages soient destinées à rester toujours dans une sorte d'enfance, lors même que les circonstances paroissent favorables à les en tirer: il faut tant de temps pour leur donner quelque force, pour leur inculquer quelques principes moraux, qui les conduisent à une forme de gouvernement quelconque, que rarement elles ont cet effet. La raison en est que les besoins des individus qui composent ces petites sociétés, étant trop bornés, ils se passent facilement les uns des autres. Les motifs qui pourroient les porter à se réunir d'intérêts sont extrêmement foibles : ils sont si loin de ce luxe qui multiplie les jouissances, met les hommes dans la dépendance les uns des autres et les rapproche nécessairement, qu'ils n'en ont pas même l'idée : peut-être regarderoient-ils cette réunion comme préjudiciable à leur liberté et à leur indépendance. L'industrie pour se procurer des subsistances est si imparfaite, qu'elle ne peut les assurer à beaucoup de familles sur un même terrein : ils vivent dispersés autant par goût que par nécessité. Les arts qu'ils exercent sont en si petit nombre et si simples, que tout homme est en état de s'en occuper avec assez de succès pour n'avoir pas besoin d'une main étrangère. Tout sauvage sait faire son arc, aiguiser ses flèches, construire sa hutte, creuser son canot, fabriquer un filet ou des hameçons : les pères instruisent les enfans, et cette espèce d'industrie se transmet sans se perfectionner.

C'est parmi ces nations que l'on reconnoît les traits les plus marqués de l'enfance de la vie civile, qui s'y conserve depuis une longue suite de siècles. On y retrouve le sentiment de l'égalité dans toute son énergie : s'il se soumet à quelque autorité, ce n'est qu'avec peine et pour un temps limité. Pendant la paix les chefs des sauvages n'ont d'autre crédit que celui fondé sur la confiance que leur ont mérité leurs exploits en temps de guerre. Les idées que nous attachons aux propriétés foncières leur étant tout-à-fait étrangères, ils ne connoissent pas la différence des conditions qui en résulte, non plus que la prééminence que les sociétés policées accordent à la noblesse du sang et aux dignités.

Si chacun se forme à soi-même un bonheur qui lui est propre, et qui a plusieurs égards n'est qu'apparent et superficiel, ces sauvages sont peut-être les plus heureux des mortels. Au-dessus des craintes et des desirs qui tyrannisent les hommes dans les sociétés, on peut dire que chaque sauvage dans sa famille jouit d'une espèce de souveraineté qu'il ne doit qu'à lui-même (1) et à son genre de vie, dont l'activité et les occupations se succèdent à son gré, et qui bien que pénibles en elles-mêmes ne lui semblent pas telles parce qu'il s'y habitue en naissant, et qu'aucune autre manière d'être ne lui semble préférable. En général ils témoignent tous la plus grande défiance pour les usages des peuples civilisés,

---

(1) *Rex est qui metuit nihil. — Rex est qui cupit nihil. — Hoc regnum sibi quisque dat. — Senec. in Thyeste. Act.* 5.

parce qu'ils les croient tout-à-fait contraires à la liberté et à l'indépendance dont ils jouissent. On sait combien cet état de simplicité, qui a tant de rapport à l'état primitif de la nature, a d'attraits pour ceux qui savent le goûter, et ce ne sont pas les moins estimables des hommes.

La vie oisive et indépendante des Hottentots dans leurs arides déserts, a pour eux des charmes inexprimables; rien ne peut les en détacher. Un d'entr'eux fut pris au berceau, amené en Europe, élevé dans les mœurs des Hollandais et leur croyance. Il fut envoyé à Batavia et employé utilement à des affaires de commerce. Quelques circonstances l'ayant rapproché de sa terre natale, il alla visiter ses parens dans leur habitation : la singularité de ce qu'il vit le frappa et fit tout-d'un-coup renaître en lui l'amour de la patrie et le goût de la vie sauvage : il se couvrit d'une peau de brebis fraîchement écorchée, et se hâta de rapporter au Fort des Hollandais ses habits Européens. . . . . Je viens, dit-il au Gouverneur, renoncer pour toujours au genre de vie que vous m'avez fait embrasser; ma résolution est de suivre jusqu'à la mort les usages de mes ancêtres; je garderai pour l'amour de vous le collier et l'épée que vous m'avez donnés. . . . . et sans attendre de réponse, il s'enfuit à toutes jambes.

Rien n'a paru plus difficile aux missionnaires que de faire adopter aux sauvages de l'Amérique les vérités chrétiennes et morales qu'ils venoient leur annoncer. Ils les écoutent sans les contredire, mais dès qu'ils ont cessé de parler, s'ils n'ont pas l'œil sur leur conduite, ils reviennent aussitôt à leurs habitudes, et ils agissent en conséquence des idées nationales qui composent le fond de leur morale : s'ils y dérogent quelquefois, c'est par la vanité que quelques-uns d'entr'eux tirent de leur commerce avec les Européens, à raison des faveurs et des distinctions qu'ils en reçoivent, mais ils n'en sont pas plus estimés de leurs semblables. J'ai appris d'un témoin oculaire qu'un naturel du Canada ayant apporté à l'hôpital de Québec, un de ses enfans malades qui y mourut après avoir été baptisé, l'accompagna lorsqu'on lui donnoit la sépulture avec les cérémonies de l'église catholique : aussitôt que l'enfant eut été mis en terre, il s'empara du petit drap mortuaire dont il étoit couvert, et s'enfuit. Arrivé dans la peuplade il se fit une écharpe de ce drap, disant que c'étoit un présent du général français. Les autres naturels, jaloux de cette distinction accordée à leur camarade, s'informèrent de ce qui avoit pu la lui mériter, d'autant plus que c'étoit un bavard qu'ils estimoient peu. Sachant comme l'affaire s'étoit passée, ils le tournèrent tellement en ridicule qu'il n'osa plus paroître ; on ne sait même ce qu'il devint. Je cite cette anecdote peu intéressante par elle-même, mais propre à donner une idée du caractère de l'*Homme de la Nature* et de son attachement à l'égalité.

Par-tout donc, où l'on trouve les peuplades sauvages dans l'état de société naissante et encore imparfaite, où toute l'attention se porte à pourvoir aux premiers besoins, les individus, les familles même ne s'attachent à aucune propriété : ce qui est de l'intérêt et du bien général reste en commun, et appartient à tous ; ainsi la liberté et l'indépendance sont entières.

Ce sont ces mœurs fortes des premiers temps que nous avons entendu J. J. Rousseau vanter avec tant d'éloquence : ses admirateurs entraînés par la chaleur de ses expressions, ne voyoient rien au-dessus de la barbare grossièreté des sauvages : ils vantoient d'après leur maître l'avantage de se nourrir de glands, de jouir d'une liberté telle que, voir une femme pour la première fois et en avoir les faveurs étoit le droit du sauvage. N'étoit-ce point cette prétendue prérogative qui les charmoit? car on n'a vu aucun d'eux rechercher pour se nourrir, les glands des forêts, et leur maître luimême auroit été embarrassé s'il se fût trouvé dans une position où, toute culture abandonnée, toute industrie éteinte, il eût été réduit aux seules productions spontanées de la nature; en un mot, dans cet état primitif qui n'existe nulle part avec des caractères plus marqués, que parmi les Hottentots des bois ou les sauvages de la Nouvelle-Hollande.

Ce qui semble se présenter à la réflexion de l'observateur philosophe, c'est que toute société ayant été dans son principe ignorante, grossière et barbare, s'est ensuite élevée audessus de cet état : elle a connu pour un temps le bonheur de la civilisation ; elle en a joui: bientôt abandonnée à un luxe sans bornes, les mœurs se sont amollies et corrompues, l'ordre public s'est interverti ; on a perdu jusqu'à la véritable idée de la propriété et de la liberté individuelles ; et à force de rafinemens on est menacé de retomber dans tous les désordres de la barbarie, sans avoir rien conservé de cette force propre à l'état primitif. Ces extrémités sont-elles réellement à prévoir? non : il restera toujours dans les grandes sociétés un fonds d'industrie et de connoissances qui tourneront à l'avantage commun, mais dont le produit ne sera le partage que d'un petit nombre d'individus, qui en disposera à son gré, et qui maintiendra cette inégalité de distribution qui semble entrer dans le plan d'une politique dangereuse où le peuple en général est compté pour si peu de chose, où l'on ne donne qu'à ceux qui ont déjà, et où l'on ôte au malheureux le peu qui lui est nécessaire.

Sur quoi prétend-on que cet ordre est établi? .... « .... sur ce que l'homme une fois éloigné de la simplicité de la nature (état par lui-même moins indigent, que borné dans ses goûts et ses desirs), a besoin d'une police profonde, parce que les intérêts particuliers se confondant, il faut de l'art pour les concilier et les rendre respectivement utiles : dès-lors la philosophie devient très-nécessaire pour donner à l'édifice social une base solide, et l'orner de tous les agrémens possibles. »

Mais de quelle utilité sont ces prétendus

agrémens ? sinon à satisfaire une foule de desirs frivoles et de besoins factices, qui ne pouvant jamais contribuer au bien-être de tous les individus, ne peuvent qu'aggraver le joug de leur inutilité ; à moins que l'on ne trouve une certaine satisfaction à s'en priver. Mais les Diogènes sont rares, et il est presque démontré que dans aucune société les privations n'ont assuré le bonheur général. Le spectacle du luxe est toujours insultant pour ceux que leur situation et leurs moyens privent de toutes les jouissances. « Il faut, dit-on, parer à une foule inévitable de causes destructives : c'est au génie doué d'une activité bienfaisante à veiller pour saisir d'un coup-d'œil les maux et les remèdes. C'est-à-dire, que ce sont de grands remèdes que l'on imagine et que l'on suppose constamment en action, et avec une vertu ou une autorité qui en assurent les effets. Mais si ces causes destructives, si ces maux n'existent pas dans la simplicité de la nature, ne vaut-il pas mieux s'en rapprocher autant qu'il est possible, que de compter sur l'activité du génie, qui n'est pas toujours aussi bienfaisant qu'on le suppose ? Qui n'a pas été témoin des entreprises du génie abusant du crédit que lui donnoit sa réputation, sur les propriétés, et même la liberté individuelle de ses semblables ? On l'a vu dans ces circonstances imaginer des moyens pour assurer le succès de ses projets, les appuyer de la considération qu'on lui accordoit, et présenter comme le bien général de la société son intérêt personnel et particulier.

» La législation perfectionnée rend à l'homme sa liberté primitive, en le faisant jouir de mille avantages nouveaux. Les êtres civilisés trouveront sans doute ces avantages dans la soumission aux loix et à l'ordre social auxquels leur position les soumet : mais en seront-ils plus libres ? Ceci mérite quelque développement.

» Le sentiment le plus naturel à l'homme, celui auquel il est le plus attaché, est celui de sa liberté. Nous pensons tous de même, sauvages ou civilisés, nous nous croyons tous libres, ou au moins nous voulons l'être : mais n'est-il pas plus vrai que dans l'état de civilisation nous sommes tous esclaves ; nous sommes tous retenus par des liens qu'il nous est impossible de rompre ? Notre sûreté, notre tranquillité, nos propriétés, notre existence même tiennent à la conservation de ces biens. Celui qui veille, qui est intéressé à les maintenir dans toute leur solidité n'en est pas plus libre : il ne doit être considéré que comme le premier anneau de la chaîne : le seul avantage qui lui soit propre est de la bien diriger, et dès-lors le soin de conduire une machine lourde, dure et compliquée, ne sert qu'à lui faire mieux sentir le poids de ces liens communs.

» Que de besoins l'homme a à satisfaire! il s'effraie au premier coup-d'œil ».

Il est vraisemblable que l'on ne présente ici que l'homme corrompu par le déréglement général des mœurs, et les vices de la société. Plus elle est ancienne, plus ils y sont multipliés; ils y ont acquis par l'usage la force des loix de convention. Une société qui a long-temps subsisté, qui s'est fort agrandie, qui jouit de ces richesses qui favorisent la culture des sciences et des arts, tombe insensiblement dans un luxe outré : il semble que l'essence du pouvoir est d'abuser de toute propriété, même de celle des femmes que l'on a regardée si long-temps comme la plus sacrée de toutes ; elles redeviennent presque communes : la corruption des mœurs fait disparoitre la décence et ramène avec tous les rafinemens du luxe, ses aisances recherchées et tous les usages de ces temps de barbarie, où une femme ouvroit les bras pour recevoir le premier venu. On a encore la prétention de couvrir ces désordres du voile d'une certaine réserve ; le vice pour s'autoriser rend encore quelques hommages extérieurs à la vertu ; mais ses suites en sont-elles moins réelles ? Peut-il jamais être vrai que lorsqu'on change de siècles et de climats, on doive régler ses jugemens sur le temps et le local ? La vérité, la justice, les droits et les devoirs essentiels de l'humanité, peuvent-ils avoir d'autres poids et d'autres mesures, dans quelque partie du monde, et dans quelque siècle que ce soit ?

Mais le concours des bras et des lumières, le commerce réciproque de l'industrie et des services, au milieu d'une constitution qui paroît compliquée, établissent l'ordre et l'harmonie.....

C'est-à-dire que tous ces beaux moyens multiplient les dépendances en raison des jouissances superflues que l'on croit nécessaires à la satisfaction du luxe, et plus souvent encore au désordre des mœurs, à l'exigence des passions désordonnées : et quel est celui qui jouit de ces effets prétendus du bonheur ? quelques individus, un tout au plus sur dix mille, les autres ne jouissent même pas des aisances de l'état sauvage.

On

On fait l'apologie de ces besoins multipliés ; on dit qu'ils se trouvent satisfaits comme par enchantement, de manière que les maux inévitables dont la nature a chargé l'homme sont adoucis, et même quelquefois métamorphosés en plaisirs.

C'est ainsi que raisonnent les passions, et tel est en général l'esprit des sociétés, en ne considérant que ceux qui sont à leur tête, et faisant abstraction de la multitude qui n'a jamais part à ces satisfactions enchanteresses : car qui pense, qui s'exprime ainsi ? sinon celui qui place son bonheur dans les jouissances multipliées, et qui met tout en œuvre pour se les procurer, pour les varier, pour en jouir continuellement.

« . . . Est-ce donc une preuve convaincante de la perfectibilité de l'homme, de parvenir par des gradations insensibles à rendre l'état social plus doux et plus desirable que l'état primitif de la nature même, de quelques couleurs qu'on la pare et qu'on l'environne » ?

Il n'est pas douteux que la société ne se soit perfectionnée par les lumières et les soins de ceux qui ont pris assez d'empire dans les différentes régions de la terre, pour faire adopter leurs idées et leurs projets comme des loix et des règles d'une police générale. Les Grecs du siècle de Périclès étoient plus savans, plus polis que ceux que le divin Homère nous représente moins comme des hommes civilisés que comme des hordes réunies de barbares et de sauvages, dont ils avoient la rudesse des mœurs, la violence des passions, la grossiéreté dans leurs amours, la férocité dans leurs vengeances. Mais quelles étoient les mœurs nationales dans ces temps de perfection ? Etoient-elles plus pures ? gardoit-on mieux sa parole ? les pères de famille étoient-ils plus exacts à remplir leurs obligations ? Que de comparaisons à faire !

Ne seroit-il pas plus sensé de dire que la perfection de la société relativement à sa constitution, au gouvernement, au climat, seroit de la ramener, autant que l'ordre établi peut le comporter, à la simplicité de la nature primitive, et dès-lors à une certaine égalité de biens, qui rendroit tous les individus contens dans leurs positions respectives ; où le travail, l'industrie, les qualités vraiment utiles à la société seroient sûrs de trouver leurs récompenses ?

On a trouvé les premiers traits de cette perfection idéale, dans un monde nouveau, inconnu jusqu'à nos jours, dans le gouvernement et la constitution de ces îles du grand Archipel oriental, que l'on avoit découvertes, il y a près de deux cents ans, sans avoir fait aucune attention sur la manière dont leurs habitans existoient et étoient régis. Les navigateurs de ce temps ne cherchoient que des terres enrichies de mines d'or et d'argent, et tous les hommes qui n'avoient pas leurs mœurs, ne parloient pas leur langue, n'étoient pas habillés comme eux, leur paroissoient des sauvages, des barbares destinés à devenir leurs esclaves. Les Français, dont le but étoit de trouver ces terres australes que l'on croyoit former un vaste et riche continent, abordèrent à ces îles, jugèrent mieux de leurs habitans que les navigateurs qui les avoient précédés; mais ils ne firent que les appercevoir pendant une très-courte relâche. Nous en devons la connoissance aux Anglais qui dans trois voyages consécutifs ont parcouru toutes les parties de cet Archipel, et s'y sont arrêtés assez long-temps, pour acquérir des connoissances exactes sur les mœurs, la police et les productions de ces îles.

C'est d'après leurs relations, que l'on peut dire que la première forme d'un gouvernement social s'est établie parmi les naturels de ces différentes îles et s'y est conservée, probablement depuis une longue suite de siècles, sans loix positives, sans sciences, sans autre philosophie que celle de la nature, par les lumières d'une raison saine et désintéressée, qui a fait sentir à ces peuples, que dans toute société, quelle que soit sa forme, il faut reconnoître une autorité à laquelle chaque citoyen, chaque famille, chaque nation doivent être soumis ; autorité qui se fait respecter sans jamais se compromettre, parce que la justice la fait toujours agir.

C'est le gouvernement le moins compliqué, le plus simple, le gouvernement paternel, le plus ancien et le plus parfait de tous, qui présente de la part du chef le desir constant de faire le bien ; de celle des principaux de la nation, celui d'y coopérer ; dans tous les sujets, l'obéissance, le respect, la confiance et l'amour ; parce que tous sont persuadés que la justice, la sagesse et la modération sont les principes par lesquels ils sont régis Où trouveroit-on ailleurs des traces plus sensibles de l'origine de la vraie monarchie et du meilleur des gouvernemens ?

Dans ces petits empires, bornés chacun dans

l'enceinte de l'île où ils sont établis, les premiers chefs ou rois sont respectés à l'égal des dieux : on les aime, mais on ne les craint pas ; le triste sentiment de la crainte ne s'allieroit pas avec celui de la confiance et de l'attachement. Le trône n'a pas cette splendeur éblouissante, qui ne permet pas dans les grandes monarchies aux sujets de toutes les classes de s'en approcher librement. La simplicité de la nature n'a rien adopté de ce faste que les nations policées regardent comme le partage de la grandeur.

Cependant tous ces petits souverains sont environnés de personnes fidelles et intelligentes qui les aident de leurs conseils et sans l'avis desquelles ils ne décident rien sur les affaires d'état. Les chefs des familles distinguées, sur lesquels la nation se repose du soin de ses intérêts, sont chargés de cet emploi important. Cet honneur et la confiance du public restent attachés à un certain nombre de familles, et les descendans de ceux qui ont été admis originairement dans ce premier conseil de la nation, qui se sont voués au service et à la défense de ses droits, regardent comme un devoir très-honorable de s'astreindre aux mêmes engagemens que leurs pères, et de les remplir avec autant d'exactitude que d'équité. C'est parmi ces ministres ou dans leurs familles que sont choisis les chefs de chaque district, qui veillent à ce que le bon ordre règne dans toutes les classes de la nation. Quelles que soient les qualités morales du souverain, on voit par cet usage qu'il est de la nature même de la monarchie que le souverain soit appuyé de son conseil : s'il est foible et borné, le conseil voit et agit pour lui ; s'il a un génie supérieur, il le soutient et lui donne la facilité de se reposer quelquefois, pour entreprendre ensuite de plus grandes choses.

On peut donc regarder les peuples de ces îles fortunées, comme autant de familles ou de tribus vivant encore sous le gouvernement paternel, dont l'espèce de monarchie qu'ils reconnoissent est l'image la plus sensible. Jusqu'à présent aucun de leurs princes ne s'est montré assez ambitieux, assez superbe pour détruire cette égalité si intéressante qui fait de tous les hommes autant de frères, nés pour s'aimer, se servir et se défendre mutuellement. Ce n'est pas qu'il n'y ait parmi ces insulaires une subordination sagement établie, qu'ils ne reconnoissent des chefs principaux, et qu'ils ne soient distribués en différens ordres ou classes ; mais tous sont également soumis aux usages établis, tous jouissent des avantages de leur état, et aucun d'eux ne trouve gênant d'en remplir les devoirs. Dans les classes inférieures, ainsi que dans les premiers rangs, chacun reste dans l'ordre où la nature et l'avantage commun l'ont placé, et on a reconnu que tous y sont heureux, parce que leurs droits sont respectés, et que la société dont ils font partie est fondée sur des rapports et des bases qui resteront inaltérables, tant que les loix de la nature qui les ont posés, seront suivies et respectées.

Ils n'ont d'autres arts, d'autre industrie que ce que les premiers besoins et les plus simples leur ont inspiré comme nécessaires à leur bien-être. Tels étoient les anciens Germains dont nous descendons : ils ne connoissoient point le commerce, ne se renfermoient point dans des villes; ils avoient un éloignement marqué pour les arts des nations les plus policées; ils les croyoient plus propres à flatter les vices, à amollir le courage qu'à porter à la vertu : mais leurs qualités morales étoient connues et respectées; on admiroit leur hospitalité, et l'égalité de la justice qu'ils se rendoient mutuellement.

Tel étoit l'*Homme de la Nature* à l'origine des sociétés, et même long-temps après qu'elles furent formées; et il n'existoit plus avec ses qualités primitives que dans les îles orientales, où elles se sont conservées, parce qu'elles n'ont eu jamais aucune communication avec les grandes nations, dont elles n'ont pu adopter ni la police, ni les arts, ni les vices. Ce qui les a maintenues dans une heureuse égalité, c'est qu'elles ne connoissent aucune richesse fictive; que contentes des productions de leur sol respectif, leurs desirs se sont bornés jusqu'à présent à en jouir, sans rien ambitionner au-delà.

C'est donc parmi ces nations nouvellement découvertes qu'il falloit chercher *le monde primitif*, et non dans ces origines prétendues qui n'ont été que la suite du commerce des nations entr'elles et de la civilisation de quelques anciens peuples de l'Europe et de l'Asie, qui inventèrent l'écriture, le premier et le plus utile des arts, et qui est totalement ignoré de tous les naturels de la mer du Sud, chez lesquels même on n'a reconnu aucun signe symbolique qui en pût tenir lieu; ils n'en ont pas même l'idée. Cependant la forme de leur gouvernement annonce une civilisation déjà très-ancienne, et qui ne paroît s'être jamais occupée qu'à conserver le bonheur général. Telle est l'idée que l'on peut prendre de l'existence des naturels des îles de la

Société, des Amis, de l'île de Pâques, des îles Sandwich, des îles Pelew : quoique séparées les unes des autres par des mers immenses, partout on a observé que les chefs, bien loin de s'être arrogés une domination arbitraire sur leurs semblables, de faire de leur volonté absolue une loi irréfragable, ne sont à leur tête que pour veiller à leur tranquillité et à leur bien-être.

Après avoir lu avec le plus grand intérêt les relations des différens voyages du célèbre Cook, et en avoir extrait tout ce qui a rapport à l'existence morale des peuples qu'il a découverts, nous avons pensé que pour rendre cette histoire aussi complette et aussi intéressante qu'il nous étoit possible de le faire, nous devions chercher l'*Homme de la Nature* dans les différentes nations ou peuplades sauvages et barbares, répandues tant dans l'ancien que dans le nouveau continent et les îles ; comparer leurs usages avec ceux des peuples anciennement civilisés ; rappeller quelle étoit leur simplicité primitive et leur grossiéreté ; ce que les uns et les autres conservent de l'état de nature ; surtout quels sont les moyens qu'ils ont cru devoir les conduire plus sûrement au bonheur, chacun dans leur état, malgré les coutumes barbares auxquelles la plupart des sauvages sont si attachés, la défiance où les nations sont les unes des autres, et l'état de guerre habituelle qui en est la suite. Ces observations générales forment une partie du premier tome de cette histoire : elles nous offrent tout ce qui a rapport à la naissance, à l'éducation du sauvage, et sont toujours appuyées de faits authentiques puisés dans le récit des voyageurs les plus estimés.

Trois dissertations historiques sur la Religion, les exercices et l'état de guerre de l'homme sauvage, présentent l'enfant de la nature parvenu à la virilité, ayant un code de morale, une occupation journalière, des passions à satisfaire, et devant à la société dont il est membre sa force, ses connoissances et son bonheur. Ces trois dissertations, qui occupent une partie du premier tome et une grande partie du second, sont développées dans plusieurs paragraphes. Ces trois dissertations sont bien le complément de l'histoire morale de l'*Homme de la Nature*, puisqu'elles font bien connoître les mœurs des peuples sauvages.

L'idée que l'*Homme de la Nature* a du mal et du bien, de l'Etre suprême, de la vie future, fait l'objet principal de la première dissertation.

La seconde traite des exercices des peuples sauvages ; c'est l'homme *physique* qu'elle nous offre. Il nous a paru qu'elle devoit être placée immédiatement après celle qui nous avoit peint l'homme *moral*.

Quant à l'état de guerre, sujet de la troisième dissertation, on l'a trouvé si bien établi chez tous les peuples que l'on regarde comme sauvages, qu'il semble tenir au fond de leur caractère : implacables dans leurs haines, d'une constance invincible dans leurs usages, le droit du plus fort vis-à-vis des étrangers et des nations qu'ils regardent comme ennemies, est le seul qu'ils connoissent : ce qui en présente les apparences, a par-tout droit à leur estime.

Ce qui étonna le plus un sauvage amené à la cour de Charles IX, roi de France, fut de voir les cent-suisses hauts de six pieds, avec leurs moustaches et leurs hallebardes, obéir à un petit homme qui avoit le visage pâle et les jambes grêles. Un autre Indien voyant le tableau où St. Michel tient le diable terrassé sous ses pieds, avec une majesté tranquille et sans faire d'efforts, s'écria..... ah ! le beau sauvage !

On ne connoît pas assez ces sortes d'hommes,

pour sentir l'énergie de ces réflexions : ils n'ont d'autre idée de puissance que celle que donne la force personnelle, ils ne sont pas même capables d'en concevoir une autre. Les naturels des îles de la Société et de celles des Amis, quoique de mœurs douces, et civilisés autant que l'*Homme de la Nature* puisse l'être sous le gouvernement le plus humain, sont pénétrés des mêmes sentimens d'indépendance et de liberté, et de la puissance de la force individuelle et nationale; on en peut juger par la facilité avec laquelle ils entreprennent leurs expéditions militaires, sous le prétexte le plus léger, et dont les suites sont souvent aussi atroces que chez les peuples les plus féroces. Ils en rougissent, mais ils s'y livrent, et l'état de guerrier tient le premier rang dans leur constitution sociale. Ce n'est pas pour conquérir qu'ils s'arment les uns contre les autres, c'est pour jouir à leurs propres yeux de la gloire de se venger. Erreur funeste à l'humanité, que l'on pourroit comparer à la frénésie des conquêtes qui a été la plus longue de toutes et qui n'est pas encore anéantie ! Pendant plus de douze siècles, toutes les institutions, toutes les loix de l'Europe désolée, tendirent à perpétuer l'esprit de dévastation sous lequel elle gémissoit.... Et pourquoi arrache-t-on encore des millions de soldats au sol qui les a vu naître ? pour s'enlever réciproquement des dépouilles qui doivent être teintes de leur sang : et ce sont des princes qui se disent pacifiques et justes et ne voulant que le bonheur de leurs sujets, qui entreprennent ces guerres meurtrières, et qui même dans le sein de la paix semblent ne maintenir la splendeur de leur trône et la dignité de leur état, que par un appareil formidable et ruineux ! Comment a-t-on pu adopter comme une maxime d'état, que l'on ne conserve la paix qu'en se montrant toujours prêt à faire la guerre ! Qu'il s'en faut que les guerres des sauvages, si cruelles en apparence, soient aussi désastreuses que celles des nations civilisées !

Le tome dernier comprend l'histoire morale, civile et politique des naturels des îles de la Société, des Amis, des Nouvelles-Hébrides, et de toutes celles qui ont été découvertes et nouvellement reconnues dans la mer du Sud.

Ces îles dont la découverte a si fort intéressé l'Europe depuis quelques années, peuvent-elles devenir de quelque utilité aux navigateurs ? On ne le prévoit pas en considérant leur position : relativement aux autres parties du globe, elles sont trop éloignées de leur route ordinaire, pour que la curiosité les y conduise de nouveau. Quelque aimables, quelque faciles que l'on puisse imaginer les femmes des principales de ces îles, il n'est pas vraisemblable que l'on entreprenne de si longs voyages pour aller jouir de leurs faveurs, et s'exposer peut-être aux risques d'en conserver de longs et cuisans repentirs. Cependant les nations commerçantes et maritimes, celles qui aiment les grandes entreprises, la gloire de leur pays, et qui veulent ouvrir aux beaux-arts, à l'industrie, au commerce, aux connoissances une carrière nouvelle, seconderont les navigateurs qui voudront marcher sur les traces des *Cook* et des *Lapeyrouse*. C'est à de si nobles motifs que le capitaine *Baudin* doit les encouragemens que vient de lui accorder le Gouvernement Français pour une expédition lointaine, et de nouvelles recherches à faire dans les mers du Sud.

Tel est le plan de l'histoire de l'*Homme de la Nature* : le moment est-il bien favorable pour le présenter ? N'y a-t-il pas de la témérité de hasarder ces essais philosophiques, et de mettre au jour cette histoire morale, sur-tout au moment où les Français sont occupés des plus grands intérêts, ou qu'ils cherchent des ouvrages propres à les récréer, à charmer leurs loisirs ? Notre ouvrage obtiendra-t-il des lecteurs ? Il ne sera point lu par ces hommes superficiels qui comptent pour rien les études du naturaliste, les observations du philosophe, les méditations de l'homme de lettres: mais il trouvera des lecteurs parmi les amis des hommes, parmi ceux qui aiment de sages écrits où la vérité ne fut jamais sacrifiée; où l'*Homme de la Nature* est offert tel qu'il est, avec ses défauts et ses vertus; où l'on trouvera une histoire nouvelle la plus intéressante, la plus digne d'être connue, l'*Histoire de l'Homme de la Nature*.

L'HOMME
DE
LA NATURE,
OU
HISTOIRE MORALE

Des Nations Sauvages de l'ancien et du nouveau continent, et des naturels des îles de la mer du Sud.

Paragraphe premier.

Quel est l'Homme de la Nature dont nous voulons nous occuper dans cet ouvrage.

Noirci par les rayons du soleil ; errant au milieu des bois, armé d'une pesante massue ; le plus terrible des êtres vivans par son audace, son industrie ; se croyant seul dans la nature, et ne songeant qu'à sa propre conservation, qu'à celle de sa compagne et de ses enfans, lorsque par hasard il est époux et père ; d'après les circonstances tour-à-tour doux ou cruel, calme ou furieux; n'ayant pour asyle que les feuillages verdoyans et pour lit que les feuilles desséchées; enclin à la paresse, mais infatigable lorsque la faim le presse; sans crainte pour l'avenir; ne sachant ni contempler la nature, ni réfléchir; tel doit être l'*Homme de la Nature*, sous le ciel brûlant de la zone torride et dans tous les lieux où il peut vivre isolé, et trouver sans peine, repos, subsistance et sûreté.

Il a plus de force et d'adresse, plus de férocité, peut-être plus d'industrie, car il a plus de besoins et moins de ressources, l'*Homme de la Nature* dans les régions du nord, où les frimats, les neiges, la nuit et les tempêtes ont fixé leur séjour; il connoît le droit de propriété, puisqu'il possède une cabane enfumée, quelquefois des provisions et des outils grossiers; mais il a moins de facilité pour se livrer aux idées abstraites ou contemplatives que les sauvages du midi pour qui la nature dévoile tous ses charmes et dont les besoins sont modérés.

Vous ne pouvez trouver en parcourant les plages habitées par ces deux espèces de sauvages dans les quatre parties du monde, nulle idée *du bon et du beau*. Tout ce qui tient à la vertu dépend des circonstances et de la position dans laquelle se trouve l'être affecté par telle ou telle passion ; chez lui l'amour est un besoin ; le hasard produit l'amitié, l'intérêt seul lui donne une durée ; le sauvage tient au sol qui l'a vu naître, comme la plante qui végète, le quadrupède qui se multiplie, l'ovipare qui peuple les forêts ; l'instinct l'enchaîne au sol où il trouve sa nourriture, le même instinct le repousse loin du pays natal, lorsque ses moyens d'exister sont épuisés.

Exister, satisfaire ses besoins physiques et ses desirs, voilà ce qui fait le bonheur du sauvage ; est-il réellement heureux ? L'homme de la société ne peut juger par expérience du bonheur dont jouit ou croit jouir l'*Homme de la Nature*, ce dernier est heureux si ses desirs sont satisfaits ; comme ses desirs sont très-bornés il est toujours plus près du bonheur que l'homme en société dont les besoins sont infinis. Mais si on réfléchit que tout dans la nature semble se liguer contre lui pour diminuer le nombre de ses jouissances ; que les animaux féroces, les insectes, la température du climat et même les êtres de toute espèce sont autant d'ennemis qui mettent des entraves à son bonheur ; que les fatigues qu'il essuie, soit pour chercher parmi les déserts ou pour enlever de vive force une proie nécessaire, lui font payer bien cher une pareille conquête ; on doit en conclure qu'il n'est pas de sort plus cruel que le sien. Pour juger du bonheur réel de l'homme errant parmi les bois, il faudroit avoir vécu avec les sauvages de la nature, mais peu de voyageurs ont eu cet avantage, et l'on peut bien s'imaginer qu'il est très-difficile de pouvoir observer un être tantôt timide comme le faon qui fuit au moindre bruit, ou terrible comme le lion de Nubie qui dispute sa proie.

Si les voyageurs ou les philosophes nous ont présenté des tableaux séduisans relatifs à l'homme sauvage seul et solitaire, sur des plages inhabitées, quelle foi peut-on ajouter à ces écrits, semblables à ces romans qui nous enchantent par des détails puisés dans une imagination brûlante et qui ne nous offrent réellement que des scènes imaginaires ou des héros fabuleux ?

Laissons ces êtres inconnus et ne nous occupons que du fils aîné de la nature, de son unique favori, du vrai sauvage, qui sait vivre en bonne intelligence avec des êtres qui lui ressemblent, qui s'est approché d'eux volontairement, qui partage leurs plaisirs, leurs peines, leurs travaux et leurs combats ; il connoît le charme des préférences, les douceurs de l'amitié, les plaisirs de la tendresse et de l'hymen ; souvent dirigé dans ses actions par l'orgueil et la noble passion de la gloire il cède quelquefois à la haine, à l'envie, au desir de se venger, de verser le sang de ses rivaux ou de l'ennemi commun. Soumis à des loix consenties, il obéit aux chefs qu'il s'est donné, il combat pour la cause commune; il chérit avec ivresse son pays, ses semblables, son épouse et ses enfans.

Voilà le sauvage digne de nos observations, celui qui fut toujours l'objet des études du philosophe et du naturaliste, celui dont nous voulons offrir à nos lecteurs l'intéressante histoire. Homme de tous les siècles, de toutes les contrées, son origine se perd dans la nuit des temps, et soit qu'on le considère sous les contrées les plus éloignées, dans les déserts de l'Afrique, sur les plages arides et glacées du nord, ou dans les îles nouvellement découvertes, son histoire doit intéresser et plaire : ses vertus, ses vices sont pour nous un objet d'une utile instruction. Le tableau physique et moral des mœurs des peuples sauvages du monde entier vaut bien celui des nations isolées, des peuples conquérans, même des hommes qui composent ces grandes cités, où les beaux-arts, une active industrie et les leçons de la philosophie obtiennent des triomphes signalés.

On a beaucoup exagéré les vices des peuples sauvages; on a beaucoup trop vanté leurs vertus. On voit, il est vrai, des peuplades vraiment barbares, jalouses, cruelles, antropophages ;

d'autres dont la douceur, la bonté et l'obéissance désintéressée sont dignes des plus grands éloges ; mais presque toujours leurs vices et leurs vertus proviennent d'une cause connue, et sont dûs à des circonstances particulières : leur effet même assez souvent cesse avec la cause qui l'a produit. Les uns doivent leurs vices à la jalousie, à la paresse ; les autres doivent à la fécondité du terrein qu'ils habitent, à des loix sages, à des causes secondes, ce caractère heureux que l'on admire et ces vertus si rares chez les peuples policés.

On a prétendu que la fréquentation des peuples navigateurs et commerçans a dénaturé les mœurs des sauvages et que c'est à cette fréquentation qu'il faut attribuer ou leurs vices ou leurs vertus. Cela peut être, mais il faut avouer que déjà ce caractère naturel étoit formé et que le commerce des voyageurs n'a pu qu'ajouter des vices à des vices, ou des vertus à des vertus.

On peut ici hasarder une conjecture qui n'est pas indigne des réflexions du philosophe sur les causes du plus ou moins de sociabilité ou de férocité des nations sauvages.

Les communications entre les deux hémisphères (nulle preuve du contraire n'existe dans les relations des voyageurs), les naufrages et plusieurs causes inconnues ont sans doute peuplé (1) ces contrées les plus éloignées. Les marins, les soldats et les commerçans sont, il y a toute apparence, les êtres qui, dirigés par les hasards, les vents ou les tempêtes, sont devenus les premiers habitans de ces régions lointaines; leurs descendans doivent avoir hérité de leurs mœurs, de leurs vices et de leurs vertus. Bientôt la nécessité de se diviser pour chercher des alimens; l'ignorance profonde dans laquelle doit être plongé un peuple qui n'est point agriculteur et cazanier; enfin mille causes physiques ou morales ont beaucoup influé sur les mœurs primitives et doivent y avoir apporté un grand changement.

L'Africain a tous les vices produits par l'oisiveté, la chaleur du climat, par l'effervescence occasionnée par un sang bouillant, et par la violence des passions portées au plus haut degré.

Le sauvage du Nord est une machine que la faim organise, que le froid engourdit et dont l'existence ressemble à un long sommeil agité par des songes pénibles. Il est tour-à-tour paresseux, vigilant, oisif, occupé, il n'a nul enthousiasme pour le bien, nulle éner-

---

(1) Nous reviendrons quelquefois sur cet objet.

gie pour le mal; il n'a que les vices et les vertus d'un homme foible.

Les voyageurs ont ensuite remarqué des variations infinies en parcourant les diverses contrées du globe habité, mais ils sont forcés d'avouer que le climat a une très-grande influence sur le caractère des sauvages; que l'on apperçoit dans leurs coutumes, dans leurs mœurs, des traits caractéristiques qui prouvent jusqu'à l'évidence que ces peuplades tiroient leur origine de quelques habitans des deux hémisphères avec lesquels ils avoient plusieurs traits de ressemblance : et que dans tous les lieux où l'homme s'est soumis aux loix, à des chefs, à un culte religieux, ses mœurs étoient plus douces et son existence moins pénible et moins malheureuse.

Enfin ils ont reconnu que l'*Homme de la Nature* n'existoit réellement que chez les peuples répandus dans le nord de l'Amérique, sur-tout chez les Iroquois, les Hurons, les Algonquins... etc... En effet on trouve chez tous ces peuples les vertus de la nature, un amour de la patrie réellement gravé dans leurs cœurs, une passion naturelle pour la gloire, une grandeur d'ame non-seulement à l'épreuve du péril mais même au-dessus du malheur, un secret impénétrable soit dans les délibérations, soit quand il s'agit d'exécuter; un mépris pour la mort, né avec eux et fortifié par l'éducation. On y distingue encore une pureté de mœurs, bien éloignée, il est vrai, de la politesse, de l'urbanité des contrées policées : ce coup-d'œil même, quelque rebutant qu'il paroisse au premier aspect, devient agréable par ses contrastes et ses oppositions : il a ses beautés et ses graces comme les ombres dans un tableau, ou comme l'aspect de certains paysages, dans lesquels ce que la nature a d'horrible se trouve adouci par le plaisir qui se répand jusques sur l'horreur même et qui naît de la nouveauté du spectacle.

L'*Homme de la Nature*, selon nous, est celui qui a quelque idée de sociabilité, c'est de lui dont nous voulons particulièrement nous occuper; mais nous n'oublierons point les variations qu'il présente, dans quelque lieu que soient placés ses semblables, sur-tout si les voyageurs ont daigné les visiter. Nous allons, guidés par ces mêmes voyageurs, écrire l'histoire de l'*Homme de la Nature*, de l'être heureux parce qu'il est libre, et qu'il a des idées de propriété et de justice. Nous allons enfin tracer le tableau touchant, instructif et curieux des mœurs de tous les peuples sauvages. Quelle vaste carrière s'offre à nos regards!.... heureux si nous pouvions la parcourir avec quelque succès, et nous rendre dignes du sujet que nous voulons traiter pour l'instruction de nos contemporains et des siècles à venir.

§. II.

L'Homme de la Nature long-temps inconnu; quelle étoit son existence. Peuplades de la Nouvelle-Hollande ; Chichimecas du Mexique ; Barbares pourquoi méfians ; Ecossois septentrionaux, habitans des Orcades, etc. comparés aux sauvages.

On doit la connoissance de l'homme considéré dans l'état de nature, aux progrès merveilleux de la navigation, qui a été encouragée dans ses périlleuses entreprises, par l'ambition des souverains, les intérêts du commerce, et quelquefois dans les vues plus nobles de reculer les bornes de l'esprit humain, en lui présentant de nouveaux objets de spéculation dans l'ordre moral.

On a vu des peuplades dispersées dans différentes parties du globe, sans civilisation, sans industrie, sans union dans les familles, exister peut-être depuis une longue suite de siècles sous le joug de la nature la plus brute, tels que doivent avoir été les premiers hommes, dispersés au hasard sur la surface de la terre; obligés sans cesse de défendre leur propre existence contre l'intempérie des zones glaciales ou brûlantes ; incapables d'autres soins que de celui de tirer leur subsistance des productions spontanées que la nature leur mettoit sous la main dans chaque climat, mais sans rien imaginer qui pût leur en rendre la jouissance plus utile ou plus commode. Si dans cette position, ils ont senti qu'ils ne pouvoient rien en restant isolés ; que pour assurer leur propre conservation, ils devoient se réunir et s'associer à leurs semblables, ils n'ont pas porté bien loin leurs spéculations sur les avantages de la société, puisqu'ils sont restés dans l'ignorance la plus épaisse, et dans une sorte d'indigence que l'habitude a pu seule leur rendre supportable.

Telles sont encore les peuplades de la Nouvelle-Hollande. Cette grande île située dans une région du globe dont la température doit être très-heureuse, puisqu'elle s'étend depuis le dixième jusqu'au quarantième degré de latitude australe, dans une surface quarrée, plus vaste que toute l'Europe, n'offre dans ses habitans aucune idée de civilisation, même commencée, aucune trace d'une industrie tant soit peu utile, nul autre sentiment humain que de la défiance et une aversion marquée pour les étrangers, qui cependant se présentoient à eux sous des apparences, avec des procédés qui auroient dû capter leur bienveillance, s'ils en eussent été susceptibles.

A quelque distance les uns des autres qu'on les ait examinés, ils n'ont paru former qu'une seule race d'hommes, moins civilisés, plus sauvages que les peuples les plus grossiers de l'Amérique. On n'y a remarqué aucune trace des arts les plus communs et les plus nécessaires aux aisances de la vie : on n'apperçoit pas la plus légère apparence de culture dans toute cette immense étendue de terres; il est vrai que les habitans y sont en si petit nombre que le pays paroît désert. Les tribus ou familles rassemblées sont peu considérables, toujours errantes pour chercher leur nourriture qu'elles tirent principalement du poisson et des coquillages que la mer jette sur ses bords, et peut-être quelques racines qu'un sol naturellement fertile produit de lui-même. Enfin, c'est de tous les pays connus, celui où l'on ait trouvé l'homme dans l'état de l'ignorance la plus barbare; par-tout il offre le plus triste spectacle de sa condition et de ses moyens dans cet état de nature brute. Rien ne dénote en lui ces sentimens de bonté qui devroient rapprocher des hommes qui n'ont aucun de ces grands intérêts qui mettent la division dans les sociétés civilisées.

Ces naturels ne marchent et ne se présentent

qu'armés, ce qui porte à croire que les différentes tribus sont ennemies les unes des autres. Il ne faut donc pas être surpris s'ils ont montré tant de méfiance et de méchanceté à l'égard des étrangers, qu'ils regardoient comme infiniment plus formidables qu'eux, mais qu'ils ne craignoient pas d'attaquer, toutes les fois qu'ils croyoient pouvoir le faire avec quelqu'avantage. C'est sous ces traits que nous les représentent tous les navigateurs qui ont abordé dans ces parages depuis plus d'un siècle et demi, et c'est parmi ces sauvages que les Anglais vont former un nouvel établissement, peut-être y fonder une colonie nombreuse qui deviendra un point d'appui d'où la métropole exercera son empire, non-seulement dans la Nouvelle-Hollande, où elle trouvera peu de résistance, mais encore sur la Nouvelle-Zélande, si les naturels de cette île, plus nombreux, plus unis, plus courageux et plus féroces, quoique moins sauvages que les malheureux habitans de la Nouvelle-Hollande, n'y opposent pas une résistance invincible.

Rien n'est plus difficile que d'assujettir les nations qui se sont séparées des autres depuis un temps imméniorial, et parmi lesquelles aucune police n'a pu adoucir cette barbarie d'origine qui les entretient dans une sorte de férocité indomptable.

Les plus anciens habitans du Mexique, nommés Chichimecas, ne cultivoient point la terre ; ils vivoient du produit de leurs chasses, regardant comme leurs ennemis les bêtes fortes et féroces, qui leur disputoient souvent avec avantage leur séjour et leur subsistance qu'ils tiroient encore des insectes de toute espèce, ainsi que des herbes et des racines, dont la faim ou l'exemple des animaux qu'ils poursuivoient sans cesse leur apprenoient l'usage. Ils habitoient les cavernes des rochers, ou les forêts les plus épaisses, sans roi, sans chef, sans aucun sentiment religieux. Toutes leurs précautions se bornoient à suspendre leurs enfans dans des paniers de jonc, qu'ils accrochoient aux arbres, pendant qu'ils alloient à la chasse. Lorsque les Espagnols firent la conquête de l'ancien Mexique, ils trouvèrent la plus grande partie des descendans de ces premiers habitans, très-civilisés, ayant un culte public et des souverains, aux loix desquels ils étoient très-soumis ; ils cultivoient la terre ; ils exerçoient différens arts et métiers, mais tous n'avoient pas adopté cette manière de vivre ; car il existe encore dans le nouveau Mexique, des descendans des premiers Chichimecas qui en ont conservé toute la barbarie. On ne peut les amener ni par la force ni par la douceur à se soumettre à quelque gouvernement que ce soit ;

à la moindre violence que l'on tente contr'eux, ils se retirent dans des montagnes inaccessibles, où ils se dispersent de manière que l'on ne peut suivre leurs traces. (Acosta, lib. 7, c. 2.)

C'est ainsi que cette nation sauvage s'est maintenue dans cette féroce simplicité, qui permet à peine de la mettre dans la classe des créatures douées de raison : c'est ce qui est arrivé à toutes celles que quelques grandes révolutions ont séparées des autres, depuis une longue suite de siècles. Un souvenir confus de leurs anciens malheurs, la difficulté de se procurer des subsistances, n'ont fait que donner une nouvelle activité à leur défiance pour le reste des hommes, dont la nature tend à les rapprocher, mais que les préjugés en éloignent; ils sont incapables de comparer les avantages de la civilisation avec la misère de leur état; ils restent par habitude sauvages et barbares, et s'en glorifient, regardant toute espèce de dépendance, quelqu'avantageuse qu'elle soit, comme la dégradation de l'homme qui lui sacrifie sa liberté. Tels se sont montrés, sous des aspects très-variés, la plupart des insulaires découverts dans ce siècle. Ce spectacle a été d'autant plus frappant pour les navigateurs modernes, qui, tous nés et élevés dans le sein des sociétés policées, où les hommes sont réunis et soumis à des loix fixes qui règlent les rangs, les propriétés, les sentimens; où ils jouissent de toutes les aisances qu'une longue suite de siècles et d'usages ont rassemblées, n'ont pu s'imaginer que le bonheur pût être connu dans une autre manière d'exister. Mais qu'ils se rappellent la manière de vivre de leurs premiers ancêtres, et ce que les anciennes chroniques racontent, ils ne trouveront pas une grande différence entr'eux et les sauvages qui leur paroissent si barbares.

Les Ecossois septentrionaux, ou Pictes, ainsi nommés de la couleur bleue dont ils se peignoient le corps, vivant sous un climat rigoureux, dans un pays hérissé de rocs escarpés, sur un sol ingrat et dur, étoient belliqueux et avides de carnage; ils bravoient l'injure des saisons avec une constance singulière : presque nuds, armés d'un écu ou bouclier fort étroit, d'une épée et d'un poignard; ayant toujours dédaigné l'usage du casque et de la cuirasse, ils supportoient la faim, le froid et les fatigues avec assez de courage, pour passer plusieurs jours enfoncés dans les marais jusqu'au cou, lorsqu'ils vouloient surprendre un ennemi dont ils avoient à se venger. Après qu'ils avoient consommé les subsistances qu'ils pouvoient tirer de l'Ecosse, ou qu'ils enlevoient furtivement à leurs ennemis, ou même à leurs voisins; ils se nourrissoient dans les bois

de

de l'écorce et de la racine des arbres. On dit qu'ils savoient préparer une sorte de restaurant (1), dont il leur suffisoit de prendre gros comme une fève, pour être en état de soutenir la plus longue diète (2).

Cette manière de vivre est-elle plus douce, plus fortunée que celle des sauvages de l'Amérique et de plusieurs îles de la mer du *Sud*? Si l'on connoissoit mieux le *Groenland*, les peuplades les plus voisines du pole arctique, n'y retrouveroit-on pas la même grossiéreté, la même ignorance des arts, aussi peu de principes de société, enfin tout ce que présente de rude et de barbare l'état de la nature brute?

N'en observe-t-on pas encore les traits les plus caractéristiques dans les habitans des îles Orcades, des Hébrides, des Westernes, quoique sous la domination d'un royaume très-civilisé, avec lequel ils ont des relations habituelles ; ne sont-ils pas encore à demi-sauvages ? Séparés de l'Ecosse par une mer presque toujours impétueuse et redoutable par ses naufrages : la plupart grands, bien faits et vigoureux, ils ont l'air de la férocité; leur regard est furieux

---

(1) Un peu fabuleux.
(2) Hist. ancienne des comtes de *Vise* et de *Hivotz*, par Robert Sibbad. Vol. Edimbourg, 1710.

et menaçant. Sous le climat le plus rigoureux, ils sont tellement endurcis au froid, qu'ils n'ont pour tout vêtement, qu'une écharpe de peau qui les couvre jusqu'aux genoux : cependant ils vivent long-temps et la plupart meurent de vieillesse sans avoir jamais été malades.

Si nous parlons ici de ces îles qui font partie de l'Europe, c'est que la connoissance que l'on en a, ainsi que des usages qui y sont établis, de la manière dont les naturels y vivent, quoique civilisés jusqu'à un certain point, semblent établir entr'eux et les nations que l'on regarde comme vraiment sauvages, des rapports qui prouvent qu'ils se sont peu éloignés des loix primitives que la nature semble avoir établies, et que l'on remarquera être par-tout relatives à ce que les climats exigent.

§. III.

Opérations intellectuelles des peuples sauvages, leurs bornes, leurs desirs ; lenteur dans leurs travaux ; puissances de leurs ames, s'exercent rarement et foiblement ; sans prévoyance pour les besoins à venir ; pourquoi antropophages ; manquent d'animaux domestiques, ne savent pas les multiplier ; comment les propriétés sont assurées parmi eux.

A quel degré les peuples sauvages sont-ils capables de porter leurs opérations intellectuelles ? Ce que l'on a pu connoître jusqu'à présent de la plupart d'entr'eux, prouve que leur faculté de raisonner est extrêmement bornée. Quoique l'on ne puisse pas douter qu'ils ne fassent quelques réflexions sur leurs idées, leurs sentimens, leurs penchans ; qu'ils ne les comparent ensemble ; qu'ils ne connoissent jusqu'à un certain point le rapport qu'ont entr'eux les objets présens à leur esprit ; cependant cette sphère de raisonnemens ne s'étend pas beaucoup ; il est rare que l'on trouve un sauvage qui s'occupe de la relation des objets entr'eux, pour en découvrir de nouveaux : ainsi leur raison ou plutôt leur intelligence étant si peu exercée, il est tout simple qu'ils ne portent pas leurs vues au-delà de leurs usages habituels ; qu'ils y restent attachés constamment, sans imaginer qu'il leur soit utile d'aller plus loin. Leur manière d'être y contribue ; les besoins de la nature une fois satisfaits, ils tombent dans une inaction, une stupeur qui annoncent que l'ame n'est pas plus active que le corps.

Leurs desirs n'étant ni vifs, ni variés, ils n'éprouvent pas l'action de ces ressorts puissans qui donnent de la vigueur aux mouvemens, et excitent la main patiente de l'industrie à persévérer dans ses efforts. On remarque en eux des traits de ressemblance assez frappans pour persuader que les mêmes idées les déterminent aux travaux légers auxquels ils se livrent. Presque tous commencent un ouvrage sans ardeur, le continuent sans activité, et comme des enfans, le quittent à la plus légère distraction. Leurs ouvrages avancent sous leurs mains avec tant de lenteur, qu'un témoin oculaire les compare aux progrès imperceptibles de la végétation. L'opération manuelle la plus facile emporte un grand espace de temps; c'est ce qui les met en état de donner à quelques tissus de plumes d'oiseaux, de poils, ou de fils tirés de diverses plantes, une sorte de perfection, auxquels la curiosité met plus de prix qu'ils n'en méritent.

Cette lenteur dans l'exécution des travaux de

toute espèce peut être attribuée à différentes causes. Des sauvages qui ne doivent pas leur subsistance aux travaux d'une industrie régulière, ne mettent aucune importance, aucun prix à l'emploi du temps, et pourvu qu'ils viennent à bout de ce qu'ils ont entrepris, ils ne s'embarrassent jamais du temps qui leur en a coûté; les outils dont ils se servent sont si imparfaits, si peu commodes, que leurs ouvrages ne peuvent s'exécuter que difficilement et avec une sorte d'ennui. Quels outils qu'une hache de pierre, une coquille tranchante, l'os de quelqu'animal! Il n'y a que le temps et la patience qui puissent suppléer à ce défaut de moyens.

Les puissances actives de l'ame ne s'exercent donc que rarement et foiblement; elles ne se portent point à ces efforts pénibles de vigueur et d'industrie qui sont excités par la nécessité ou des besoins de fantaisie, qui tiennent l'ame dans une agitation perpétuelle et l'esprit sans cesse occupé. Les sauvages desirent peu, sont presqu'inaccessibles à la crainte, aussi leurs réflexions sont nulles ou très-bornées. Leurs passions, excepté celle de la vengeance, ont aussi peu d'énergie que leurs craintes et leurs besoins; leurs desirs, dit J. J. Rousseau, ne passent pas leurs besoins physiques; les seuls biens qu'ils connoissent dans l'univers sont la nourriture, une femme et le repos.

Quant au premier objet, quoique l'expérience leur ait appris à prévoir le retour des différentes saisons, et à faire quelques provisions pour leurs besoins respectifs de ces temps divers, ils n'ont pas la sagacité de proportionner leurs provisions à leur consommation ; ou ils sont tellement incapables de régler leur appétit, qu'ils éprouvent souvent les calamités de la famine, même dans les climats où les fruits abondent, et où la plus légère prévoyance les détermineroit à faire des magasins suffisans pour ne pas manquer de subsistances dans les mois où la nature cesse de produire. Ce qu'ils ont souffert une année ne leur inspire pas plus de prévoyance pour ne plus retomber dans l'état de détresse où ils se sont trouvés, et qu'ils ont à redouter peut-être pour l'année suivante.

Dans les îles de la Société dont la civilisation paroît ancienne et où la culture du fruit et des racines est assez généralement établie et deviendroit d'une richesse inépuisable, si elle répondoit à la fertilité du sol, les spéculations des naturels ne se sont pas encore assez élevées jusqu'à varier cette culture relativement aux positions et aux aspects inégaux de leurs terreins, qui leur donneroient des récoltes dans toutes les saisons de l'année, même des meilleurs fruits qu'ils ont en abondance pendant huit ou neuf mois, qu'ils prodiguent alors, sans penser qu'ils sont au moment d'éprouver les peines d'une disette générale. Cette indifférence si peu réfléchie sur les besoins de l'avenir, produite par l'ignorance, et qui est la cause de la paresse et de l'insouciance de l'*Homme de la Nature*, le caractérise dans tous les degrés de la vie sauvage. C'est pourquoi, dès que l'homme s'est rassemblé en société, après avoir conçu quelques idées de civilisation, les moyens de pourvoir à sa subsistance ont été le premier objet qui a dû fixer son attention.

Si parmi les peuples sauvages on remarque quelque police qui y soit relative, elle varie toujours avec les moyens de la soutenir. Les institutions naissent des idées et des besoins des tribus où elles s'établissent. Celles des peuples pêcheurs et chasseurs qui peuvent à peine se former l'idée de quelque propriété foncière doivent être beaucoup plus simples que celles des peuplades qui se sont fixées sur une terre qu'elles cultivent régulièrement, et parmi lesquelles l'habitude, la nécessité, le souvenir et la crainte des disettes ont donné lieu à quelque droit de propriété, non-seulement sur les productions du sol, mais sur quelques parties du sol même.

Les habitans des îles où l'on ne trouve point de bêtes fauves, ne pouvant être chasseurs, sont forcés de chercher dans la pêche leur principal moyen de subsistance ; les racines de quelques plantes, les fruits de quelques arbres leur ont fourni dans le besoin une nourriture agréable et qui étant une fois connue, les a déterminés à multiplier ces plantes et à conserver ces arbres : mais vivant au jour la journée, sans se précautionner pour l'avenir, leur industrie n'est pas pour eux une ressource certaine. N'éprouvent-ils pas dans le dérangement des saisons et les injures de l'air, des accidens qui anéantissent ces espèces de récolte ? La plupart de ces insulaires dont la subsistance principale se tire des productions spontanées de la nature la plus féconde, ne connoissent ni les inquiétudes du besoin, ni les soins pour les prévenir ; s'ils y sont exposés ils y succombent; car si on étoit instruit des révolutions qu'ils ont éprouvées, de la cause de la dépopulation de la plupart de ces îles, on seroit convaincu que le défaut d'alimens y a occasionné des mortalités qui ont anéanti des races entières et réduit les autres à un très-petit nombre.

Il est très-vraisemblable que ces disettes imprévues ont pu les déterminer à se nourrir de la chair de leurs semblables. Pourquoi la plupart d'entr'eux seroient-ils antropophages d'habitude, sur-tout dans les climats les plus heureux de la terre et les plus fertiles en apparence? Nous traiterons plus en détail le point de l'histoire morale des sauvages, lorsque nous parlerons des guerres opiniâtres qu'ils se font les uns les autres. Il nous suffira de remarquer dans ce moment qu'à la première visite que fit le capitaine Cook à la Nouvelle-Zélande en 1769, les Anglais y rencontrèrent quelques habitans chargés de paniers remplis de chair humaine qu'ils avoient fait cuire et dont ils avoient déjà mangé une partie; ils en offrirent même aux gens de l'équipage, auxquels ils firent entendre que ces horribles provisions alimentaires venoient de quelques malheureux étrangers qui montoient une pirogue que la tempête avoit jettée sur leur bord ; ils les avoient surpris dans la détresse et les avoient cruellement massacrés, sans autre raison que leur qualité d'étrangers qu'ils regardoient comme ennemis. Une femme seule croyant échapper au massacre de ses compagnons d'infortune, se jetta à la nage et se noya sous leurs yeux. . . . . Nation horrible, à laquelle il ne reste aucun des sentimens humains, pas même la pitié !

Presque tous les insulaires des différentes mers que l'on a nouvellement parcourues, manquent de ces animaux domestiques, de ces volailles apprivoisées qui se multiplieroient aisément, s'ils étoient capables de quelque prévoyance et des petits soins qu'exigent l'éducation et la conservation de ces subsistances, aussi saines qu'agréables dans les îles où la civilisation a fait le plus de progrès. Les cochons qui y sont assez communs, paroissent réservés à la bouche des chefs de la nation, ainsi que les volailles; l'abondance ou la rareté de ces denrées paroît moins dépendre d'un excès de consommation, que de la saison plus ou moins favorable à leur production. Les navigateurs européens en ont échangé la plus grande quantité en certains temps, et dans d'autres à peine pouvoient-ils s'en procurer quelques-unes. Ils s'informoient de la cause de cette disette, et les insulaires n'en assignoient aucune, sinon qu'elles manquoient. Il en étoit de même des cochons, quelquefois on les trouvoit par centaines; on en offroit plus que les vaisseaux n'en pouvoient charger; en d'autres temps, à peine pouvoient-ils en échanger un petit nombre.

L'on n'ose pas même prévoir que les moutons, les chèvres et les chiens que les navigateurs de l'Europe leur ont laissés, leur deviennent fort utiles, à moins que quelques-uns d'entr'eux n'exécutent le projet qu'ils ont conçu d'aller former un établissement dans les climats fortunés, et ne s'y conduisent avec assez de prudence pour se soustraire aux effets funestes de la jalousie des insulaires, qui, comme *Cook* lui-même l'a éprouvé, se mettent au-dessus de la crainte des armes à feu, et se vengent, au péril de leur vie, de ceux qui osent attenter à leur liberté, en les immolant à leur fureur et dévorant ensuite leurs membres encore palpitans.

La culture des plantes dont ils sont habitués à tirer une grande partie de leur subsistance, peut devenir plus facile avec le secours des instrumens de fer que les européens leur ont laissés. Les naturels de ces îles dépourvues de tous métaux, ont connu d'abord l'utilité du fer, et en font le plus grand cas : ils ont fait voir aux navigateurs modernes, un char qu'ils conservoient depuis plus d'un siècle, comme un effet très-précieux et dont ils craignoient de se servir, crainte de l'user. Jusqu'à ce dernier temps, le fer leur manquant, les moyens de culture ne pouvoient être que très-foibles et leur industrie très-restreinte dans ses entreprises.

Il n'y a même rien de bien fixe sur le droit de possession de terreins cultivés; ce n'est que la jouissance actuelle qui les conserve au plus fort; s'il les quitte ou paroît les abandonner, un autre en prend possession : c'est un usage assez général; il n'y a que la jouissance qui assure la propriété du moment. Une cabane, un champ cultivé deviennent le partage de celui qui s'en empare; mais on ne peut préjudicier aux droits de celui qui dispose un terrein pour y bâtir, ou une pièce de terre pour la mettre en culture ; il est assuré qu'il jouira du fruit de ses travaux, tant qu'il aura soin de les conserver ; les sauvages les plus brutes se respectent les uns les autres dans ces sortes de circonstances. S'il se commet quelqu'injustice dans ce genre et contre les premières notions du droit de propriété, c'est parmi les insulaires où la civilisation semble avoir fait plus de progrès, et où il arrive souvent que les chefs et ceux qui sont établis pour décider sur les contestations élevées entre les naturels, paroissent trop souvent disposés à favoriser le plus puissant ou le plus en crédit.

On voit déjà que les opérations intellectuelles connues des nations policées, sous le nom de raisonnement, de projets, de spéculations, pour acquérir des connoissances ou augmenter les jouissances, sont tout-à-fait au-dessus de la portée des sauvages, et que, si quelques-uns d'entr'eux s'en occupent, ce sont quelques individus privilégiés qui ont acquis parmi les autres assez de considération ou de moyens pour être assurés d'une subsistance certaine, jouir en conséquence des douceurs du repos, du loisir ; élever leurs conceptions au-dessus de l'intelligence commune à la nation dont ils font partie, et en être regardés comme des personnages favorisés de talens particuliers qui les font respecter et les placent au premier rang parmi leurs semblables. Ils sont rares, mais il en existe quelques-uns dont nous parlerons dans la suite de cette histoire.

§. IV.

Pensées d'un sauvage réduites à l'instinct animal; ce qui le détermine au vol; vivacité de ses desirs; ses idées sur la justice; vole sans croire faire mal; curiosité qui l'y porte; police primitive à ce sujet; le vol comment permis à Lacédémone.

En général les pensées et l'attention d'un sauvage dans l'état de nature, sont renfermées dans un petit cercle d'objets, qui intéresse immédiatement sa conservation, ou une jouissance actuelle. C'est sous cet aspect qu'ils se sont présentés par-tout où il a été possible d'examiner leur conduite ou leurs actions; on ne peut s'en former une autre idée, d'après les relations les plus authentiques. Tout ce qui est au-delà du desir ou de la jouissance du moment échappe aux vues du sauvage, ou lui est tout-à-fait indifférent : le seul instinct animal le guide; ce qui est sous ses yeux l'intéresse et l'affecte; ce qui est hors de sa portée ne lui fait aucune impression; mais il suit les premiers mouvemens du desir et du sentiment qu'il éprouve avec une ardeur qui ne lui permet pas de s'inquiéter des conséquences fâcheuses qui peuvent en résulter, quand même le souvenir du passé les lui rappelleroit ; ou il espère se soustraire, ou l'impétuosité du desir les lui fait oublier : il met le plus grand prix à tout ce qui lui présente quelque utilité ou quelque jouissance nouvelle : toutes voies lui sont bonnes pour se la procurer. Ce qu'il desire, doit lui appartenir, et s'il ne peut s'en emparer de force, il tâche de l'avoir par adresse ; rarement les sauvages éprouvent les desirs ou l'aiguillon du besoin, tant qu'un objet étranger ou nouveau ne leur présente rien qui les tire de cette apathie habituelle dans laquelle ils vivent : mais une fois animés par l'ardeur du desir, on les a trouvés presque par-tout les voleurs les plus déterminés et les plus adroits. L'effet des armes à feu si terrible et si effrayant n'a pas été capable de retenir les insulaires de la *mer du Sud*, qui cependant se présentent presque tous sous les dehors de la bonté, du désintéressement, de l'hospitalité la plus généreuse ; ils semblent masquer sous l'apparence de ces vertus, leur inclination pour le vol, à laquelle ils se livrent avec tant d'opiniâtreté, que les navigateurs européens ont peine à s'en garantir, malgré les plus grandes précautions.

Ces peuples à demi-sauvages, si bons tant

qu'ils restent dans la simplicité primitive de la nature, une fois excités par la passion, se portent aux mêmes excès que le barbare dont la grossiéreté est insensible aux loix de la nature. Car on a reconnu que tant qu'ils n'ont de relation qu'entr'eux, ils sont fidèles à la voix de la raison qui ne demande que le nécessaire, se contente du peu qu'elle a, et qui faisant justice à chacun, ne prétend jamais à ce qui ne lui appartient pas.

Nous aurons plus d'une occasion d'observer dans la suite de cette histoire, que le sauvage qui s'en tient aux premiers principes de la loi naturelle, au cri de sa conscience, est persuadé que l'iniquité dont on use envers lui, est moins préjudiciable que celle dont il use envers les autres, parce que celle-ci l'avilit et le dégrade à ses propres yeux; et si dans toutes les sociétés on ne perdoit pas de vue ce sage principe, tous en général seroient persuadés que c'est un mal infiniment plus grand de tromper que d'être trompé; d'être injuste que d'être victime de l'injustice; de dépouiller son semblable que d'en être dépouillé. N'étoit-ce pas ce sentiment qui animoit quelques-uns de ces bons insulaires, après qu'ils eurent éprouvé les premiers coups meurtriers des armes à feu, lorsqu'à genoux devant les Français, ils s'écrioient en baisant leurs mains et les arrosant de leurs larmes : « *Vous êtes nos amis, et vous nous tuez»!* C'est ainsi que la nature s'exprime et qu'elle intéresse.

Ils avoient donc volé sans penser faire le mal ; la curiosité avoit fait naître en eux une passion ardente qu'ils ne connoissoient pas, parce qu'aucun objet jusqu'alors n'en avoit favorisé le développement. La cupidité, source de tant de maux, dont le germe semble exister dans tous les hommes ; qui ne dit jamais, *c'est assez ;* dont les desirs croissent au moment même où elle gronde le plus ; qui se fait une infinité de besoins imaginaires, auxquels elle tache de satisfaire à quelque prix que ce soit ; est donc le principe qui porte invinciblement presque tous les sauvages à voler, quelque danger qu'ils courent à se satisfaire.

Les objets nouveaux qu'ils apperçoivent, les jouissances nouvelles qu'ils se permettent, leur font éprouver une sorte d'indigence qui les tourmente, et ils oublient alors cette maxime gravée dans nos cœurs par la nature, « que l'on ne doit pas chercher dans le fond d'autrui ce qu'on ne trouve pas dans le sien, et que le bien d'un étranger ne peut dans aucune circonstance suppléer à ce qui leur manque, dès qu'ils ne peuvent l'obtenir de la générosité de celui qui le possède,

possède, ou l'acquérir par échange. » Mais ces sages et honnêtes considérations exigent une suite de réflexions auxquelles l'*Homme de la Nature* vivant dans une enfance prolongée ne paroît pas capable de s'élever.

Cependant tous les peuples qui ont quelque idée de justice, quoique dans une civilisation un peu au-dessus de la barbarie, ont senti combien il étoit incommode d'avoir toujours à se défier les uns des autres, à raison des entreprises qu'ils pouvoient faire sur leurs possessions mutuelles ; et comme ils se sentoient tous des dispositions à se dépouiller, ils ont établi pour la plupart une sorte de police assez sévère pour arrêter la cupidité.

Les Hurons dans l'*Amérique septentrionale* sont très-portés au vol, et ils l'exercent avec beaucoup d'adresse les uns envers les autres ; mais il est permis de reprendre au voleur, non-seulement tout ce qu'il a enlevé, mais encore de s'emparer de tout ce qui se trouve dans sa cabane, jusqu'à le laisser nud lui-même, sa femme et ses enfans, sans qu'il lui soit permis de faire la moindre résistance. C'est la loi du talion exercée dans toute sa rigueur, dictée par la nature, telle qu'elle fut connue par les premiers hommes qui se réunirent en société.

Elle étoit observée par les plus anciens habitans de la Palestine, ce qui prouve que, même du temps de Salomon, auquel on attribue le livre des Proverbes, les lois primitives de la nature étoient encore le droit commun. « Ce n'est pas une grande faute, y est-il dit, *ch.* 6, *v.* 30 *et* 31, qu'un homme dérobe de quoi manger, lorsqu'il est pressé de la faim ; s'il est pris, il en rendra sept fois autant, et il donnera tout ce qu'il a dans sa maison. »

C'est ainsi que la crainte d'un dédommagement forcé arrêtoit la main du voleur, d'autant mieux qu'il n'y avoit pas de formalités à observer, chacun se faisoit justice..... (1)

A Lacédémone on ne punissoit point le vol

---

(1) On doit observer à ce sujet, que plus on étudie les livres de *Moyse* et les écrits moraux des auteurs de l'ancien testament, plus on se persuade de leur antiquité. Les Pseaumes, dans la sublimité et l'énergie de leurs expressions, ramènent tout à l'idée d'un être éternel, souverain maître de la nature, dont il dispose à son gré : les coutumes, les entreprises, les vengeances, les loix qui y sont rappellées remontent aux premiers temps de la civilisation. La plupart sont des monumens destinés à conserver la mémoire des grandes révolutions qui bouleversent toute la surface de la terre, ce sont les eaux, le feu, les tremblemens de terre qui les produisent; ils sont annoncés comme la main, la force, la voix puissante du maître de la nature.

fait avec subtilité ; mais quelle espèce de vol étoit-ce ? des légumes, des fruits que l'on accordoit à la jeunesse comme un supplément au peu de nourriture qu'on lui donnoit. Les larcins n'étoient regardés que comme des tours de souplesse qu'on lui permettoit pour se procurer de quoi se nourrir plus à l'aise.

Lycurgue ayant divisé les propriétés de Sparte en trente-neuf mille lots, il réserva à la jeunesse le droit tacite de prendre parmi les fruits de la terre et les autres subsistances que le possesseur ne gardoit pas avec assez de soin, ce qui lui tomboit sous la main, sans que le propriétaire pût se plaindre du vol, ou exercer quelque action contre le ravisseur. Ainsi tout le corps de l'État avoit autorisé les jeunes gens à enlever dans les jardins et dans les salles communes les vivres qui les accommoderoient, et cela pour rendre les possesseurs plus attentifs et les gardiens des salles où la nation s'assembloit pour prendre ses repas, plus soigneux à veiller sur les dépôts qui leur étoient confiés, et pour inspirer plus de hardiesse, de subtilité et de souplesse à des jeunes gens tous destinés à la guerre. Lorsque l'un d'eux étoit surpris en volant, il n'étoit pas puni parce qu'il avoit fait une injustice en prenant le bien d'autrui, mais parce qu'il avoit manqué d'adresse.

On voit que ces usages remontent aux premiers temps de la civilisation, à ceux où les droits de propriété particulière n'étoient pas encore bien établis, chez les Spartiates pauvres et guerriers, et qu'ils étoient relatifs à l'esprit de société et aux mœurs de la nation. Car il n'en étoit pas de même chez les Athéniens plus civilisés. C'eût été un crime de voler les fruits des jardins de Périclès ou d'Alcibiade, parce que les loix reçues parmi eux leur en assuroient la propriété exclusive, tandis qu'une certaine adresse suffisoit pour les enlever impunément dans les jardins de Cimon ou de Pélopidas.

On retrouve dans les différentes îles qui forment le grand archipel oriental de la mer du Sud, les premières idées des usages dont nous venons de parler, toujours relatifs à l'exigence du climat, à la fertilité du sol, aux mœurs, au plus ou moins d'industrie de chaque nation; on voit qu'ils ont reçu des développemens conformes aux besoins, au génie des naturels et au local. Dans les îles où l'égalité s'est le mieux conservée, les loix sont plus simples, les jouissances plus égales, on peut y regarder la propriété comme générale : dans celles qui sont le plus anciennement civilisées, on voit comment la dépravation des mœurs, la prérogative du pouvoir, les abus qui en découlent, dénaturent insensiblement tous les principes établis pour assurer le bonheur et la paix des sociétés : on les méconnoîtroit bientôt sans le frein des loix qui veillent sans cesse à la tranquillité publique, et que les membres d'une même société ont adoptées d'un commun accord, pour assurer leur état et leurs possessions.

§. V.

Propriété des biens ; usages chez les Scythes et les Chinois ; Chinois voleurs, rusés et doux ; leurs loix contre le vol ; Africains voleurs, hardis et subtils.

La loi qui décide de la propriété et des usages des biens n'avoit accordé chez les Scythes aucun droit, à aucun individu quelconque, sur les biens d'un autre individu. Il étoit dans l'ordre que chacun jouît tranquillement de ce qu'il possédoit, sans avoir à craindre les entreprises de la cupidité. Tant que les choses restèrent dans cet état, ils n'eurent pas besoin d'établir des loix pénales ; mais à mesure que leur société s'étendit, les passions prirent plus d'énergie, les droits généraux furent moins respectés, et il fallut les défendre par la crainte de punitions plus déshonorantes que cruelles.

M. Polo (histoire gén. des voyages, tome 7,) nous apprend que chez les Scythes, la punition pour les petits larcins consiste à recevoir un certain nombre de coups de bâton qui peut être porté jusqu'à cent, que le juge ordonne toujours par la progression de sept: mais s'il est question d'un cheval ou de quelqu'autre vol de cette importance, le coupable est coupé en deux par le milieu du corps, à moins qu'il ne puisse racheter sa vie en restituant neuf fois la valeur de ce qu'il a dérobé. Chez un peuple guerrier dont le cheval est la propriété la plus utile et la plus chère, le châtiment quelque cruel qu'il paroisse, n'étoit que proportionné à l'importance de l'objet. Il étoit nécessaire qu'au moins les chevaux et quelques pièces de gros bétail fussent à l'abri des entreprises des vagabonds mal-intentionnés, surtout dans les régions où l'usage est de marquer les bestiaux avec un fer chaud, dont l'empreinte variée indique le maître, pour les laisser ensuite errer sans garde dans les pâturages où chacun reprend ce qui lui appartient, lorsqu'il en a besoin, ou lorsque la saison de les rassembler est arrivée. C'est donc l'outrage fait à la bonne foi publique que l'on venge, plutôt que l'injure faite au particulier qui a été volé.

Chez les Chinois si voisins des Tartares qui pour la plupart ont une origine commune, mais dont le gouvernement a tellement adouci les mœurs, et les a si bien adaptées au génie de la nation et au climat, que les Tartares conquérans de ce vaste empire ne l'ont jamais changé, les voleurs pris en armes sont condamnés à perdre la vie; s'ils ne se sont pas mis en état de tuer ou de blesser, ils subissent quelque châtiment corporel, proportionné à la nature du vol; si leur tentative a été sans succès, ils en sont quittes pour vingt ou trente coups de bâton. Les voleurs à la Chine, aussi doux, mais plus fourbes que le reste de la nation, n'usent point de violence, mais ils ne croient pas perdre leur temps en suivant pendant plusieurs jours un marchand pour trouver l'occasion de le surprendre. C'est sur-tout dans les ports de mer qu'ils exercent leur industrie; ils se volent les uns les autres avec une adresse singulière; s'il leur arrive d'être surpris, ils se font réciproquement les excuses les plus polies. Celui dont l'entreprise a manqué, se met à genoux, exalte la pénétration et la prudence de celui qu'il avoit intention de voler, lui demande excuse d'en avoir douté et d'avoir cru pouvoir le surprendre. C'est ainsi qu'ils se conduisent les uns envers les autres, parce que tous savent qu'ils sont disposés à se voler mutuellement, aussi ils ne se dénoncent pas pour de simples tentatives. Quoique tous les vols ne se fassent que par adresse, la police prend des précautions assez sévères pour les arrêter. Les voleurs de cette classe sont punis pour la première fois par une marque imprimée sur le bras gauche avec un fer chaud ; pour la seconde fois, par une seconde marque sur le bras droit ; pour la troisième, ils sont livrés comme incorrigibles au tribunal criminel, et condamnés au dernier supplice.

La loi des anciens Bourguignons sur le vol, qui faisoit partie de notre code criminel, avoit assez de rapport avec celle des Chinois que nous venons de rapporter.

On prétend qu'à la Chine les voleurs de profession exercent leur brigandage à la faveur d'une drogue dont la fumée plonge dans le sommeil le plus profond tous les habitans d'une maison ; opinion si bien établie, que les voyageurs font mettre pendant la nuit dans leur chambre un bassin rempli d'eau fraîche, comme un préservatif contre la fumée ou le charme soporifique : mais comme ils prennent les mêmes précautions pour se garantir de la vapeur du charbon de terre dont ils font un usage habituel, n'auroit-on pas pris l'un pour l'autre, d'autant plus que la vapeur du charbon concentrée, plonge ceux qui y sont exposés dans un sommeil léthargique ? En général il n'y a aucune région où l'on doive être sur ses gardes contre les vols d'industrie qu'à la Chine. Car le vol est la passion favorite d'une grande partie d'individus chez cette nation, civilisée depuis long-temps, mais naturellement avare, et qui s'occupe sans cesse des moyens de tirer des fonds d'autrui ce qu'elle ne trouve pas dans les siens.

Cependant un officier de police chargé de parcourir pendant la nuit les rues de chaque ville, ne cesse de répéter à très-haute voix ces maximes si sages : « obéissez à vos parens ; respectez les vieillards et vos supérieurs ; vivez dans l'union; instruisez vos enfans ; ne commettez point d'injustice ». C'est un usage établi de temps immémorial ; on dit que quelques particuliers sont assez sages pour s'y conformer : quand on vante le gouvernement heureux de quelques-uns des premiers souverains, on dit que sous leur règne les propriétés étoient si respectées que personne ne touchoit à ce qu'il trouvoit égaré ou perdu dans un grand chemin : alors étoit réelle cette loi primitive de la nature, citée par Platon:« *ce que tu n'as pas mis quelque part, ne l'en ôte point* ». Mais où est-elle encore observée? chez quelques nations qui sont restées dans cette simplicité primitive qui a précédé par-tout la civilisation; chez les Samoïèdes, les Hottentots et quelques petites nations sauvages sans industrie, sans commerce, sans relations étrangères, isolées, sans desirs et satisfaites de ce que la nature leur présente. Ces loix primitives sont sans cesse rappellées dans celles que les gouvernemens les mieux civilisés jugent à propos de publier pour assurer la tranquillité et le bonheur des peuples : on les présente encore comme la base de tous les établissemens nouveaux parce qu'il semble que l'on n'ose pas s'en écarter. Mais le dirons-nous ? Ce n'est plus qu'un langage spécieux, un hommage que la corruption rend à la vertu et à la justice. Les loix antiques si sages ne servent plus qu'à couvrir de leurs voiles respectables de grandes injustices, que l'abus de l'autorité présente comme utiles et nécessaires.

Les peuples de l'intérieur de l'Afrique, dont la civilisation est peut-être aussi ancienne que celle de la Chine, mais où elle a souffert de plus grandes altérations, tant à raison de la paresse des indigens, de l'effet du climat ardent que de la barbarie et de la cruauté des gouverneurs inattentifs, sont au moins aussi adonnés au vol que les Chinois. On ne retrouve parmi eux plus de vestiges de la simplicité primitive de la nature; et ce qui étonne, c'est que, quoique très-ignorans, ils ont l'imagination si vive, ils saisissent avec tant d'aisance les objets auxquels ils s'appliquent et en jugent si bien, que les Européens les plus sensés prennent plaisir à entendre avec quelle justesse et quel agrément les nègres du Congo s'expriment ; mais ils ont tous un penchant invincible pour le vol, et ce qu'ils se procurent par cette voie est aussitôt employé à se régaler en société, heureux de pouvoir se réjouir aux dépens d'autrui. Un d'entr'eux marche devant le fondateur de la fête, celui dont l'industrie a fourni de quoi en faire la dépense; il lui donne le titre de roi de Congo, parce que ses semblables et lui ne connoissent rien d'égal au plaisir de faire bonne chère.

Les habitans de *Juida* qui surpassent tous les autres nègres en industrie comme en politesse, l'emportent aussi beaucoup sur eux par la subtilité avec laquelle ils volent : ils y sont tellement exercés qu'ils ne laissent aux négocians étrangers que ce qu'ils ne peuvent pas leur enlever. Leur expérience dans l'art de voler est si consommée, que, de l'aveu même des Français, ils l'entendent mieux que les plus habiles filoux de Paris. En vain on a recours aux personnages établis pour veiller à la police et à la sûreté du commerce, on ne peut obtenir ni justice, ni restitution : si le prince ordonne une recherche, personne n'ose l'entreprendre, parce qu'on a toujours à redouter quelque seigneur puissant et en crédit qui participe au bénéfice du vol et qui protège les voleurs. (Hist. gén. des Voyages, T. 4.)

Les nègres jalots du Sénégal dérobent avec

une industrie et un sang-froid que l'on peut dire former leur caractère distinctif : ils volent un Européen en face sans qu'il s'en apperçoive, ils tirent avec le pied ce qu'ils veulent lui prendre, le ramassent par derrière, de sorte que ce n'est pas sur les mains d'un jalot qu'il faut avoir les yeux ouverts, mais sur les pieds. Ils marchent presque tous pieds nuds, et ils s'en servent avec autant d'adresse que nous de nos mains. S'ils voient à terre un morceau de fer, des ciseaux, un couteau, un collier ou toute autre marchandise de ce genre, ils s'en approchent, et tournant le dos à l'effet qu'ils ont en vue, ils regardent le marchand en tenant les mains ouvertes et étendues, et pendant ce temps-là ils le saisissent avec le gros orteil, plient le genou et lèvent le pied par derrière jusques sous leur pagne qui sert à cacher le vol, et le prenant alors avec la main, ils le mettent en sûreté. Ces nègres qui habitent près des ports où abordent les vaisseaux n'ont pas plus de bonne foi à l'égard de leurs compatriotes de l'intérieur des terres qu'ils appellent montagnards : sous prétexte de les aider à transporter leurs marchandises ou de leur servir d'interprètes, ils leur dérobent une partie de ce qu'ils ont apporté pour leur commerce. Pour toute autre opération, ils sont presque stupides ; leur ignorance est si grossière qu'on a peine à leur faire comprendre que deux et deux font quatre ; ils ne connoissent ni leur âge, ni la distinction des jours de la semaine ; ils n'ont pas de termes pour les exprimer ou pour marquer la division du temps ; la seule qualité de l'homme raisonnable qu'ils aient conservée est l'hospitalité ; ils ne laissent jamais partir un étranger sans l'avoir fait manger et boire ; à cela près, ce sont des hommes tout-à-fait dégradés, qui conservent entr'eux quelque société sous un gouvernement barbare qui les tient dans une dure servitude, ne leur laissant d'autre liberté que celle de se nuire réciproquement et d'exercer leur barbarie sous le joug du despotisme le plus extravagant et le plus féroce.

§. VI.

Bonté et simplicité primitives ; comment conservées ; Hottentots des bois ; Sauvages bons et mauvais ; vols faits aux îles de la Société, autorisés par les chefs ; causes qui altèrent la moralité de ces insulaires ; petits vols punis ; grands approuvés.

Il n'y a que le sauvage encore dans l'état de nature brute ou ramené par quelque cause particulière à cet état, qui ait conservé quelques traits de cette bonté, de cette simplicité primitives qui ne lui permet même pas de desirer ce qui appartient à son semblable : on ne connoît pas de race humaine plus sauvage, sans être cependant ni méchante ni barbare, que les Hottentots, que les Hollandais du cap de Bonne-Espérance appellent hommes des bois. Comme les bêtes féroces, ils n'ont d'autre asyle que les buissons les plus épais ou les antres des rochers, où ils se tiennent comme enfouis dans les feuilles sèches qu'ils y ramassent. A côté de leurs habitations se trouvent souvent les repaires des lions, des tigres, de la férocité desquels il est à croire qu'ils ont l'industrie de se défendre. La plupart vont nuds ; et ceux qui peuvent se procurer la peau de quelqu'animal s'en couvrent le corps, des épaules en bas, et la portent jusqu'à ce qu'elle tombe en lambeaux : ils vivent dans les bois de graines, de chenilles, d'autres insectes, de quelques fruits sauvages et de bois ; aussi rien n'égale leur maigreur et leur voracité. Ils n'ont aucune idée de l'être suprême et ne connoissent rien de plus redoutable pour eux que la faim, les tigres, les lions et les colons hollandais qui les chassent comme des bêtes fauves pour les réduire en esclavage. Quand ils s'en sont emparés, la bonne nourriture qu'ils leur donnent leur rend de l'embonpoint ; mais n'étant habitués à aucun travail, ils restent indolens et lâches ; on les maltraite et ils n'échappent pas la première occasion de s'enfuir ; il est sans exemple qu'aucun d'eux emporte rien avec lui de ce qui ne lui appartient pas : on a remarqué qu'ils s'aiment beaucoup les uns les autres. Les maris, les femmes et les enfans ne connoissent pas de plus grand bonheur que de vivre ensemble dans leurs retraites qui nous paroissent si affreuses ; et rien ne les afflige autant que les cruelles entreprises des colons hollandais qui les séparent les uns des autres : non contens d'avoir arraché une malheureuse femme des bras de son époux, son défenseur, son unique consolateur, ils font ce qu'ils peuvent pour lui enlever ses enfans pendant l'obscurité de la nuit, sachant bien que s'ils réussissent à les emporter avec eux, cette tendre mère les suivra par-tout. Les individus des deux sexes sont en général bien faits, leurs formes sont régulières et assez agréables, malgré la vie dure à laquelle les réduit leur position, avantage qu'ont presque tous les peuples sauvages sur les nations policées; les femmes y sont naturellement chastes et se refusent aux embrassemens de tout autre homme que de leurs maris ; exemple remarquable de la pureté des sentimens de la nature que les institutions sociales, des desirs factices ou des besoins imaginaires n'ont point altérés ! Hommes et femmes jouissent de l'avantage le plus précieux, de la paix de l'ame. Accoutumés à une vie dure et laborieuse, ils sont toujours contens; et cette maladie qui est celle de tous les peuples civilisés, l'ennui qui les ronge malgré tous les soins qu'ils prennent pour s'amuser, est inconnue aux Hottentots, de même qu'à tous les peuples qui vivent sous les loix primitives de la nature. C'est parmi eux que l'on trouve les traces les plus marquées du caractère originaire de l'homme, à peine déguisées sous les foibles commencemens d'une civilisation grossière. Les Hottentots sauvages sont chasseurs; la nécessité où ils sont de se défendre des bêtes féroces si multipliées dans toute l'Afrique, ne leur permet pas d'autre occupation; les autres sont pasteurs. Ils ont quelques usages de convention qui leur tiennent lieu de loix et de police; mais la société est peu avancée : les uns et les autres sont noirs, ont la tête couverte d'une laine frisée, le nez applati, mais leurs lèvres ne sont pas épaisses comme celles des autres nègres.

(*Voyage au cap de Bonne-Espérance*, par M. Parman, *in-8°*. (Paris, 1787.)

Ces honnêtes Hottentots, les pasteurs qui vivent en familles réunies et libres, sont d'une fidélité singulière à tenir tous les engagemens qu'ils contractent

contractent avec les Européens qui en exigent quelques services ; rien ne paroît les tenter ; ils n'écoutent que la voix de la conscience et de la raison, qui leur dit sans cesse qu'ils doivent veiller avec plus de soin sur les intérêts de leurs semblables que sur les leurs propres ; c'est la règle constante de leur conduite, aussi uniforme qu'elle est admirable ; ce qui prouve qu'il ne faut qu'être homme et raisonnable pour ne manquer jamais à ce point fondamental de toute morale, la base de l'honneur. Combien s'en sont écartées la plupart des autres nations dont nous venons de parler ! Ne peut-on pas prédire qu'il en sera de même des habitans des îles de *la Société* et de celles *des Amis*, qui se sont d'abord montrés sous un aspect si intéressant, si jamais il s'établit entr'eux et les navigateurs européens un commerce plus étendu ? Le desir ardent de posséder de la clinquaillerie, des étoffes d'Europe et de ces petites marchandises que l'on échange avec eux contre des provisions fraîches, les a déjà rendus aussi entreprenans qu'adroits à s'approprier ce qu'ils desirent. On a reconnu que la plupart des vols ne se faisoient que par le conseil des chefs de la nation, quoiqu'ils parussent avoir égard aux plaintes des Européens, et vouloir les satisfaire en se mettant eux-mêmes à la poursuite des voleurs ; mais ils ne retrouvoient des effets volés que ce qu'ils vouloient rendre ; si la restitution étoit considérable, elle n'étoit produite que par la terreur que leur imprimoit l'effet meurtrier des armes à feu, et l'idée qu'ils s'étoient faite de la force des navigateurs qu'ils ne connoissoient pas encore assez pour oser employer leurs forces réunies à se défendre de leurs vengeances. Plus ces peuples s'écarteront des loix simples et équitables qu'ils ont adoptées en se réunissant en société, plus on aura sujet de s'en défier. A mesure qu'ils croiront se civiliser, des besoins qu'ils ne connoissent pas encore se feront sentir : les chefs aggraveront le joug que le peuple porte sans peine, parce qu'il est léger, mais qui deviendra d'autant plus pesant que l'on exigera de lui des fournitures en denrées plus fortes, des travaux plus assidus, pour satisfaire le luxe ou la cupidité des chefs. Plus ils seront exigeans, plus les mœurs se corrompront ; peut-être la civilisation se perfectionnera-t-elle assez pour que les grands et le peuple aient honte de ces larcins qui n'osent se produire, et auxquels la confusion et l'opprobre sont attachés ; tels sont ceux qui sont spécifiés parmi nous sous le nom de vols qui se commettent dans les forêts, les lieux écartés, ou dans les maisons que l'on force ; enfin tous les vols faits avec violence ou surprise, que les loix poursuivent, et contre lesquels elles ont statué diverses peines. Mais n'en sera-t-il pas de ces insulaires comme des peuples les plus anciennement policés, dont les principes avoués de la morale, ne respirent que le désintéressement, la fidélité dans le commerce, l'équité dans la justice distributive ? Qu'y a-t-il de plus beau que les loix morales des Chinois et de tant d'autres nations civilisées ? Et cependant c'est parmi elle que l'on ne rougit point des larcins qui se commettent dans les conditions les plus relevées!

Quelque grands, énormes et scandaleux qu'ils soient, ils se font non-seulement avec impunité, mais avec une sorte d'honneur. Les coupables marchent en triomphe et insultent aux larmes des malheureux dépouillés; pendant que les plus petits brigandages sont punis de toute la sévérité des loix (1); les naturels des îles de la Société se conduisent de cette manière, les chefs engagent secrètement les Towtoivis ou le peuple à voler, et lorsqu'ils sont surpris, ils ont l'air de les condamner en les abandonnant au ressentiment des Anglais.

---

(1) *Miniora latrocinia puniuntur, dùm magna feruntur in triumphum... Seneca.*

§. VII.

Orgueil de l'indépendance chez les sauvages; idée de leur caractère moral; sont-ils capables de vertus propres à chaque état; fiers et satisfaits de leur existence; la férocité développe leur caractère; leur manière d'exister; paradoxe à ce sujet.

L'orgueil de l'indépendance ne produiroit-il pas chez les nations sauvages les mêmes effets que la personnalité ou l'égoïsme dans les sociétés policées ? Guidé par l'un ou l'autre de ces sentimens, l'individu rapporte tout à lui-même ; uniquement occupé de remplir ses desirs , il fait de ce seul objet la règle de sa conduite.

Les sauvages peu susceptibles d'affections douces , tendres , délicates , ne peuvent être remués que par des impressions fortes. Leur union sociale est si incomplette , que chaque individu se conduit comme s'il n'avoit aucun rapport avec ses semblables : si on lui rend un service, il le reçoit avec satisfaction parce qu'il en résulte un plaisir ou un avantage pour lui; mais ce sentiment ne va pas plus loin , et n'excite en lui aucune idée de reconnoissance ; il ne songe point à rien rendre pour ce qu'il a reçu.

Leurs idées exaltées d'indépendance les portent à des procédés singuliers ; ils étonnent les Européens qui n'ont pas assez réfléchi sur le caractère d'un sauvage et sur les qualités qu'il tient immédiatement d'une nature brute et déjà altérée. Car, où trouver un sauvage qui ait sérieusement réfléchi sur le grand principe : *ne fais pas à autrui ce que tu ne veux pas que l'on te fasse.*

Dans toutes les situations, même les plus défavorables où des êtres humains puissent être placés, il y a des vertus qui appartiennent plus particulièrement à chaque état, des affections qu'il développe, et un genre de bonheur qu'il procure ; l'état de nature brute, presque toujours barbare, en est-il susceptible ? Une réserve sombre et silencieuse sépare les sauvages les uns des autres, à moins que la nécessité ne les force à ces grandes chasses ou à ces pêches générales qui intéressent toute la peuplade ; une insouciance habituelle est leur état ; ils végètent accroupis à côté de leurs habitations, laissant à leurs femmes le soin des enfans et la peine des travaux domestiques.

C'est ainsi que l'habitude devient une seconde nature, fait plier l'esprit de l'homme à la manière de vivre qu'il a adoptée, et dont il a trouvé le modèle dans son père ou dans ses voisins ; ses idées, ses desirs, ne s'étendent pas au-delà ; les objets de contemplation ou de jouissance que sa situation lui présente, remplissent et satisfont son ame ; il ne conçoit pas qu'un autre genre de vie puisse être heureux ou même supportable. Ainsi les sauvages dans l'état de nature, attachés aux objets qui les intéressent, et satisfaits de leur sort, ne peuvent comprendre ni l'intention, ni l'utilité des différentes aisances qui, dans les sociétés policées, sont devenues essentielles aux douceurs de la vie. Ce qu'ils ne peuvent concevoir n'est qu'un objet de curiosité pour eux ; cependant presque tous ont saisi avec empressement l'utilité qu'ils pouvoient tirer des instrumens fabriqués avec le fer.

Ceux qui prétendent les avoir mieux observés, disent qu'ils les regardent comme les modèles de la perfection, comme les êtres qui ont le plus de droits et de moyens pour jouir du véritable bonheur. Accoutumés à ne jamais contraindre leurs volontés ni leurs actions, ils voient avec étonnement l'inégalité des rangs et la subordination établies dans les sociétés policées; ils considèrent la sujétion volontaire d'un homme à un autre, comme une renonciation aussi avilissante qu'inexplicable de la première prérogative de l'humanité.

C'est donc dans cette espèce d'orgueil que le sauvage fait consister tout son bonheur, car sa rudesse et sa férocité nous paroissent incompatibles avec les inclinations bienfaisantes qui sont le lien de la société des hommes; la pitié même n'a point d'accès sur le barbare ; il ne lui reste rien d'humain que la figure ; sans cesse préoccupé de rancunes sourdes, d'animosités héréditaires, de la soif ardente de se venger, il n'a aucune idée de la clémence, de la bonté, de la reconnoissance. Ou ses emportemens le jettent hors de lui-même, ou il végète tristement, ayant à peine le sentiment de sa propre existence; une sombre mélancolie paroît être son état habituel, d'où il n'est tiré que par l'impétuosité de ses desirs.

Ces sauvages sont habitués pour-la plupart à une vie très-dure. Les circonstances où ils se livrent à leurs penchans pour la férocité, semblent seules propres à développer l'énergie de leur caractère : si on les regarde comme les hommes de la nature tels qu'ils existent avant d'être civilisés, il semble qu'elle les ait pénétrés de sentimens tout-à-fait contraires à l'humanité. Presque par-tout ils sont persuadés que tout est fait pour eux ; ils se regardent comme indépendans de tout, excepté de leurs desirs ; c'est ce qui les rend voleurs, assassins, traîtres, voluptueux et même fourbes ; quand ils ne sont pas les plus forts, leur intérêt propre les engage à dissimuler, en attendant que l'occasion de se satisfaire se présente. C'est ainsi qu'on a cru les reconnoître à la Nouvelle-Zélande, dans toute la terre de Feu, dans quantité de régions de l'Amérique septentrionale, à la Nouvelle-Hollande, en différentes parties de l'Afrique, et principalement dans les climats dont la rigueur semble ajouter à la dureté de leur caractère.

Tel est ce roi de la nature, cette production sortie de ses mains avec toute sa simplicité, sans avoir été déformée par la police des loix, la fantaisie des despotes ou les idées surnaturelles, les terreurs et les impostures de la superstition. C'est à ce point de perfection où J. J. Rousseau a tenté de s'élever ou de se réduire ; mais cette prétention paradoxale n'a été adoptée nulle part. S'il a trouvé un coin de terre où l'on ait pourvu à ses besoins en se prêtant à ses fantaisies, il n'a pu attribuer cette complaisance qu'à l'humanité française, à l'estime que l'on devoit à ses talens, et peut-être à la pitié qu'inspiroit sa folie. N'est-ce pas l'idée qu'il donne de lui, lorsqu'il grave avec les traits profonds de son éloquence brûlante, le portrait de l'homme heureux et tranquille, et qu'il va le chercher dans l'état sauvage le plus brute ; dans la profondeur des bois qui l'ont vu naître, où il trouve un abri dans le creux d'un arbre antique qui lui sert de logement; ou dans les cavernes sombres des rochers où il se retire et s'enfonce dans des tas de feuilles sèches qui lui tiennent lieu de lit, de couverture et de vêtement pendant la nuit? S'il en sort pendant le jour avec sa femelle et ses petits, c'est pour parcourir nuds les bois et les campagnes, et y chercher leur subsistance dans les productions spontanées de la terre, dans la chair des animaux moins forts que lui, qu'ils dévorent cruds... Quelle philosophie! Et n'étoit-ce pas celle de l'homme célèbre dont les singularités soutenues l'ont rapproché autant qu'il étoit possible, dans les sociétés civilisées où il étoit né, et où il a vécu, de l'état de l'homme sauvage, dont il sembloit avoir adopté tous les sentimens moraux? Les détails dans lesquels nous allons entrer semblent en être la preuve.

§. VIII.

Indifférence des sauvages pour leurs semblables; idées qui règlent leur conduite; ce qui les produit; leur peu de sensibilité; constance à souffrir.

L'indifférence que les sauvages contractent les uns pour les autres leur donne une dureté de caractère que l'on a pris pour grandeur d'ame, et qui n'est peut-être qu'insensibilité morale qui, dans certaines circonstances, agit sur le physique et semble lui communiquer une sorte d'apathie qui les met au-dessus de tous les évènemens, des supplices même, capables de pénétrer les hommes civilisés d'une grande horreur.

Les idées qui règlent la conduite d'un sauvage, les passions qui échauffent son cœur étant en petit nombre, elles agissent avec plus d'efficacité que lorsque l'ame est occupée de beaucoup d'objets ou distraite par la diversité des affections. Delà cette patience étonnante dans les épreuves par où l'on fait passer les jeunes guerriers : les flagellations les plus douloureuses, l'action de la fumée la plus incommode, la piqûre des insectes dévorans auxquels ils sont exposés pendant des jours entiers, ne sont pas capables de leur faire proférer la moindre plainte, ou témoigner la plus légère sensibilité à la douleur : c'est ce qui les accoutume à regarder cette constance inébranlable, comme la principale qualité de l'homme et la plus haute perfection d'un guerrier. Les jeunes gens qui ne sont pas encore arrivés à l'âge de ces épreuves, témoins de la manière courageuse et constante avec laquelle ils supportent celles qui deviennent pour plusieurs la voie des distinctions, brûlent du désir d'y passer eux-mêmes, et se pénètrent d'avance de cet enthousiasme qui doit les élever au-dessus de tous les effets de la douleur, et même des supplices les plus recherchés.

Quelques écrivains passionnés pour ce qui est singulier et nouveau, ont imaginé que cette fermeté avoit sa source dans un principe d'honneur inculqué dès l'enfance et cultivé avec soin, pour inspirer à l'homme, même dans cet état sauvage, une magnanimité héroïque à laquelle la philosophie a vainement tenté d'élever l'homme dans l'état de civilisation et de lumières. Mais il semble que la manière dont ces sauvages sont élevés, l'indépendance où ils vivent, le peu de sensibilité et d'intérêt qu'ils ont les uns pour les autres, l'exemple et le desir d'être distingués sont les sources de cette fermeté singulière, plus brutale peut-être qu'admirable. On peut dire que les barbares ne s'attachent qu'à une qualité, à une vertu principale, embrassent étroitement un objet et négligent tous les autres ; voilà pourquoi ils produisent de ces effets extraordinaires qui ravissent l'admiration à la première vue. La plupart des chefs sauvages, insensibles aux charmes des beaux arts qui leur sont inconnus, réfléchissent peu : ils ont cependant lorsqu'ils s'expriment, quelque chose d'énergique, un ton décidé, un sens naturel, des termes exacts qui plaisent généralement, qui surprennent, parce que les habitudes et l'éducation d'un sauvage ne permettent pas d'en espérer rien de semblable.

D. Antonio de Vecoa prétend que la contexture de la peau et la constitution physique des Américains, les rend moins sensibles à la douleur que le reste des hommes ; il en donne pour preuve la tranquillité avec laquelle ils souffrent les plus cruelles opérations de la chirurgie ; un Indien, disent les chirurgiens, ne se plaint jamais de la douleur, et souffre l'amputation d'un bras ou d'une jambe sans pousser le moindre soupir. Ce qui est d'autant plus croyable que ces sauvages habitués à une vie très-dure, à être continuellement exposés à toutes les injures de l'air, desirant d'ailleurs d'être délivrés d'une douleur incommode, d'un membre qui leur étant devenu inutile ne peut que les embarrasser, souffrent avec constance qu'on le leur retranche. Combien peu citeroit-on d'exemples de cette fermeté parmi les Européens les plus civilisés, et habitués à toutes les douceurs de la vie !

Les gens qui ont le plus vécu avec les sauvages s'accordent tous à dire que lorsque les motifs qui peuvent agir avec force sur l'ame d'un d'entr'eux se réunissent pour le porter à souffrir le malheur avec dignité, on le verra supporter avec une fierté, une constance inaltérable des tourmens qui paroissent au-dessus de toutes les forces humaines. Nous l'avons déjà observé; leur ame s'exalte à un point que tout ce qui ne fait qu'affecter le corps leur devient en quelque sorte indifférent. Mais dans les occasions où le courage n'est point soutenu par l'idée qu'ils se sont faite de l'honneur, ils se montrent aussi sensibles à la douleur que les autres hommes (1).

(1) Nous plaçons ici des détails curieux, qui nous feront connoître tout à-la-fois, et les supplices réservés aux esclaves chez les nations de l'Amérique, et le courage que ces derniers font paroître, même au milieu des tourmens les plus affreux. La coutume est de brûler ces esclaves à petit feu; mais cette scène est accompagnée de tant de circonstances de barbarie, que la seule idée en fait frémir. Ils commencent par brûler à l'esclave l'extrémité des pieds et des mains, en montant peu à peu vers le tronc; l'un lui arrache un ongle, l'autre lui décharne un doigt avec les dents ou avec une pince tranchante; un autre prend ce doigt décharné, le met dans sa pipe bien allumée et le fume en guise de tabac ou le fait fumer à l'esclave lui-même. Ainsi successivement on lui arrache tous les ongles, on brise les os de ses doigts entre deux pierres, on les lui coupe dans toutes ses jointures; on lui passe plusieurs fois, et dans un même endroit, des tisons ardens ou des fers embrâsés, jusqu'à ce qu'ils soient amortis dans le sang qui coule de ses plaies. On coupe morceau par morceau les chairs rôties, et quelques-uns de ces furieux les dévorent, tandis que d'autres se barbouillent le visage de son sang. Lorsque

§. IX.

Enfance du sauvage et son éducation ; mariage des femmes ; anciens Bretons et Scandinaves ; leurs mariages ; état de leurs femmes; Finlandois sauvages ; mariages et état des femmes dans l'Archipel austral, chez les sauvages de l'Amérique ; manière d'acheter les femmes ; ce que l'on doit penser de la douceur de la vie sauvage ; climats où les femmes sont mieux traitées ; physique de l'amour chez les sauvages.

L'enfance de l'homme plus longue et plus douce que celle des autres animaux a besoin de plus de secours continués plus long-temps ; et

---

les nerfs sont découverts, on y insère des fers pour les tordre, ou on lui scie les bras et les jambes avec des espèces de cordes qu'on tire avec une extrême violence. Ce n'est cependant là qu'un prélude ; car après avoir passé cinq à six heures de temps à ce cruel exercice, on délie l'esclave pour le laisser en repos, et on remet le reste du supplice à une autre séance. D'autres fois ils font rougir des cercles de fer qu'ils leur passent autour du cou : des torches allumées dont ils les couvrent, et les fers rougis leur font élever des pustules d'où il découle une graisse où leurs bourreaux trempent leur pain, qu'ils dévorent ensuite avec fureur. Enfin, après avoir brûlé comme la conservation des enfans dépend beaucoup plus aussi des soins et de la prévoyance de ses parens, l'union qui s'est établie entre le père et la mère devroit être par-tout considérée comme l'engagement le plus stable et le plus solemnel.

Chez les sauvages qui mènent une vie dure et précaire, l'éducation des enfans exige la protection du père et les soins de la mère ; si l'union des sexes n'avoit pour but cette éducation

---

lentement toutes les parties du corps, ensorte qu'il n'y a pas une place qui ne soit une plaie ; après avoir arraché la peau de la tête, versé sur le crâne découvert une pluie de feu ou de l'eau bouillante ; ils délient ce malheureux et le roulent dans les brasiers jusqu'à ce qu'il ait rendu le dernier souffle de vie, à moins que quelqu'un par pitié ne lui ait arraché le cœur, ou ne l'ait percé à coups de poignard, tandis qu'il étoit attaché au poteau. Ensuite ils dépècent le cadavre, le mettent dans la chaudière, et le dévorent tout entier avec une avidité extrême, et sans la moindre répugnance. Qui pourroit croire, et cependant le fait est attesté par des témoins oculaires, que la victime chante et danse lorsqu'elle apperçoit les apprêts de son supplice, qu'elle chante au milieu des tourmens les plus cruels, et qu'elle se fait un point d'honneur, un devoir de paroître calme, de se rire de la rage de ses ennemis, et de n'offrir de signes extérieurs de douleur que la pâleur et les mouvemens convulsifs !

des enfans, l'espèce chez eux seroit bientôt détruite. C'est un usage établi chez toutes les nations de regarder les mères comme spécialement chargées de la nourriture et du soin des enfans dans leur bas-âge, au point que chez quelques nations sauvages, si la mère vient à mourir, on ne daigne pas conserver l'enfant qu'elle allaite; on l'enterre avec elle.

Mais les loix de l'hymen et les conditions de cette union sacrée chez les sauvages, de cet engagement si important, varient selon les temps, les lieux, les circonstances et les avantages que les coutumes reçues y attachent. Dans les régions où les moyens de subsister ne s'acquièrent qu'avec peine, où il est très-difficile d'élever une famille, l'homme se borne à une seule femme; dans les contrées plus chaudes et plus fertiles, la facilité de se procurer des subsistances, jointe aux influences du climat ardent, porte souvent les indigènes à augmenter le nombre de leurs femmes. Dans quelques régions les liens du mariage ne se rompent que par la mort d'un des époux; dans d'autres, le caprice et la légèreté n'hésitent pas d'en dissoudre les nœuds sur le plus léger prétexte, souvent même sans en assigner aucune cause. Mais quelle que soit leur manière de vivre, le mariage, l'humiliation et la peine sont presque par-tout le partage de la femme. Ce qui caractérise

caractérise particulièrement l'état sauvage dans toutes les parties du globe, c'est le mépris et l'oppression auxquels est condamné le sexe le plus foible. L'homme enorgueilli de sa force et de son courage, ses premiers titres à la prééminence parmi les nations barbares, y traite la femme avec dédain. Le mariage n'est pas une union formée par l'amour ou la convenance de rang et d'intérêts, entre deux époux égaux; ce n'est qu'une chaîne qui lie l'esclave à son maître.

Les anciens Bretons faisoient des mariages singuliers, et dont il n'y a point d'exemple chez les autres peuples. Dix ou douze hommes formoient une société entr'eux, ce qui dans ces temps barbares étoit sans doute nécessaire pour leur sûreté commune. Pour resserrer d'autant plus ce lien, ils prenoient un grand nombre de femmes en commun; les enfans qui naissoient étoient censés appartenir à tous; ils étoient entretenus aux dépens de la société. C'étoit à-peu-près le même usage dans la Scandinavie et dans la plupart des pays du Nord, d'où sortirent les nombreuses troupes de barbares qui inondèrent le Midi de l'Europe. Mais il est à remarquer que ces femmes étoient si bien choisies et formées pour des institutions si sages, que jamais leurs querelles ne troubloient la paix du ménage commun. Ces peuples encore dans l'état sauvage de la nature, ne les admettoient point à la connoissance d'aucun de leurs projets : elles n'étoient destinées qu'à veiller au soin des affaires domestiques et intérieures de la société et à la première éducation des enfans. On n'a aucune connoissance des causes qui déterminèrent, dans la suite des temps, ces barbares à regarder quelques-unes de ces femmes comme inspirées immédiatement par la Divinité (1); elles

---

(1) On peut mettre au nombre des paradoxes dont fourmille l'histoire critique et philosophique de Raynal, ce qu'il dit de l'influence des femmes sur les affaires publiques. « Dans toutes les religions, les femmes ont influé sur le culte comme prêtresses ou comme victimes des dieux. La constitution physique de leur sexe les expose à des infirmités singulières, dont les causes et les accidens ont quelque chose d'inexplicable et de merveilleux. Dès-lors c'est par elles, c'est en elles que s'opèrent les prodiges dont leur foiblesse et leur vanité se repaissent, et que l'ascendant de leurs charmes ne tarde pas à faire adopter aux hommes doublement fascinés par l'ignorance et l'amour ». Cette spéculation peut s'appliquer à quelques événemens particuliers, mais qui n'ont influé en rien sur les établissemens politiques ou religieux. Aucune femme n'a joué un rôle distingué dans le mahométisme ; dans les réformes qui imprimèrent une secousse si violente à l'Europe, dans le seizième siècle ; les femmes suivirent le torrent sans avoir l'apparence de s'en mêler. Si à la fin du dix-septième siècle (*Jeanne-Marie Bouvières*

étoient consultées sur-tout dans l'instant où leurs maris se disposoient à combattre leurs ennemis; elles suivoient sur des charriots les guerriers; elles soutenoient par leurs exhortations et leurs cris, la fureur dont ils étoient animés: et loin de les porter à aucune voie de conciliation, elles accabloient de reproches les plus humilians, ceux qu'elles appercevoient foiblir dans la chaleur du combat, témoigner la moindre marque de lâcheté; et c'étoient des femmes sur le retour de l'âge, des mères de famille qui étoient chargées

---

de la Mothe) *Guyon*, par son testament mystique, ses prétendues visions et ses prophéties a fait quelque bruit en France, c'est qu'elle étoit aimable, jeune et riche, et qu'elle eut la fantaisie de devenir chef de secte, probablement à l'instigation du Barnabite *Lacombe*, son directeur. Le cœur tendre du grand Fénélon parut céder un moment aux attraits d'une jolie femme, et donner dans une mysticité dont il reconnut bientôt l'illusion, et dont il revint de si bonne foi. Si dans les monastères de filles en Europe, il se trouve encore quelques illuminées, très-peu de religieuses les estiment assez pour reconnoître en elles quelque chose de surnaturel, le plus grand nombre ne les regarde avec raison que comme des visionnaires. On doit juger par-là combien le raisonnement de Raynal est peu solide; n'est-ce pas une vision que de trouver partout les effets de la superstition, même dans les établissemens qui ont le plus contribué à conserver les loix les plus respectables, celles qui assurent le bonheur des sociétés?

de cet emploi, dont la figure, déjà flétrie par les ravages du temps, devenoit encore plus hideuse par l'enthousiasme furieux dont elles étoient saisies. Ces nations septentrionales étoient encore, pour la plupart, dans l'état primitif de barbarie, qui a précédé par-tout les premières institutions sociales : ce que nous apprennent les historiens les plus accrédités, tels que César et Tacite, ne nous laisse aucun lieu d'en douter.

Plusieurs même vivoient encore dans l'état sauvage le plus brute. Les *Finlandois*, dit Tacite, ne connoissoient pas l'usage des chevaux ou des voitures ; leurs armes simples et grossières consistoient en flèches garnies d'os acérés d'autant plus précieuses, que le fer leur manquoit. Couverts de la peau des bêtes fauves qu'ils tuoient à la chasse, ils broutoient l'herbe comme elles ; ils couchoient sur la terre ; quelques branches d'arbres rapprochées les unes des autres servoient de retraite aux vieillards et aux enfans. Hommes et femmes se livroient également aux fatigues de la chasse, et trouvoient cette manière de vivre, plus heureuse que toute autre, qui les auroit assujettis à la culture de la terre, aux travaux domestiques, aux métiers différens qui occupoient d'une manière plus sédentaire, d'autres peuples plus industrieux : c'étoient de vrais sauvages. Les espérances et les craintes auxquelles donnent lieu les vicissitudes de la fortune et des événemens n'avoient aucune prise sur eux ; n'ayant rien à redouter des hommes, ne craignant rien des dieux qu'ils ne connoissoient pas, ils étoient parvenus, dit Tacite (1), au point le plus difficile à atteindre, à se mettre même au-dessus des desirs. Tel étoit l'*Homme de la Nature* dans une partie de l'Europe sous un climat rigoureux.

Dans ce vaste archipel austral de la grande mer du Sud, où la douceur du climat, la facilité d'avoir des subsistances, rendent la vie plus douce ; où l'on a reconnu quelques principes de civilisation, les femmes y sont sans considération, sans autorité même sur leurs propres enfans, sur-tout les mâles, qui, du moment où ils ont acquis quelque force, ne conservent ni reconnoissance ni attachement pour leurs mères qu'ils méprisent, qu'ils frappent même sous les yeux de leurs pères qui les approuvent. Autant que l'on a pu juger de la nouvelle Calédonie, les femmes y sont des esclaves livrées à tous les travaux domestiques, sur lesquelles les maris ont à leur gré le droit de vie et de mort ; ce qui est

---

(1) *Securi adversùs homines, securi adversùs deos, rem difficillimam assecuti sunt, ut illis ne voto quidem opus sit.... De moribus Germanorum.*

d'autant plus vraisemblable, que l'on a vu même dans ce siècle les Grecs que les Gênois avoient établis en Corse, tuer leurs femmes pour le plus léger sujet de mécontentement, sans crainte d'en être recherchés. Il est vrai que cette colonie étoit barbare et presque sauvage.

Dans les îles de la Société et celles des Amis, où la civilisation est plus avancée, les femmes y sont plus libres, leur vie est plus douce; il paroît même qu'il y a long-temps qu'elles jouissent de cette heureuse existence : quelques-unes dans les premières familles ont eu les honneurs de la souveraineté, sur-tout pendant l'enfance des mâles, regardés comme les héritiers légitimes. Mais en général, dans la conduite ordinaire des familles, elles sont sans autorité ; ce qui semble supposer, parmi ces petites nations, un souvenir confus des usages du continent de l'Asie orientale, dont elles peuvent être originaires, parce que dans l'état de nature dont elles se sont peu écartées, et dans la formation de leurs petites sociétés, aucun motif ne devoit les déterminer à exercer sur leurs femmes ce despotisme rigoureux qui les tient toujours enfermées : le cruel sentiment de la jalousie leur est tout-à-fait étranger ; les femmes s'y donnent librement à leurs époux. Mais par-tout où on les achète, leur condition est infiniment malheureuse ; elles deviennent dès leur plus tendre jeunesse, et avant que de connoître le prix de leur existence, les esclaves et la propriété de celui qui en a fait l'acquisition. Chez les peuples civilisés, tels que les grandes nations de l'Asie, renfermées dans les appartemens qui leur sont destinés, elles n'ont pour toutes sociétés que des gardiens hideux, toujours occupés à rendre plus pesant le joug dont elles sont chargées. Peuvent-elles compter pour quelque chose le maître auquel elles appartiennent? Tourmentées par des passions d'autant plus vives qu'elles sont plus contraintes ; consumées par les feux qui les dévorent, elles vieillissent de bonne heure sans avoir vécu.

Les peuplades grossières de l'Amérique nous présentent les femmes sous un tout autre aspect; elles sont plus libres, mais elles paient cet avantage par l'assujettissement aux plus viles et aux plus pénibles occupations ; et ce qui est à remarquer, c'est qu'elles s'habituent à la dureté de leur état avec une docilité surprenante. Elles sont généralement exclues de toutes les fêtes et plaisirs; elles ne sont admises à aucun festin ; c'est une faveur de leurs maris, de leur en abandonner les restes, lorsqu'ils sont rassasiés : ils ne permettent pas qu'elles prennent part aux danses, pour lesquelles elles ont le goût le plus décidé, au-dessous cependant de celui pour les liqueurs enivrantes. Ces usages barbares ne laissent aucun doute sur l'état d'infériorité des femmes, et le mépris avec lequel elles sont traitées par les sauvages. Leur occupation dans les fêtes est de préparer la liqueur, de la servir aux hommes; d'avoir soin de leurs maris et de leurs parens, lorsqu'ils commencent à perdre la raison; même de les porter sur leurs épaules dans les cabanes, lorsque l'ivresse est à son comble. C'est dans cet état de soumission que la malheureuse compagne du sauvage paroît à un Européen bien supérieure à son mari, par la tendresse et l'affection qu'elle lui témoigne, le soin qu'elle en prend dans ces momens de dégradation, avec d'autant plus de désintéressement, qu'elle ne peut pas même espérer d'en être mieux traitée.

Mais, dira-t-on, dans un état sauvage et barbare, où l'on ne connoît ni les ressources du commerce, ni l'usage des parures, où l'on n'a point de richesses fictives, comment peut-on acheter une femme? Il y a différens moyens, sur-tout dans les sociétés naissantes, ou qui ont conservé l'état de nature. On sait à quel prix, disent les livres des chrétiens, *Laban* consentit de donner à Jacob la belle *Rachel* pour sa femme : de même les services que l'on rend; quelques meubles, quelques ustensiles que l'on donne ou que l'on fabrique ; quelques actions distinguées, soit à la chasse, soit à la guerre ; mille autres moyens assurent l'esclavage des femmes et le droit du sauvage sur celle qu'il a acquise : ensuite la supériorité qu'il s'attribue sur elle, le porte à la traiter comme une bête de somme, soumise par la nature aux travaux les plus vils et les plus pénibles, sans lui en témoigner aucune espèce de reconnoissance ou même de compassion. Il n'est point de circonstance dans la vie qui ne rappelle aux femmes cette infériorité humiliante : elles y sont tellement habituées, qu'elles n'y pensent même pas : quoiqu'accablées sous le poids des maux qu'elles souffrent, elles ne desirent pas d'en être délivrées ; elles n'imaginent pas que leur sort puisse être plus heureux.

Qui osera d'après cet exposé, dont toutes les relations les plus authentiques garantissent l'exactitude, vanter encore la paix, la douceur, la tranquillité de la vie des sauvages, à moins que l'on ne regarde leur féroce abrutissement comme l'une des premières qualités de l'homme dans l'état de nature ? Parmi eux, la première et la plus essentielle institution de la vie sociale est horriblement pervertie par une injuste inégalité, une distinction humiliante qui avilit cette union domestique que la nature avoit destinée à inspirer aux deux sexes des sentimens doux et humains : elle ne sert plus qu'à rendre l'homme dur et farouche, qu'à dégrader la femme par l'abaissement de la servitude la plus triste.

Il semble néanmoins que le climat plus ou moins rigoureux contribue à soutenir ou à changer le vice essentiel de la société domestique. Dans les régions de l'Amérique, dans les îles de la mer du Sud, où la fertilité du sol, la douceur de la température et quelques progrès dans l'industrie ont rendu les moyens de subsistance plus abondans, et ont adouci les peines attachées à la vie sauvage, l'instinct animal des deux sexes a pris plus d'énergie, la femme y reste esclave, mais elle est mieux traitée (1).

---

(1) On ne doit regarder parmi les sauvages le physique de l'amour que comme un penchant, une espèce de besoin naturel qu'ils sont habitués de satisfaire, sans aucun égard aux circonstances qui l'accompagnent, aux loix qui en doivent régler l'usage, ou aux suites qui peuvent en résulter. Ce besoin physique se fait sentir dans tous les pays, et a par-tout les mêmes effets, quoique variés relativement aux températures. Dans les climats les plus favorables à la génération, dans ces pays septentrionaux, où l'on croyoit anciennement qu'étoit établie la fabrique des hommes, à raison des nombreuses et fréquentes émigrations qui se répandoient dans les régions méridionales, c'est le sentiment de besoin qui agit : dans des climats plus heureux, c'est l'attrait du plaisir qui

§. X.

Education des enfans sauvages; ils n'ont aucun égard pour leurs mères; rapports des enfans aux pères considérés dans les deux états, sauvage et civilisé.

L'éducation des enfans, suite de l'espèce de mariage ou d'union établie entre l'homme et la femme sauvages, est toute à la charge de la

---

remue les hommes. Les causes sont différentes, mais les effets se ressemblent beaucoup. Dans les îles de la Société et celles des Amis, on reconnoît les effets d'une température douce, d'un sol fécond; les hommes se livrent au physique de l'amour avec un attrait qui ne paroît pas comme à la Nouvelle-Calédonie, et à la Nouvelle-Zélande; non que les femmes aient plus d'empire dans une des îles que dans les autres, mais elles y paroissent moins esclaves; et leur goût pour le physique de l'amour se porte à une licence plus ouverte. Il semble qu'elles regardent leurs faveurs comme un effet de commerce, au moyen duquel elles se procurent tout ce qui excite leurs desirs.

C'est ce que l'on observe dans quelques tribus établies sur les bords des grandes rivières de l'Amérique où abondent les subsistances que l'on reçoit immédiatement d'un sol naturellement fertile en fruits et en racines propres à donner une nourriture saine, et parmi d'autres peuples où l'abondance du gibier et des bœufs sauvages, le produit de la pêche dans les rivières et les lacs, leur fournissent femme, l'homme n'y donne ni attention ni soin; dès que l'enfant est né, sa mère ne le quitte plus, elle le porte continuellement, et il est d'ordi-

---

sans beaucoup de peine des facilités constantes et assurées de se nourrir.

Dans cet état de sécurité et d'abondance, les sentimens que la nature a gravés au cœur de l'homme acquièrent une nouvelle force; les goûts, les desirs, ceux surtout qui tiennent à l'instinct animal, se développent avec plus de liberté. Le commerce entre les deux sexes prend une forme différente de celle qu'il a chez les peuplades pauvres et grossières qui habitent un sol ingrat sous un climat rigoureux: et comme la religion, les loix, la décence et l'honnêteté publique ne les contraignent en rien, ils se livrent à toutes les fantaisies de la volupté, et la licence des mœurs ne peut qu'y être excessive; c'est ce que l'on a remarqué dans quelques îles de la mer du Sud, dont nous parlerons plus en détail.

Mais on n'a pas remarqué que parmi ces nations sauvages ou à demi-barbares, le physique de l'amour ne devint jamais une passion ardente et tumultueuse qui cause plus de désordre dans les sociétés qu'elle ne leur procure de biens réels. S'il prend quelquefois ce caractère, ce n'est que pour l'instant, ainsi qu'il semble être arrivé du commerce des femmes de Taïti avec les navigateurs européens. Dans l'état ordinaire des choses, ce besoin ou cette passion s'évapore avec le moment de la jouissance, sans conserver aucune puissance ultérieure, aucun droit qui s'étende au-delà: on n'a pas vu de femme qui, par ce moyen, captivât l'estime des hommes; si on a renaire de voir la mère chargée de son enfant arrangé sur ses épaules de manière qu'elle puisse en même temps vaquer à ses travaux habituels. Ce surcroît de peine dure pendant toute sa première enfance, c'est-à-dire à-peu-près un an; car les sauvages ne connoissent pas l'usage des langes dont les peuples civilisés enveloppent leurs enfans. Ils ne les couvrent que d'une peau de bête, ou d'une natte qui ne les contraint pas, ils ont tous les mouvemens libres; il n'est pas rare de les voir dès l'âge de trois mois, se traîner à terre et changer de place sans qu'on les aide. Peu après ils se lèvent et se tiennent sur leurs jambes. La

---

marqué quelque exception à cette loi commune, ce n'a été qu'en faveur de quelques femmes des chefs, que la considération dont jouissoient leurs maris mettoit au-dessus de l'état de subordination et d'oubli où sont toutes les autres femmes.

Si les navigateurs européens ont été recherchés avec empressement par les femmes de quelques îles, on ne peut pas dire que ce fut par un sentiment de choix, par un goût de préférence; elles n'avoient d'autre objet que de s'approprier les petites marchandises de l'Europe dont elles étoient si curieuses, qu'elles n'hésitoient pas de les payer au prix de leurs faveurs; si on ne leur eût rien proposé, le physique de l'amour n'eût point été sacrifié à ces circonstances purement accessoires; encore prétend-on qu'elles n'agissoient que par l'ordre de leurs pères ou de leurs maris.

mère ne perd pas de vue son enfant, elle ne le nourrit que de son lait, et même assez long-temps pour que l'enfant puisse venir de lui-même prendre le sein de sa mère et en tirer la nourriture à laquelle il est accoutumé. Dès qu'il est assez fort pour marcher et courir à une certaine distance, qu'il peut distinguer la nourriture qui lui convient et la saisir, ses parens le laissent dans une entière liberté, il agit comme il lui plaît. On ne voit jamais un sauvage quereller son enfant ou le châtier; il ne lui donne ni conseils ni instructions; il le laisse le maître absolu de toutes ses actions; l'enfant fait librement tout ce qu'il voit faire à ses parens et il ne leur est soumis que pendant l'âge de la foiblesse.

Le père, la mère et les enfans vivent ensemble dans leur *caze*, comme des personnes que le hasard auroit rassemblées. Le souvenir des bienfaits que l'on a reçus dans la première enfance est trop foible, pour exciter ou nourrir la tendresse filiale: c'est envain que la mère voudroit faire valoir des droits sacrés; le petit sauvage plein du sentiment de sa liberté dont il a joui dès qu'il a pu se remuer, impatient de toute gêne, s'accoutume à agir comme s'il étoit tout-à-fait indépendant. C'est un faon de biche, qui n'entend le cri de sa mère que tant qu'il a besoin de son lait: il n'a pas plus d'attachement et de reconnoissance pour ses parens que pour toutes les autres personnes de son voisinage ou de sa tribu ; quelquefois même le petit sauvage traite sa mère avec tant de mépris, d'insolence et de cruauté que ceux qui en sont témoins sont pénétrés d'horreur, et d'ordinaire les pères les approuvent et regardent cette férocité naissante comme l'heureux présage du courage qu'ils montreront contre leurs ennemis.

Chaque famille des peuplades de l'Amérique établies dans les bois compose comme une petite nation à part, dont tous les individus sont indépendans dès qu'ils n'ont plus besoin les uns des autres : du moment que l'enfant est fort, et qu'il peut agir pour sa conservation et sa défense, il n'a plus aucun respect pour son père ; et ce qui étonne, c'est que ce sentiment cesse beaucoup plutôt vis-à-vis de la mère. Les pères n'aiment leurs enfans que lorsqu'ils sont en bas-âge : dès qu'ils ont atteint quinze ou dix-huit ans, ils ne les regardent plus ; ils vivent ensemble comme des étrangers, quoiqu'ils habitent la même cabane. Il en est de même à la Nouvelle-Zélande, et par-tout où les loix primitives de la nature ont été altérées par une certaine barbarie que l'intérêt personnel a fait naître. Les femmes dans ces sociétés informes sont sans considération regardées comme des créatures d'un ordre inférieur à l'homme, dont la plus noble fonction est de servir à la propagation de l'espèce humaine. Les filles destinées au triste sort de leurs mères sont plus douces que les garçons ; elles ne les quittent point et les aident dans leurs travaux domestiques, où elles s'accoutument insensiblement aux peines de leur état.

Telles sont en général les mœurs de l'homme sauvage et barbare ; et dès-lors on ne doit pas être surpris de leur effet destructif sous les deux rapports les plus intéressans de la société domestique ; de l'inégalité qu'elles introduisent entre l'homme et la femme, et de ce qu'elles réduisent presqu'à rien l'union qui par-tout ailleurs règne entre le père et les enfans, ou devroit y régner. Car ne pourroit-on pas reprocher aux nations les plus civilisées, que, dans l'état actuel des mœurs, cette union des familles, cet amour mutuel des pères et des enfans qui fait le bonheur de la société et le soutien des états, ont perdu presque toute leur ancienne énergie? On prodigue, il est vrai, les plus tendres soins à l'enfant au berceau ; ses graces, sa beauté, son langage enfantin séduisent dans l'âge de la foiblesse, et semblent être la récompense des baisers de sa mère et des travaux du père. On daigne s'occuper de ses enfans tant qu'ils amusent ou paroissent intéresser ; des qualités plus développées les rendent quelquefois

quelquefois plus intéressans lorsqu'ils sont adultes ; mais combien de pères et mères les négligent alors, parce que des passions étrangères, et que la plupart n'osent s'avouer à eux-mêmes, leur font craindre de trouver des censeurs dans leurs propres enfans ! On les laisse libres ; on voudroit leur donner des conseils, mais on auroit trop à rougir. Comment leur reprocher des excès dont on est soi-même coupable ! Ainsi les rafinemens d'une civilisation que l'on croit parfaite, tendent à ramener la société à un état de barbarie, effet funeste d'une politique rafinée et de ce ton ridicule appelé, on ne sait pourquoi, *ton de la bonne compagnie*. Tant il est vrai que les extrémités les plus opposées se rapprochent par ce qu'elles ont de plus vicieux, sans que l'on daigne y faire attention (1).

---

(1) Nous publions ici une note extraite d'un voyage intéressant fait dans l'Amérique septentrionale, qui nous a été communiqué. Il nous fait connoître les mœurs des naturels qui habitent ces contrées et nous offre une idée de l'éducation domestique chez les *Caraïbes*, les *Illinois*, les *Hurons*, etc.

Les femmes, chez ces peuples guerriers, n'ont garde de donner leurs enfans à d'autres pour les nourrir, elles croiroient alors n'être plus mères, et même indignes de le devenir ; elles sont très-étonnées d'entendre dire qu'il y a des nations au monde où cet usage est établi ; les femmes

§. XI.

Arts des peuples sauvages ; comment ils se peignent le corps ; parure et luxe ; moyens d'augmenter leur industrie ; difficultés d'y réussir.

Les arts des peuples ignorans et grossiers qui n'ont pas l'usage des métaux, méritent d'être observés parce qu'ils servent à faire connoître

---

aiment leurs enfans avec une extrême passion ; et quoiqu'elles ne leur fassent point autant de caresses que les européennes, leur tendresse pour eux n'en est cependant pas moins réelle, moins solide et moins constante ; elles allaitent leurs enfans aussi long-temps qu'elles peuvent, et ne les sèvrent que par nécessité ; l'on a vu souvent des enfans de trois et quatre ans reprendre encore le lait avec leurs puînés.

Le berceau pour les enfans des sauvages dans la Nouvelle-France est tout-à-fait commode ; il consiste en une ou deux planches fort minces, de deux pieds et demi de long, rétrécies par le bas, et arrondies par le pied. Ce berceau est surmonté de larges bandes ou fourrures qui les garantissent du froid en hiver, et en été des piqûres des *maringoins* et des *cousins*.

Quelques nations vers la Louisiane les forment d'une autre façon ; comme elles font consister leur beauté à avoir le front applati, et le sommet de la tête terminé en pointe en façon de mitre, elles ont des berceaux les mœurs et les génies des élèves de la nature. La sensation la plus marquée qu'un sauvage peut éprouver doit être produite par la manière

dont la structure est destinée à leur faire prendre cette forme dans laquelle elles trouvent un si grand agrément : c'est un trou pratiqué dans le berceau où la mère fait entrer la tête de l'enfant, lui appliquant sur le front et au-dessus de la tête une masse d'argile qu'elle serre et lie de toutes ses forces. Elle couche ainsi l'enfant toutes les nuits jusqu'à ce que la tête ait pris son pli, et que les ossemens du crâne aient acquis assez de consistance. Les enfans souffrent extrêmement dès les premiers essais de cette violente opération, qui les fait devenir noirs et jetter par le nez, les yeux et les oreilles une liqueur blanchâtre et visqueuse.

Les Caraïbes et la plupart des sauvages méridionaux ont aussi le front applati et la tête pointue. Leurs mères ont soin de la leur enfoncer avec de petites planches et de petits coussins de coton liés fortement derrière la tête. Mais les enfans n'ont point d'autre berceau que des hamacs proportionnés à leur petite taille, et où les enfans sont couchés tout nuds sans aucune gêne. Les sauvages qu'on nomme en Canada les habitans des terres *Garhayonronnon* ont un goût tout différent des têtes pointues, car ils font consister leur beauté à l'avoir fort ronde; c'est pour cela qu'on les nomme aussi têtes de boule.

Au sortir du berceau, les enfans commencent plutôt à se rouler qu'à marcher. On les laisse aller assez ordinairement nuds dans la cabane pendant les premières années, les parens sont persuadés que le corps se forme mieux.

dont son corps est affecté par la chaleur, le froid ou l'humidité du climat sous lequel il vit, et son premier soin est de se garantir des inconvéniens qui en résultent. Tous les peuples sauvages n'ont pas l'usage des vétemens : les habits des peuples situés entre les tropiques sont plutôt des ornemens que des moyens de se soustraire à l'intempérie des saisons : la plus grande partie est nue. Ces sauvages se peignent le corps avec des extraits de plantes onctueuses de différentes couleurs, avec des gommes visqueuses, des graisses d'animaux, des huiles dans lesquelles ils dé-

---

Dès qu'ils sont un peu grands, ils suivent leurs mères et commencent à travailler pour le ménage. Du reste, ils sont mal propres, mal vêtus, jusqu'au moment où ils entrent dans le corps de la jeunesse; alors il leur est permis de se parer.

Rien de plus dur et de plus austère que l'éducation des jeunes gens chez les Caraïbes. Aussitôt qu'ils peuvent les tenir, on leur met en main l'arc et les flèches; ils les gardent long-temps comme un jouet; mais leurs forces croissant avec l'âge, d'un amusement ils en font un exercice nécessaire, et s'y rendent en peu de temps très-habiles. Leur vie étant d'ailleurs dure par elle-même, elle ne contribue pas peu à les endurcir et à leur faire supporter sans peine la faim, la soif, les rigueurs des saisons, et d'autres travaux sous lesquels on nous verroit succomber.

trempent des terres colorées : ils arrêtent par ce moyen une transpiration surabondante qui sous la zone torride épuise les forces et abrège la durée de la vie. Ils se couvrent tout le corps d'un épais vernis qui défend leur peau de la chaleur pénétrante du soleil, les garantit de l'excessive humidité qui règne pendant la saison des pluies, ainsi que des piqûres de ces essaims innombrables d'insectes qui abondent dans les bois, les marécages chauds, et dont la persécution seroit intolérable pour des hommes tout-à-fait nuds. Cette peinture, à raison de son odeur et de son épaisseur, devient pour eux un vêtement aussi commode qu'utile. La plupart des sauvages ne sortent jamais de leurs cabanes, s'ils ne sont oints depuis les pieds jusqu'à la tête, et ils s'excusent en disant qu'ils ne peuvent paroître parce qu'ils sont nuds. Une grande partie des nations sauvages qui habitent les forêts et les plaines des bords de l'Amérique, regardent les vêtemens comme inutiles, et ont refusé de se servir de ceux que leur présentoient les navigateurs. Le seul instant où le sauvage rougit de se montrer est celui où il a oublié de se frotter le corps de graisses de différentes couleurs; il se regarde alors comme véritablement nud.

Dans les jours de cérémonies ou d'assemblées publiques, les habitans entre les deux tropiques s'efforcent à l'envi les uns des autres, d'y paroître avec distinction. Leurs ornemens consistent en plumes, dont ils se font des bracelets, des ceintures, des couronnes ou bonnets. Ils se percent les narines, les oreilles, les lèvres, les joues; ils y passent des os de poissons ou d'animaux, des plumes de couleurs brillantes, des pierres taillées exprès, de petits morceaux de bois arrondis : les plus considérables se croient supérieurs aux autres, quand ils portent à leurs oreilles ou à leurs narines de petites plaques ou lingots d'or ou d'argent; tel est l'usage de toutes les nations sauvages, sous quelque climat qu'elles habitent en terre-ferme ou dans les îles (1).

Ainsi on a observé que dans les régions de l'Amérique, dont la température est constamment chaude, comme dans la plupart des îles de la mer *du Sud*, aucune des peuplades qui les habitent, ne sont assujetties à l'usage des vêtemens; la nature ne leur a jamais inspiré qu'il y eût de l'indécence à se montrer nuds, et s'ils se couvrent quelques parties du corps, c'est plutôt pour les garantir des piqûres, des épines, du choc des branches des arbres, que par aucune idée de décence. Mais quelque simples et grossiers que soient la plupart de ces peuples sau-

---

(1) *Orenoço illustrado* par Joseph Gumilla. Madrid, 1745.

vages, ils ne sont pas sans quelque luxe, sans un goût décidé pour la parure, par laquelle ils cherchent à se distinguer. Les figures bizarres qu'ils se plaisent à tracer sur leurs peaux, de manière à les rendre ineffaçables; les couleurs qu'ils y emploient; le soin avec lequel ils arrangent leurs cheveux; les fleurs et les plumes dont ils les ornent; les coquilles, les pierres brillantes, les os qui pendent à leurs oreilles, qu'ils portent à leurs narines, aux joues, aux lèvres même, percées exprès pour recevoir ces ornemens, leur assurent cette distinction. Ils ne peuvent en jouir sans braver la douleur, qui est inséparable des opérations auxquelles ils se soumettent à cet effet, et qui semble être une preuve du peu de sensibilité physique de toutes ces nations; elles annoncent en même temps que le goût de la parure et l'espèce de mérite que la frivolité y attache, est de tous les pays, dès l'instant où les hommes forment entr'eux la moindre société.

Presque toutes ces nations sauvages isolées les unes des autres, et forcées par les positions de se contenter de ce que le sol qu'ils habitent leur fournit, ne peuvent pas avoir acquis beaucoup d'industrie; ceux qui montrent le plus d'ouverture d'esprit n'ont pas poussé l'invention plus loin, qu'à imaginer quelques ustensiles, tels, que des paniers de différentes espèces, des nattes plus ou moins fines, dont ils se parent plutôt qu'ils ne s'en habillent, sur-tout quand ils y ajoutent des plumes d'oiseaux de différentes couleurs. La beauté, la variété, la propreté de ces plumes leur a inspiré le desir d'ajouter cette parure à leurs vêtemens, de la disposer par compartimens, entremêlés de tissus formés de coquilles éclatantes, et de fragmens d'écailles de tortues, auxquelles ils donnent différentes formes : ils ont tenté d'ajouter aux beautés de la nature, en rapprochant ce qu'elle leur présentoit de plus agréable, et en le faisant servir à leurs usages. Les Européens habitués à s'aider dans leurs travaux d'une multitude d'outils, admirent comment avec des os de poissons, des coquilles tranchantes, des pierres affilées en forme de couteaux, ils ont réussi à faire des ouvrages qui ont une sorte d'élégance. Mais que l'on réfléchisse que c'est le travail d'un peuple qui vit dans l'aisance, qui y met une patience et un temps considérables, et que ces tissus sont destinés à l'usage des chefs de la nation, dans les îles où il y a un certain luxe, comme à *Otahiti*, où les états sont distingués, où le climat n'exige presqu'aucun soin pour se garantir des effets du chaud ou du froid, où il est si aisé de se procurer des subsistances.

Cependant jusqu'à l'arrivée des Européens dans

les derniers temps, leur industrie n'avoit fait aucun progrès: ils s'en tenoient à leurs anciens usages et ils en étoient contens. Quoique quelques ustensiles de terre que les Espagnols leur avoient laissés plus d'un siècle auparavant, leur parussent de la plus grande utilité, ils n'avoient pas imaginé d'en fabriquer de semblables; ils conservoient un clou depuis un aussi long temps; ils l'avoient emmanché dans un morceau de bois, et ils le montrèrent aux Anglais comme une curiosité. On voit donc que les arts du sauvage lui ont coûté peu d'efforts à leur origine; c'est le besoin qui les a inventés; le premier qui a fait une cabane n'a eu pour objet que de se garantir des incommodités du vent et de la pluie, ou des ardeurs trop vives du soleil: il a opposé un toit de feuillage, des branches d'arbres, et des palissades formées avec des morceaux de bois pointus, à l'intempérie des saisons et à la férocité des animaux: il a eu soin de les entretenir et de les réparer; ses imitateurs ou ses descendans n'ont pas imaginé qu'il y eût rien à desirer au-delà. Telle est la disposition de tous les peuples qui vivent encore sous les loix de la nature; plus le climat est heureux, moins ils s'occupent de la perfection des arts ou inventions de première nécessité. Un sol fertile, une température douce, et à peu de variations près, toujours égale; l'insouciance qui accompagne d'ordinaire une position aussi heureuse, entretiennent une peuplade, quoique nombreuse, mais isolée et sans commerce, dans l'inertie et l'ignorance; elle n'imagine rien pour perfectionner ses outils, ses vêtemens et ses armes. Les individus ne s'en croient que plus libres et plus indépendans.

On ne peut cependant pas douter que les outils qu'ils tireront de l'Europe, et dont les Français et les Anglais leur ont déjà laissé une certaine quantité, ne doivent favoriser leur industrie, quoique les mœurs et les usages se conservent les mêmes. Ces peuples heureux que la soif des richesses fictives ne tourmente pas encore, jouissent tranquillement du bonheur de leur position. L'inégalité des conditions n'est pas un obstacle à leur bonheur : aussi riches les uns que les autres, ils sont tous contens de leur sort. Mais ne peut-on pas craindre que, si le desir de jouir de nouvelles commodités s'empare d'eux, bientôt cette douce égalité ne soit altérée ? La partie la plus distinguée de la nation desirera des objets de luxe qu'elle ne connoissoit pas ; elle voudra vivre d'une manière plus splendide ; la portion la moins aisée du peuple seroit obligée de la seconder, de la servir même dans ses travaux pour procurer aux chefs ce qu'ils souhaiteront d'abord et ce qu'ils exigeront ensuite. La liberté dont ils sont si jaloux sera attaquée, et les dernières classes du peuple seront par la suite des temps contraintes de fournir plus d'objets d'échanges aux Européens que l'on n'en attendra. Tel est l'ordre des choses et ce qui a contribué par-tout à la civilisation des peuples.

Dans les îles nouvellement découvertes, celles sur-tout où la population est assez nombreuse pour former une société de quelqu'importance, où cependant les arts méchaniques et les espèces de manufactures connues sont si bornées dans leurs objets, et occupent un si petit nombre de personnes, il est probable que la plus grande partie des naturels s'emploie à la culture des fruits propres à ces climats. Ils en recueillent à-peu-près ce qui leur est nécessaire pour leur subsistance journalière, et ils s'en tiennent-là : ils pourroient faire beaucoup mieux ; quantité de terreins sont en friche et ne rapportent rien. Dans l'intérieur de ces îles, les montagnes présentent différens aspects : on pourroit y multiplier les arbres à pains et les bananes et en avoir presque dans toutes les saisons de l'année. La patate ou pomme de terre y est connue, et il est rare qu'on la multiplie en la replantant. Le commun des naturels arrache ce qui est mangeable ; et si le même terrein en reproduit quelques-unes la saison suivante, c'est qu'elles ont échappé lors de la récolte. S'ils étoient capables de quelque prévoyance, de quelques réflexions sur leurs besoins, ces sortes de fruits deviendroient très-abondans dans ces îles, mais il paroît qu'il sera difficile d'éclairer assez l'industrie pour qu'elle devienne susceptible de ces soins, quoique dans quelques mois de l'année, le peuple soit réduit à se nourrir des alimens les plus grossiers, qui souvent par leur rareté les expose à souffrir la faim.

Dans le petit nombre d'animaux dont l'homme a fait choix dans les régions orientales pour en faire sa nourriture, la poule et le cochon sont les espèces les plus fécondes et le plus généralement répandues ; comme si l'aptitude à la plus grande multiplication étoit accompagnée de cette vigueur de tempérament qui brave les inconvéniens attachés à la variation des températures et à l'influence des climats. On a trouvé la poule et le cochon dans les parties les moins fréquentées du globe à Otahiti, et dans les autres îles inconnues, même les plus éloignées du continent. Il semble que ces espèces aient suivi l'homme dans toutes ses émigrations. La facilité de les transporter et de les nourrir, fait qu'elles sont extrêmement multipliées dans toutes les provinces méridionales de l'Asie ;

elles peuvent être regardées comme une preuve de l'origine de ces insulaires, et indiquer que ces îles ont tenu autrefois au grand continent dont elles ont été séparées par quelque révolution, peut-être moins éloignée qu'on ne le pense.

Mais ce qui est à remarquer comme une singularité attachée à l'indolence, à l'état d'enfance dans lequel l'*Homme de la Nature* reste constamment, c'est que quelque facile qu'il soit de multiplier ces animaux, l'industrie n'a rien encore imaginé pour les rendre plus communs, ce qui vient sans doute de la facilité que trouve le naturel de ces îles à se nourrir des fruits de la terre et du produit de la pêche ; ou que n'ayant qu'une idée très-confuse du bien qui en résulteroit pour la société, il regarderoit comme une charge les petits soins qu'exigeroient de lui la conservation de ces animaux si utiles et leur multiplication. Nous aurons plus d'une occasion de remarquer que l'*Homme de la Nature* ou le sauvage ne jouit qu'en détruisant et ne songe jamais à rien conserver. Il coupe ou déracine l'arbre chargé de fruits, pour les cueillir plus à son aise : dans toutes les terres de l'Amérique méridionale, les sauvages n'ont point d'animaux domestiques, ils détruisent indifféremment les bonnes espèces comme les mauvaises ; ils ne font choix d'aucune pour les élever et les multiplier; tandis que quelques espèces d'oiseaux, telles que le hocco (1), leur fourniroient sans peine, avec quelques attentions, plus de subsistances qu'ils n'en peuvent se procurer par leurs chasses pénibles.

L'empire que le sauvage prend sur les animaux annonce les premiers pas qu'il fait vers la civilisation. Bientôt il reconnoît qu'il est fait pour commander à tous les êtres de la nature; une fois qu'il a soumis les animaux, il parvient par leurs secours à changer la face de la terre. C'est ce que l'*Homme de la Nature* n'imagine pas; jusqu'à présent il n'a connu que les ressources de la pêche et de la chasse; il est probable que depuis plus de deux siècles que les navigateurs Européens ont abordé, à différentes reprises, dans plusieurs des îles orientales de la mer du Sud, ils ont laissé sur

---

(1) Le hocco est de la meilleure espèce des gallinacées, et ressemble beaucoup au dindon. On ne connoît point d'oiseau de basse-cour, plus doux, plus familier avec l'homme, et qui lui témoigne plus d'attachement. Dans l'état sauvage, il se nourrit indifféremment des fruits et des graines qu'il trouve dans les bois, ainsi que des herbages qui lui conviennent dans l'état domestique. On le nourrit comme les autres volailles : il est, dit-on, aussi bon à manger que le dindon. Hist. Nat. des oiseaux, . IV, in-12, 1772.

la plupart de ces îles des quadrupèdes de l'Europe, des chèvres sur-tout, qui multiplient si aisément dans tous les climats. On n'en a point trouvé dans les îles habitées, ce qui porte à croire qu'elles ont été détruites par les naturels: mais celles qui ont été abandonnées sur les îles désertes, y ont prodigieusement multiplié sans que la solitude ait altéré leur caractère; on les a vues à l'île de Jean Fernandez venir en troupe au-devant des navigateurs qui y relâchoient, s'en approcher gaiement, se laisser prendre sans témoigner ni crainte ni défiance; en un mot elles étoient aussi familières, aussi amies de l'homme que dans l'état de domesticité. Leur gaieté naturelle, leurs sauts, l'inclination qu'elles ont à suivre l'homme, à s'attacher à ses pas, cette espèce de lutte qu'elles proposent, en présentant un front armé de cornes menaçantes, et qui ne sont rien moins que dangereuses, auront donné de l'effroi à un sauvage étonné de la figure extraordinaire de la chèvre; il aura pris sa manière de se présenter pour une disposition à l'attaquer; il aura fui; la chèvre se sera approchée d'un autre qui l'aura assommée d'un coup de bâton ou percée d'un épieu, aura cru remporter une victoire signalée sur un monstre qu'un ennemi venu de loin avoit laissé sur la terre pour lui nuire. Telle est la défiance habituelle de l'homme sauvage; son ignorance multiplie ses craintes et les abus qui les font naître.

§. XII.

Iles Mariannes ou des Larrons ; idée de la moralité des naturels, les plus libres des hommes ; industrie à perfectionner dans les îles australes, et comment ; canots et barques ; chefs-d'œuvres de leur adresse.

A l'époque où les Espagnols firent la conquête des îles méridionales, les habitans ne connoissoient ni le feu, ni ses usages ; voyant leurs huttes dévorées par les flammes que les Espagnols y avoient allumées, on dit qu'ils s'en approchèrent sans crainte, qu'ils prirent leur action et la brûlure cuisante pour la morsure d'un animal féroce qui dévoroit le bois : si ce fait n'étoit pas aussi bien constaté, qui pourroit se persuader qu'une population assez nombreuse en fût à ce point d'ignorance ? Sans doute que les phénomènes du tonnerre n'y avoient jamais produit aucun embrasement, et que dans ces grouppes d'îles, il ne s'étoit ouvert aucun volcan qui pût leur avoir donné l'idée de l'action du feu ; car on trouve une correspondance établie d'une île à une autre. Les naturels, dit-on, se contentoient des fruits que la terre leur donnoit, du produit

de

de la pêche, et ils mangeoient le poisson crud ou à moitié pourri, ainsi que quantité de barbares Africains le font encore : ils avoient des barques, des filets et même des armes pour se défendre de leurs ennemis, et ils étoient assez heureux pour qu'aucun animal féroce ou carnassier n'eût été transporté ou n'eût passé dans leurs terres. Cependant ces îles ne pouvant avoir été peuplées que par des émigrations des anciens continens, et même des régions de l'Asie où l'usage du feu et ses avantages étoient bien connus, comment leurs habitans ont-ils pu en perdre l'idée, ainsi que de son utilité pour la préparation des alimens ?

Pour se faire une idée d'une semblable manière de vivre, il faudroit pouvoir se mettre à la place de ces peuplades sauvages ou barbares, établies dans les plus belles régions du globe, et les plus fertiles ; concevoir les sensations que de grands événemens, que de terribles catastrophes auxquelles quelques-uns ont échappé, ont fait naître dans leur ame; l'indifférence qui en a résulté pour se procurer une existence plus heureuse; l'oubli profond des loix sociales auxquelles leurs ancêtres étoient soumis ; le défaut entier de police et d'union qui s'en est suivi ; la dureté de caractère que donne à chaque individu l'habitude de ne s'occuper que de ses propres intérêts, sans aucune affection pour son semblable, regardant son bonheur comme une chose tout-à-fait indifférente ; telles sont les causes qui ont influé sur le caractère, les mœurs, les usages des naturels des îles Mariannes. Quoique situées sous la zone torride, l'air y est très-sain, et les hommes y vivent long-temps. On prétend qu'ils ont quelque ressemblance avec les Japonais ; que comme eux ils sont vindicatifs et fiers, mais cependant dégradés par leur inclination pour le vol, qui a fait donner aux terres qu'ils habitent le nom d'îles *des Larrons*. Ils sont devenus tout-à-fait sauvages et barbares ; ils vivent dans une indépendance absolue, même des loix primitives et les plus simples de la nature ; car leurs mariages ne durent qu'autant que les parties sont contentes l'une de l'autre ; cependant ils sont assez gais ; ils aiment passionnément la danse et on les voit de tous côtés s'exercer à la course ; habitude rare parmi les peuples qui habitent la zone torride et qui contribue à la santé dont ils jouissent ainsi qu'à leur longévité. Sans inquiétude pour leurs subsistances que la terre et la mer leur offrent avec une abondance égale ; indépendans de tout assujettissement social, de toute convention réciproque : ne connoissant aucun des rapports nécessaires d'autorité et d'obéissance, ces sauvages peuvent être regardés comme les plus libres des hommes, mais il s'en faut beaucoup qu'ils soient les meilleurs; n'employant que la force et leur industrie qu'à s'emparer de ce qu'ils peuvent de la propriété d'autrui. Combien ils se sont écartés des loix de la nature! Ce ne sont plus que des barbares qui ne mériteroient pas d'être mis au rang des hommes, si le temps, une utile révolution ne laissoient envisager pour eux un avenir plus heureux, à l'époque de leur civilisation ; le moment à desirer, où guidés par des sentimens de justice, d'affection, d'humanité, ils ne seront plus des barbares, mais des êtres humains dignes de quelque commerce avec les nations policées.

Ce que l'on pourroit desirer, sur-tout pour les peuplades de la mer du Sud, c'est qu'elles apprissent à perfectionner leurs ustensiles domestiques auxquels elles sont habituées; à tirer un meilleur parti des espèces de fours où elles font cuire leurs alimens, en leur donnant une forme plus commode ; à fabriquer quelques poteries qui leur manquent absolument ; à rechercher toutes ensemble les jouissances d'une mutuelle industrie. Mais ce seroit trop exiger, que de chercher dans les lieux où ils sont assemblés, des habitations plus solides, plus commodes, et des meubles utiles ; il leur faudroit des matériaux qui leur manquent et des outils dont ils ne connoissent pas l'usage. Un navigateur européen qui leur conseille les aisances, suit plutôt l'idée de ses propres besoins, que l'avantage réel de ces nations. Le climat heureux sous lequel elles vivent, l'habitude et l'éducation les mettent tellement au-dessus de ces recherches, qu'elles ne leur paroîtroient que des superfluités.

Cependant on peut prévoir que, relativement aux îles de la mer du Sud, la paresse et l'indifférence qui y dominent, seront vaincues, si les navigateurs de l'Europe ont par la suite d'autres motifs que ceux de la curiosité qui les a conduits jusqu'à présent, et qui les déterminent à aborder plus souvent sur ces côtes. Alors le naturel du pays, apprenant par l'expérience qu'il pourra échanger le superflu de ses denrées contre les haches, les scies, les couteaux et autres objets de l'industrie des européens; lorsqu'il connoîtra qu'à l'aide de ces outils précieux il pourra satisfaire sa vanité, se procurer de nouvelles jouissances, et multiplier ses fruits, ses volailles, ses cochons, pour faire plus d'échanges, sans préjudicier à ses propres besoins, alors les étrangers pourront leur livrer des vaches, des chèvres, dont la multiplication augmentera les subsistances et sera la matière d'un commerce plus considérable.

Mais ces possessions nouvelles ne changeront-elles pas l'état des choses, et ne les regarderat-on pas comme préjudiciables à la liberté et à l'égalité des individus ? Nous verrons dans la suite qu'ils n'ont pas souffert patiemment les moyens que les Anglais avoient fournis à *Omaï*, cet insulaire que *Cook* avoit amené à Londres et ensuite reconduit dans son île, pour avoir une habitation plus solide, se faire des plantations nouvelles, et acquérir par ce moyen une distinction marquée sur les autres naturels. En général ils se défient tous des entreprises des Européens; ils n'ont pas souffert qu'ils fissent parmi eux des établissemens fixes, quoiqu'ils l'aient tenté à différentes reprises : la manière hautaine dont les Anglais les ont traités, paroissent leur avoir donné des sentimens de défiance, dont ils ne reviendront pas aisément. On peut dire encore que la douceur du climat, la fertilité du sol qui n'est pas rarement contrariée par les variations de température si contraires aux récoltes des autres régions, semblent arrêter l'industrie et la borner; c'est au moins ce que donne à penser l'état où on a trouvé presque toutes les peuplades des îles Orientales nouvellement découvertes, et où l'on a remarqué quelques principes de civilisation. Ces terres étant bornées et dépourvues de toutes bêtes fauves, les naturels ne pouvant pas être chasseurs, s'exercent nécessairement à la pêche, dont le produit est plus sûr et n'exige pas autant d'adresse, d'attention et de force que la chasse. On a remarqué un peu plus d'industrie chez les sauvages de l'Amérique méridionale; quelques-unes de leurs tribus ont trouvé l'art de fabriquer des vaisseaux de terre, de les cuire au soleil, de manière qu'ils peuvent supporter l'action du feu; les Encabelladas (1), nation située entre la ligne et le tropique, travaillent tellement l'écorce de l'arbre yant-schama, en la battant et en la lavant, qu'ils lui donnent la consistance et la souplesse d'un cuir préparé. Dans l'Amérique septentrionale, les naturels creusent un morceau de bois en forme de marmite, qu'ils remplissent d'eau et qu'ils font bouillir en y jettant des cailloux rougis au feu : ils se servent de ces vaisseaux pour cuire une partie de leurs alimens, invention que l'on peut regarder comme un premier pas vers les raffinemens du luxe; car dans le premier état de société, les hommes ne connoissent d'autre moyen d'apprêter leurs alimens que celui de les faire griller sur des charbons ardens. La coutume est pareillement établie chez les peuplades américaines, et c'est ainsi que les Mexicains, dans leurs fêtes barbares, faisoient mourir

---

(1) Voyages des Miss. Jésuites en Amérique. Nuremberg, 1786.

leurs prisonniers, dont ils dévoroient les membres tous sanglans et à peine échauffés par le feu.

Mais le chef-d'œuvre de l'art chez les sauvages du nouveau-monde, est la construction de leurs canots. Un Esquimau renfermé dans son canot d'os de baleine, recouvert de peau de veau marin, brave les fureurs de la mer, où la stérilité de son pays le force de chercher sa principale subsistance. Les naturels du Canada se hasardent sur leurs rivières et leurs lacs, dans des canots faits d'écorces d'arbres, et si légers, que deux hommes peuvent le porter, lorsque les bas-fonds ou les cataractes empêchent la navigation : un de ces canots capables de contenir neuf hommes, ne pèse que soixante livres. Les habitans des îles de la Louisiane et du continent méridional, fabriquent des canots en creusant avec des haches de pierre, et le secours du feu, de très-grands arbres appellés cèdres, ce qui exige du temps et de la peine. Ces embarcations paroissent lourdes et mal construites, et cependant ils s'en servent avec beaucoup de dextérité : celles destinées à la guerre, quoique faites d'un seul arbre, sont assez grandes pour contenir cinquante à soixante personnes.

Les naturels des îles de la mer du Sud paroissent construire leurs chaloupes ou bateaux, d'après l'idée qu'ils ont conservée de petits bâtimens à l'usage des Indiens de l'Asie méridionale, dont il est probable qu'ils se sont séparés. Lorsqu'il est question de quelqu'expédition militaire, de faire une descente dans une île ennemie, ils attachent deux canots ensemble ; alors leur navigation est sûre contre tous les dangers de la mer, et ils rassemblent assez de ces petits bâtimens pour transporter quelquefois plus de deux mille guerriers.

§. XIII.

Liberté, indépendance, causes des guerres des sauvages, comparées aux temps barbares de l'Europe ; pourquoi antropophages ; causes qui empêchent la population de s'accroître ; loi du talion ; comment exercée parmi eux ; exemple singulier à ce sujet ; usage et droit de vengeance ; force de la coutume nationale.

Le sentiment de liberté qui semble dominer dans l'*Homme de la Nature*, ou le sauvage, qui n'a aucune idée des avantages de la civilisation, paroît être le motif de toutes les guerres qu'il entreprend, et auxquelles il est si disposé, que le plus léger sujet suffit pour lui mettre les armes à la main. Ce n'est donc pas l'intérêt qui détermine les hostilités fréquentes qui ont lieu parmi les nations sauvages, c'est l'amour immodéré pour la liberté, la passion de se venger de toute action qu'il croit pouvoir lui nuire, qui brûle dans le cœur d'un sauvage, avec une telle violence, que le besoin de la satisfaire peut être regardé comme le caractère distinctif de l'homme dans l'état qui précède la civilisation. Le temps ne peut effacer dans le cœur du sauvage la mémoire d'une injure reçue; il est rare qu'elle ne soit pas enfin expiée par l'effusion du sang de l'aggresseur : cette cruelle satisfaction semble assurer son indépendance : mais comment concilier les idées de liberté avec l'inquiétude continuelle où il est d'être attaqué ? fait-il donc consister son indépendance dans le droit commun de s'entre-détruire ? Dès que l'on peut l'attaquer, la sûreté de son état est menacée : n'est-il pas asservi par cet usage barbare, et dès-lors son indépendance qui n'est jamais assurée contre l'attaque de son ennemi, n'a plus de réalité que dans son idée ? Mais si les passions ne raisonnent point dans l'homme civilisé, doit-on espérer plus de modération dans l'*Homme de la Nature?*

Sans remonter aux premiers temps de Sparte, d'Athènes et de Rome, où tout citoyen étoit soldat ; où les guerres se succédoient presque sans intervalles; où la crainte de l'esclavage, l'amour de l'indépendance appelloient aux combats; où les vertus civiques faisoient les héros, ne retrouvons-nous pas ces mêmes sentimens dans la conduite de nos ancêtres, après le siècle de Charlemagne, lorsque les possesseurs des grands fiefs, que l'on devoit regarder comme les seuls hommes qui eussent une volonté propre et assurée d'avoir son effet, avoient continuellement les armes à la main les uns contre les autres ? ils se battoient par honneur et par vengeance. Les avantages utiles qui pouvoient revenir de ces sortes de guerres étoient inconnus; chacun des chefs avoit sa propriété circonscrite et s'en contentoit. Les mœurs de ces temps étoient encore si barbares, que tout homme puissant étoit disposé à regarder son voisin aussi puissant que lui, comme son ennemi.

On a retrouvé à-peu-près les anciennes mœurs et les mêmes usages à la Nouvelle-Zélande. Chaque famille de la partie australe y forme une peuplade séparée des autres ; et toutes sont dans un état de division habituelle. On peut dire que les Zélandais se mangent les uns les autres; non que la disette ou les besoins urgens de la faim les forcent à se nourrir de la chair de leurs semblables; dans aucun pays la chair humaine n'a été une nourriture ordinaire ; ce n'est que la fureur de la vengeance, l'antipathie de nation à nation, l'affreuse persuasion que l'on honore la Divinité par des sacrifices humains, qui ont déterminé quelques nations à cet acte de férocité et de barbarie extrêmes. Encore les sauvages les plus cruels ne mangent-ils que les prisonniers qu'ils font à la guerre, ou ceux qu'ils regardent comme leurs ennemis les plus redoutables. Pourquoi le capitaine Cook fut-il mis en pièces et dévoré par les insulaires d'Owhi-hés, quoique naturellement doux, et bien au-dessus de l'état de barbarie? c'est qu'ils ne virent en lui qu'un ennemi formidable qui ne prétendoit pas moins qu'à priver leur chef de sa liberté, peut-être même de le mettre à mort, en l'emmenant de force sur son vaisseau. Quel attentat auroit sollicité plus vivement la vengeance des insulaires? Le ressentiment, cette passion si active sur le cœur de l'*Homme de la Nature*, força cette nation qui recevoit en corps l'injure faite à la personne de son chef, à en tirer la vengeance la plus prompte et la plus complette qui lui fût possible, quoiqu'elle sût bien qu'elle avoit tout à redouter des armes des Anglais.

C'est l'exercice de ce droit naturel des sauvages entr'eux qui n'a jamais permis que leur population fût portée au point où la liberté de leur union, la force de leur constitution, leur manière de vivre et de se nourrir dans les températures les plus agréables et les plus saines, sur les terreins les plus fertiles, doivent la faire monter.

La fureur de la vengeance a commencé leur destruction et la consommera, parce qu'elle ne connoît point de bornes dans sa rigueur ou dans sa durée. A quelque petit nombre que soient réduites plusieurs nations sauvages voisines des États-Unis de l'Amérique septentrionale, et autrefois assez nombreuses, elles sont toujours disposées à lever la hache contre les nouveaux colons; ils en massacrent quelques-uns qu'ils surprennent pendant la nuit; mais la représaille leur est encore plus funeste que leur attaque ne l'a été aux Européens, en ce qu'elle accélère leur totale destruction.

C'est pourquoi dans l'enfance de l'état social, lorsque les nations barbares forment entr'elles quelque liaison pour leurs intérêts communs, elles se proposent de restreindre le principe de la vengeance, mais par des loix plus propres à la fortifier qu'à la détruire. Telle fut, dans la punition de tous les crimes, la peine du Talion, où l'aggresseur coupable perdoit membre pour membre, vie pour vie. Quel étoit ce nouvel établissement moral, sinon une guerre autorisée de particulier à particulier? ne répugnoit-il pas même à la simplicité de l'état primitif de la nature? Il a semblé en quelques occasions que le sauvage cherchoit à l'adoucir par la noblesse avec laquelle il exerçoit la vengeance. Un sauvage indien en ayant tué un autre, le frère du défunt alla trouver le meurtrier; il apperçut dans sa cabane une femme et des enfans, il lui demande à qui ils sont? le meurtrier répond qu'ils sont à lui, et l'Indien lui dit que puisque ses enfans étoient encore trop jeunes pour se procurer leur propre subsistance ainsi que celle de leur mère, il différeroit sa vengeance et le quitta. Les deux Indiens qui étoient de la même tribu vécurent en bonne intelligence depuis ce moment. Mais le fils du meurtrier ayant un jour tué un cerf à la chasse, l'Indien alla trouver le père et lui déclara que le temps de satisfaire les mânes de son frère étoit venu, et que dès que son fils avoit tué un cerf, il étoit en état de soutenir sa famille. Le meurtrier le remercia du délai qu'il lui avoit accordé jusqu'alors, et dit qu'il étoit prêt à mourir; sa femme et ses enfans témoignèrent en vain leur désespoir par leurs larmes et leurs cris, il leur reprocha leur foiblesse et dit à son fils : « Avez-vous répandu des larmes quand vous avez tué le cerf? si vous l'avez vu mourir d'un œil sec, pourquoi n'en faites-vous pas de même envers moi qui suis résigné à souffrir la peine à laquelle les coutumes de notre nation me condamnent ? » En achevant ces mots, il fit signe à l'offensé de frapper, et il mourut sans pousser le moindre soupir. *Mercure de France, octobre* 1787.

Tels sont les usages de l'état de nature dégradé jusqu'à la barbarie ; chaque particulier s'arroge le droit de juger et de redresser ses propres griefs ; et l'assassinat, de tous les crimes le plus destructif de la société, le plus horrible, qui répugne le plus au cœur de l'homme civilisé, non-seulement y est permis, mais il devient en quelque sorte nécessaire et forcé ; celui qui ne se vengeroit pas seroit déshonoré. En semblables circonstances, les usages, les préjugés de nos sociétés les plus policées et les mieux instruites, sont-ils plus raisonnables, plus humains, que ceux de *l'Homme de la Nature* le plus grossier et le plus ignorant ? Quel est, parmi nous, l'homme aussi grièvement offensé que l'Indien pouvoit l'être par l'assassinat de son frère, qui mettroit autant de raison dans ses procédés que l'Indien sauvage en met dans les siens ? Il ne se soumet à l'exécution de la loi de son pays, que lorsque sa vengeance ne pouvoit plus causer la désolation et la ruine d'une famille en lui enlevant son chef et son appui. Lorsque le temps est venu, il se présente, il revendique ses droits ; le coupable se soumet courageusement, et l'offensé se satisfait avec une dignité qui ne se trouve presque jamais parmi nous, dans les affaires sanglantes qui ne se terminent que trop souvent par la mort de l'un ou l'autre des combattans. En vain les loix s'opposent à cette barbarie, l'influence de la coutume, un faux point d'honneur agissent sur l'entendement et le cœur avec une force irrésistible. Elle va jusqu'à pervertir et éteindre les notions morales de la plus grande importance. Quelle autorité, quelle loi, quel préjugé mettront fin à un pareil désordre et feront parler la raison, le devoir et l'humanité !

§. XIV.

Européens regardés comme ennemis, et pourquoi ; aventure funeste ; sauvages de la terre de Feu massacrent des Hollandais ; idée de leur caractère et de leurs usages ; grossiéreté et barbarie ; précautions à prendre avec eux ; causes physiques de leur barbarie.

Il est prouvé qu'en général tous les Européens qui se présentent armés sur les terres habitées par des sauvages, y sont regardés comme des ennemis dangereux, et traités comme tels s'ils se portent à la moindre violence. Ces sauvages sont très-soupçonneux, et on a éprouvé en diverses circonstances qu'avec l'air de l'insouciance et le desir d'obliger, ils ne s'occupoient qu'à saisir le moment d'attaquer avec avantage les Européens débarqués sur leurs terres, de les détruire et de les traiter comme des ennemis déclarés. C'est ce qu'éprouva le capitaine Marion, parti en 1772 de l'Isle de France pour faire des découvertes dans la mer du Sud. Ayant été contraint de relâcher à la baie des îles de la Nouvelle-Zélande pour réparer les vaisseaux de sa petite escadre, il fut surpris par les naturels lorsqu'il s'y attendoit le moins; après avoir déjà passé trente-trois jours avec eux en bonne intelligence, à ce qu'il croyoit, il fut massacré avec tous les gens qui l'escortoient. Le capitaine *Crozet* qui commandoit le *Mascarin*, un des vaisseaux de l'escadre, entreprit inutilement de venger la mort de son commandant, il attaqua la forteresse des Zélandais; le feu de la mousqueterie détruisit les chefs les plus intrépides de ces barbares; il dissipa la troupe qu'il avoit en tête; mais s'il n'eût fait à temps une prudente retraite, toute la nation qui avoit eu le temps de se rassembler, l'eût massacré avec tout son équipage. (Nous parlerons plus en détail de ce funeste événement dans le discours où nous traiterons de l'état de guerre des sauvages.) Cet acte de violence et d'autres semblables, dont la mémoire se conserve parmi les naturels, ne permettent pas d'espérer que jamais

ils

ils souffrent les Européens s'établir parmi eux à moins qu'ils ne soient assez forts pour leur donner la loi, et assez vigilans pour prévenir leurs tentatives.

Les navigateurs ont rencontré d'autres sauvages plus brutes encore, et plus cruels, quoique d'abord ils se soient montrés avec les apparences de la douceur et de la bonté. Les Hollandais, commandés par Jacques l'Hermite, abordèrent en 1624, à la baie de *Scapenham*, quelques lieues au-dessous du cap *Horn*, pour y faire aiguade; ils furent accueillis par quelques naturels qui se présentèrent amicalement ; mais un orage ayant empêché dix-neuf hommes de l'équipage de gagner leurs chaloupes, ils furent forcés de rester à terre ; le lendemain on ne retrouva vivans que deux hommes des dix-neuf. Les sauvages s'étant approchés à la nuit tombante, en assommèrent dix-sept à coups de pierres et de massues, ce qui leur avoit été facile, les matelots Hollandais n'ayant point pris d'armes avec eux : cependant aucun des Hollandais n'avoit fait de tort ni d'insulte à ces barbares ; on ne retrouva plus sur le rivage que cinq corps coupés par quartier, ou horriblement mutilés : les sauvages avoient déjà enlevé les autres pour les manger. On n'envoya plus de chaloupes à l'eau qu'il n'y eût sur chacune huit ou dix soldats armés pour leur défense ; mais ces précautions furent inutiles : les sauvages ne parurent plus. Cette scène atroce se passa sur le 51 degré de latitude australe ; et quoique l'on fût alors au mois de février ou à la fin de l'été de ce climat, le froid étoit très-vif, ce qui annonce que la température en est constamment rigoureuse.

Ces naturels font partie de la terre de Feu séparée de l'extrémité méridionale de l'Amérique par le détroit de *Magellan*. Il paroît qu'ils ont quelque société entr'eux et que des intérêts communs les réunissent lorsqu'il en est besoin. Leurs usages ressemblent à ceux de toutes les autres nations sauvages et barbares, aux différences près que peuvent y mettre la température du climat et le plus ou le moins de fertilité du sol qu'ils habitent. Ceux-ci ne paroissent que pêcheurs et chasseurs. Ils sont de la taille ordinaire aux Européens, forts et bien constitués. Ils naissent blancs ; mais aussitôt qu'ils ont pris leur accroissement, ils se frottent le corps d'une terre rouge qu'ils mêlent avec d'autres couleurs : on en voit qui ont les bras, le visage, les mains et les jambes peints en rouge, et le reste du corps blanc, tacheté de différentes couleurs à-peu-près comme la peau d'un tigre : il y en a qui sont peints en rouge d'un côté et blanchis de l'autre. Leurs cheveux longs, noirs et épais contribuent à leur donner une physionomie hideuse ; leurs dents sont aiguës et tranchantes ; ils sont nuds pour la plupart : les autres portent sur leurs épaules une peau de chien marin qui ne peut les garantir du froid piquant auquel ils sont sans cesse exposés. Les femmes peintes comme les hommes sont également nues ; elles ont pour parures des colliers de différens coquillages de terre ou de mer ; elles se couvrent les parties naturelles avec une espèce de tablier d'herbes grossières tissues ensemble ; elles sont assez bien faites, fortement constituées, et il en est parmi elles qui joignent à la beauté des formes, une figure très-agréable quoiqu'un peu rude et farouche.

 Les huttes ou habitations de ces sauvages sont formées de branches d'arbres enduites de terre par le dehors, arrondies par le bas, et se terminent en pointe par le haut où ils laissent une petite ouverture pour donner issue à la fumée. Ils creusent le terrein en dedans, de deux ou trois pieds, sans doute afin que la chaleur s'y concentre. Ils n'ont pas d'autres meubles que quelques corbeilles grossièrement travaillées, où ils tiennent leurs instrumens pour la pêche, des lignes, des hameçons de pierre assez artistement travaillés : ils sont toujours armés, les uns d'arcs et de flèches à l'extrémité desquelles sont des harpons de pierre ;

d'autres portent de longs javelots avec un os tranchant à l'extrémité, et garnis de crochets rentrans afin qu'ils tiennent plus ferme dans les membres de l'ennemi qu'ils ont percé : d'autres ont des massues, des frondes et des couteaux de pierres aiguisées. Ils sont toujours en armes, parce qu'ils sont dans un état de guerre habituelle avec d'autres peuplades peu éloignées, dont les unes se peignent en entier de noir, d'autres, de rouge. Ces couleurs leur tiennent lieu d'uniforme, qui les distinguent les uns des autres et leur servent à se reconnoître dans les combats.

Les inclinations de ces sauvages, autant qu'on a pu les reconnoître, se conservent dans le même degré de brutalité. Ceux que l'escadre de Cook a observés en 1777, plus de cent cinquante ans après Jacques l'Hermite, à-peu-près dans ces mêmes parages, sont aussi grossiers qu'ils l'étoient alors : ils n'ont pas commis les mêmes atrocités, parce qu'ils n'en ont pas trouvé les mêmes occasions ; mais leurs habitudes, leurs vêtemens, leurs habitations, leurs exercices sont les mêmes. Les sons horribles qu'ils font entendre ressemblent moins à une langue humaine qu'aux cris étouffés des animaux sauvages, qui éprouvent sans cesse dans les déserts le tourment de la faim. Leur air, leur laideur, leur contenance annoncent leur misère habituelle ; en un mot la nature humaine dans ces cantons est dans un état de grossièreté, d'avilissement qui les rapproche beaucoup des bêtes les plus féroces. Les naturels ont massacré les Européens qu'ils ont pu surprendre ; ils ont encore dévoré leur chair crue et sanglante. Il est très-probable qu'ils en agissent de même avec les sauvages qu'ils regardent comme leurs ennemis : ils vivent même entr'eux tellement comme des bêtes, que, s'ils se trouvent près les uns des autres et qu'ils soient pressés d'uriner, ils lâchent leur eau sur le corps de leur voisin, à moins qu'il ne se retire à temps.

Malgré cette grossièreté si rebutante, ils ont tous les vices les plus redoutables à la société, même à l'humanité ; ils sont méchans, rusés, fourbes : au premier abord, ils se montrent simples, indifférens et assez portés à se rendre utiles aux étrangers, quoiqu'ils ne soient occupés que des moyens de les surprendre et de les attaquer avec avantage, les dépouiller ensuite et les dévorer. On doit toujours, malgré leurs signes d'amitié, se méfier d'eux ; se tenir sur ses gardes ; ne se présenter qu'armés et en nombre suffisant pour leur en imposer, et sur-tout ne pas s'avancer trop imprudemment dans les terres qu'ils habitent. Combien de navigateurs européens, surpris dans ces climats inconnus, ont été massacrés pour avoir eu trop de confiance en leurs moyens de défense ! Ces sauvages une fois irrités bravent la mort avec une assurance qui leur est particulière ; en vain les armes meurtrières de l'Europe les renversent morts les uns sur les autres ; le désir de la vengeance, la plus ardente de leurs passions, ferme les yeux sur le danger. Ils avancent avec intrépidité sur leurs ennemis et parviennent enfin à les massacrer, parce que le nombre l'emporte toujours sur la valeur et même sur l'effet le plus actif des armes à feu.

Il seroit difficile d'assigner le temps auquel les tristes climats dont nous venons de parler, ont commencé d'être habités ; il paroît très-vraisemblable que la rigueur de la température y a conservé la férocité des mœurs, la grossièreté des habitudes, et a communiqué aux naturels une insensibilité physique qui leur fait braver impunément les intempéries continuelles auxquelles ils sont exposés : il est probable qu'on ne les connoîtra jamais assez pour savoir jusqu'à quel terme s'étend la durée de leur vie. Accoutumés à une nourriture uniforme, qui peut être saine pour eux, à cette frugalité que la rareté des subsistances rend nécessaire, ne se livrant à d'autres excès d'intempérance qu'à la suite de leurs guerres, lorsqu'ils dévorent les membres palpitans de leurs ennemis vaincus; on peut présumer qu'ils poussent leur carrière aussi loin que les sauvages qui vivent sous des climats plus fortunés, quoiqu'ils nous paroissent accablés sous le poids d'une misère continuelle et méritable. Ce qui surprend, c'est l'état habituel de guerre où ces peuplades si peu nombreuses sont avec leurs voisins, et cette animosité qui les porte à s'entre-détruire, au point que leur population diminue sensiblement, et finit par s'anéantir, ainsi qu'il est arrivé à plusieurs petites nations plus connues de l'Amérique septentrionale.

§. XV.

Difficulté de civiliser et de changer les mœurs de quelques sauvages comparés avec quelques habitans de nos campagnes; force de la coutume chez les sauvages; police de quelques peuplades.

On parviendra difficilement à leur donner des mœurs plus douces, à leur inspirer des sentimens d'humanité qui les rapprochent les uns des autres, afin de leur faire adopter les premiers principes de la civilisation. Quelle idée peut-on se faire de cette espèce d'hommes livrés aux seules impulsions de la nature, dégradée jusqu'à la barbarie la plus grossière ? Comment avoir imaginé l'état le plus parfait et le plus heureux de l'humanité dans la satisfaction des desirs les plus brutes, ceux qui portent à s'assurer une subsistance journalière, la jouissance d'une femelle, et dans une si grande indépendance, que l'on ne se croit obligé à aucun devoir à l'égard de ses semblables ! Qu'une telle liberté a-t-elle au dessus de celle dont jouissent un ours ou un sanglier !

Telle est en général la barbarie des sauvages ou plutôt cette disposition de l'esprit qui fait que l'on ne se gouverne point par la raison, mais par passion ou par coutume; disposition qui est si naturelle à l'homme, que la grossiéreté et l'ignorance rapprochent de l'état primitif, que l'on en trouve des vestiges très-sensibles dans plusieurs habitans de la campagne, ceux sur-tout qui s'occupent de l'éducation du bétail, dans les pays couverts de forêts éloignées des villes. Sans la police générale à laquelle ils sont soumis, les impôts qui les forcent à reconnoître un souverain dont ils ne se forment une idée que d'après la puissance et le crédit qu'ils attribuent aux individus qui exercent parmi eux des fonctions publiques, ou se font remarquer par leur richesse ou leur industrie : sans l'usage où ils sont de se rassembler à des jours marqués pour l'exercice d'un culte quelconque, la terreur que les ministres de la religion tâchent d'inspirer à ceux qui ne les remplissent pas, ou qui violent les droits de la société : sans ces idées religieuses qui prennent un si grand ascendant sur les esprits, qu'elles seules peuvent adoucir les caractères les plus farouches et les plus emportés; on les verroit, pour la plus grande partie, montrer les mêmes dispositions que les sauvages dont nous nous occupons : il faut avoir observé les bonnes gens des campagnes, avoir pénétré dans leurs pensées pour se former une idée juste de leur moralité.

Tel est l'effet général des vrais principes de la civilisation ; une fois établis, ils deviennent la règle commune des actions et des sentimens de ceux mêmes qui s'y soumettent sans les connoître. C'est une lumière qui les éclaire et les empêche de s'écarter de la route qu'ils sont obligés de suivre.

Revenons à nos sauvages ; on a des exemples remarquables de la force de la coutume dans les Iroquois, les Illinois, et d'autres nations de l'Amérique que l'on regarde comme sauvages. On ne connoît point d'espèces d'hommes moins passionnés pour les femmes, ni moins sujets aux transports extérieurs de la colère : ils sont très-patiens, ce que l'on peut regarder comme l'effet de leur insensibilité physique et morale. Ils sont équitables les uns à l'égard des autres, généreux et hospitaliers. Avec toutes ces qualités morales, on n'a pu faire naître dans leur ame des sentimens religieux ni leur faire adopter le culte des chrétiens. Ce n'est pas qu'ils manquent d'intelligence et de raisonnement par rapport aux objets dont la nation s'occupe habituellement ; mais ils sont incapables de nouvelles idées : ils écoutent sans rien comprendre : soit défaut d'intelligence, soit paresse, ils se montrent toujours ignorans ; ils reviennent toujours à leurs habitudes malgré toutes leurs promesses.

§. XVI.

Natchez, sauvages de la Louisiane, comment civilisés ; préceptes sages de leur Législateur ; Temple du feu élevé chez eux ; docilité avec laquelle ils se soumettent ; cause qu'ils allèguent de leur destruction ; retournent à leur première barbarie ; fureur pour la vengeance ; forment le projet de tuer tous les Français de la Louisiane ; cause de leur entière destruction.

On a cependant trouvé parmi ces différentes nations sauvages une sorte de civilisation ou de police propre à chaque peuplade un peu considérable. Il y en a qui ont mérité d'être distinguées des autres, en ce qu'elles sembloient avoir conservé les loix primitives de la nature dans une simplicité et une vérité auxquelles les nations les plus policées ne pouvoient refuser leur estime. Tels ont été les Natchez, l'une des peuplades sauvages les plus nombreuses de la Louisiane, dont les mœurs plus douces, les sentimens plus raisonnables, les coutumes plus régulières, distinguoient cette nation de toutes les autres du même continent, et lui avoient attiré l'estime et la confiance de ceux qui avoient à traiter avec elle. Elle n'avoit cependant d'autre police que la raison propre à l'homme ; elle suivoit fidèlement les loix de la nature, et jamais on ne vit parmi ces naturels aucun désordre, aucune querelle qui exigeât la correction ou le jugement d'une puissance supérieure.

Sans doute qu'à l'origine de cette peuplade, les familles formèrent d'abord autant de sociétés séparées, uniquement occupées du soin de pourvoir aux premiers besoins; peut-être les ennemies les unes des autres, cherchant à s'enlever naturellement les moyens de subsistance qu'elles attendoient plutôt de la nature que de leur industrie. Les Natchez étoient dans cet état de barbarie, lorsque, suivant leurs anciennes traditions, il parut parmi eux un homme avec sa femme qui se disoient descendre du soleil. On les vit l'un et l'autre sous un aspect si brillant que les naturels n'eurent pas de peine à croire qu'ils venoient de cet astre. Cet homme extraordinaire commença par leur dire que s'étant apperçu du haut de son séjour, qu'ils se gouvernoient mal, qu'ils étoient sans chefs et sans maître, parce que chacun d'eux croyoit avoir assez d'esprit pour gouverner les autres, quoiqu'il ne fût pas capable de se conduire lui-même, touché de compassion sur l'état misérable où il les voyoit réduits, il s'étoit déterminé à descendre chez eux pour les instruire et les mettre dans la route d'une vie plus heureuse et plus raisonnable. Il leur apprit que pour être en état de gouverner les autres, il falloit savoir se conduire soi-même; que pour vivre en paix dans la société, et plaire à l'Etre suprême, *au grand Esprit*, il étoit indispensable d'observer les maximes suivantes.

« Ne tuer personne que pour la défense de sa propre vie; ne jamais connoître d'autre femme que la sienne; ne rien prendre qui appartint à autrui; ne jamais mentir ni s'enivrer; n'être point avare, mais donner libéralement et avec joie, de ce que l'on a à ceux qui n'en ont pas, et partager généreusement sa nourriture avec ceux qui en manquent ».

Ne doit-on pas regarder ces maximes comme

le code même de la nature dans son état primitif de pureté et de simplicité, avant que les passions particulières ne vinssent troubler l'ordre général?

Ces paroles énergiques prononcées du ton de la vérité et de l'autorité, s'attirèrent les respects de toute la nation, même des chefs de famille qui gouvernoient la contrée, et dont les prétentions occasionnoient des fréquens désordres. Les vieillards et les chefs déjà persuadés s'assemblèrent, et pleins d'admiration pour cet homme assez éclairé pour les guider vers la route de la paix et du bonheur, résolurent unanimement de le reconnoître pour leur souverain, parce que les gouvernant lui-même il leur rappelleroit mieux qu'un autre ce qu'il venoit de leur apprendre. On retrouve dans cette conduite l'honnêteté naturelle de l'homme qui n'est point encore altérée par les passions factices, les préjugés et les coutumes vicieuses; il suffit de lui présenter la vérité pour qu'il la reçoive et se soumette à son empire.

Les chefs allèrent de grand matin à la cabane où s'étoit retiré le fils du soleil avec sa femme, pour passer la nuit; ils lui proposèrent de rester avec eux et d'être leur chef souverain. Il refusa d'abord d'accéder à leur proposition, il craignoit l'insubordination et vouloit qu'elle fût punie de mort. Il se rendit cependant aux instances des chefs; mais à condition que les Natchez passeroient sous sa conduite dans un pays plus tempéré et plus fertile que celui qu'ils habitoient, et que là, ils observeroient les loix qu'il leur avoit proposées ; qu'ils s'engageroient à ne jamais reconnoître d'autres souverains que lui et ses enfans ; que le droit de succession au gouvernement se perpétueroit par les femmes ; que cependant les frères et les sœurs ainsi que les parens des deux sexes au second degré ne se marieroient point ensemble, mais que l'aîné de ses enfans mâles destinés à lui succéder, prendroit parmi les filles des Natchez pour femme celle qui lui plairoit le plus ; que ses fils n'auroient aucun droit au commandement ; qu'ils ne seroient pas même réputés princes, mais seulement nobles, c'est-à-dire qu'ils auroient un rang distingué au-dessus du peuple ; que s'il avoit une fille, elle se marieroit avec un des naturels et que ses enfans regardés comme princes fourniroient un souverain à la nation ; que la succession se conserveroit dans cet ordre, parce que si le chef souverain n'avoit point de sœur, la plus proche parente seroit la mère de son successeur. Cet ordre de succession a été observé tant que les Natchez ont existé en corps de nation, séparée de celles qui les avoisinoient.

Le fils du soleil leur dit en même temps que

pour se rappeller sans cesse le souvenir des préceptes qu'il leur avoit donnés, ils élèveroient un temple dans lequel le seul chef de la nation et sa famille qui seroient désignés désormais par le nom de soleils et de soleilles, auroient droit d'entrer pour y parler au grand Esprit et y recevoir ses ordres; que dans ce temple on conserveroit un feu perpétuel que l'on feroit descendre du soleil d'où il sortoit; que le bois dont on l'entretiendroit seroit du noyer pur et sans écorce, afin qu'il ne rendît aucune fumée; que l'on choisiroit dans la nation huit hommes sages pour garder le feu et l'entretenir jour et nuit; qu'ils auroient un chef qui seroit chargé de veiller à ce qu'ils remplissent leur devoir; et que celui qui y manqueroit seroit mis à mort. Il fit bâtir à l'autre extrémité de leur contrée un second temple où l'on garderoit du feu que l'on y porteroit du premier, afin que s'il venoit à s'éteindre dans l'un, on en trouvât dans l'autre pour le rallumer; et il avertit que si ce malheur arrivoit, une mortalité générale se répandroit sur la nation jusqu'à ce que le feu fût rallumé. Le premier grand chef, le fils du soleil fit aussitôt ces établissemens en présence de toute la nation; il fit descendre le feu du soleil sur du bois qu'il avoit préparé, et lorsqu'il fut allumé, on le porta avec autant d'attention que de respect dans le second temple où il fut entretenu et conservé avec les précautions indiquées par le grand chef. Il vécut long-temps, vit les enfans de ses enfans, et eut le temps d'affermir chez les Natchez les institutions sociales qu'il leur avoit proposées, ainsi que le culte religieux qu'il avoit établi, qui consistoit uniquement à entretenir le feu sacré, sans sacrifices, libations ni offrandes.

Tel est en substance ce que *M. Lepage Dupratz*, officier français, qui a résidé près de dix ans (de 1720 à 1730) dans le voisinage des Natchez, et parmi eux, apprit du chef des gardiens du temple et du grand soleil, ou chef alors régnant. Ils lui dirent que leur nation étoit alors très-nombreuse; qu'elle s'étendoit à plus de douze journées de l'Orient à l'Occident, et à plus de quinze du Midi au Nord. On y comptoit jusqu'à cinq cents soleils, d'où l'on peut juger quel étoit le nombre des nobles, des considérés et du bas peuple : ces deux classes distinguées se confondant avec les années dans celles du peuple, ainsi qu'il arrive à la Chine; l'ancienneté de la noblesse et la grandeur de l'origine ne les empêchent pas, comme dans les états civilisés, de tomber dans l'obscurité et de venir augmenter la dernière classe de la nation.

Ce que l'on ne peut trop admirer, c'est la docilité avec laquelle la nation entière des Natchez se soumit

soumit aux loix simples et sages que leur proposa cet homme extraordinaire, qui parut tout d'un coup au milieu d'eux ; elle annonce un caractère excellent, tel que doit être sans doute celui de l'homme vivant sous les loix primitives de la nature : ils l'avoient conservé presque dans son entier. Les Européens les ont trouvés doux, humains, véridiques, bienfaisans : on peut même dire qu'ils ont été détruits avant que ces qualités précieuses fussent effacées parmi eux.

Mais par quelles causes une nation aussi nombreuse a-t-elle pu disparoître de dessus de la terre aussi promptement : elle jouissoit d'une considération distinguée au commencement de ce siècle ; elle n'existe plus que dans le souvenir de ceux qui l'ont vue encore subsistante. Il est très-probable que la population en étoit fort diminuée, lors des premiers établissemens des Français à la Louisiane. (de 1720 à 1730.) Plusieurs causes pouvoient y avoir contribué. Des épidémies générales, occasionnées, à ce que les anciens racontent, par la négligence qu'avoient eue les gardiens chargés de veiller à l'entretien du feu sacré dans les temples, dont plus de cinq cents soleils ou chefs principaux de la nation avoient été les victimes, non compris une multitude innombrable de nobles, de considérés et de gens du peuple, avoient dû fort affoiblir la nation, d'autant plus que l'usage parmi les Natchez, étoit d'enterrer avec un soleil ou chef, non-seulement ses armes, mais ses femmes, ses domestiques, ses amis même qui ambitionnoient cet honneur et se dévouoient volontairement à la mort pour ne le pas quitter. La mort des simples soleils, c'est-à-dire, des princes et grands du pays, occasionnoit une destruction proportionnée au rang qu'ils tenoient. Cette barbare coutume étoit une cause sans cesse renaissante de la dépopulation. Ces peuples très-attachés à leurs chefs ne doutoient pas que ceux qui les suivoient pour les servir dans un autre monde, ne fussent très-heureux. Sans travail, sans embarras et sans guerres, ils devoient y avoir tout à souhait : on n'y éprouvoit plus ni chaud ni froid; on mangeoit tout ce que l'on pouvoit desirer : et pour comble de bonheur, on n'y pouvoit plus ni souffrir ni mourir. Que l'on conçoive l'effet de pareilles idées sur des hommes ignorans, naturellement paresseux, et cependant assez courageux pour ne pas craindre la mort, et on ne sera plus étonné que ce pays se soit promptement dépeuplé.

Ce culte et cette morale ont un rapport si marqué avec l'ancienne religion de la doctrine des Orientaux, qu'il est très-probable que les législateurs des Américains, des Chinois et des Indiens en ont puisé l'idée dans la même source, dans la doctrine et le culte que *Zoroastre* établit en Perse, et que les Guèbres, restes infortunés des premiers sectateurs de Zoroastre, conservent encore, malgré l'oppression et l'avilissement où les a réduits leur attachement à la doctrine de leurs législateurs.

Il est encore à remarquer que les Natchez furent instruits par un fils du soleil, de la même manière que les Péruviens et peut-être dans le même temps : leurs fêtes, leurs cérémonies, leurs maximes de morale se rapportent presqu'en tout. Mais d'où pouvoient sortir ces hommes singuliers, d'un si grand caractère, qui seuls, sans armes, par la force de la persuasion, firent en un moment la conquête de deux vastes régions très-peuplées. Le climat du Pérou, plus fertile, plus doux que celui des Natchez, facilita l'établissement d'un grand empire, qui acquit plus de célébrité, mais qui, pour son malheur, renfermoit dans son sein des mines d'or, qui occasionnèrent sa destruction : car il est probable qu'originairement les mœurs des naturels du Pérou étoient très-douces.

Mais si les Natchez observèrent quelque temps les maximes de la morale sublime que leur enseigna le premier soleil ; bientôt ils retournèrent à leurs anciens penchans, à cette ardeur brûlante de se venger, qui chez des peuples chasseurs doit se présenter à tout moment. Sans quitter les principes de civilisation qu'ils avoient reçus, ils retombèrent dans tous les excès de la barbarie: ils s'y abandonnèrent avec autant plus d'assurance, que leur nombre et leurs forces réunies leur promettoient des succès certains.

Les Natchez, ainsi que toutes les nations du vaste continent qu'ils habitoient, étoient dans un état de guerre habituelle les uns contre les autres. Elles étoient si outrées dans leur vengeance, qu'une nation irritée contre une autre n'étoit satisfaite que par son entière destruction. La nation la plus forte croit qu'il est de son honneur d'anéantir la nation la plus foible. Celle-ci aura beau fuir, se cacher dans les forêts les plus éloignées pour se dérober aux attaques du vainqueur; il la suit, la surprend et en massacre jusqu'au dernier enfant, à moins qu'il n'en réserve quelques individus, pour réparer les pertes qu'il a faites lui-même. Ces peuples doux et humains entr'eux et même avec les étrangers, dont ils s'imaginent n'avoir rien à craindre, sont d'une férocité inouie dans leurs guerres; ils font périr les prisonniers dans les plus cruels supplices; c'est une fête, un spectacle pour toute la peuplade. Les nations les plus nombreuses et guerrières, tels que les Iroquois, fières de leurs forces, ne veulent souffrir aucun établissement qu'à un très-grand éloignement d'elles. C'est encore la précaution du reste des nations sauvages qui existent dans le voisinage des Etats-Unis de l'Amérique septentrionale, qu'ils regardent comme les usurpateurs de leurs anciennes possessions. Quelque formidable que doive être pour eux la puissance des Anglo-Américains, ils comptent l'affoiblir beaucoup, en venant détruire, pendant l'obscurité de la nuit, quelques habitations éloignées du centre de la puissance. La fureur de se venger ne leur permet pas de prévoir ce qu'ils ont à craindre du ressentiment de ceux qu'ils outragent.

C'est un pareil sentiment qui porta les Natchez déjà fort affoiblis, à former le projet insensé de surprendre dans une nuit tous les établissemens Français de la Louisiane; d'en égorger les habitans et les défenseurs; de s'emparer de leurs armes, de leurs possessions et de leurs richesses. (à la fin de 1729.) Leur projet d'attaque étoit bien combiné, mais il ne fut pas suivi de même. Non-seulement ils avoient mis dans leurs intérêts les nations sauvages voisines, mais même les nègres esclaves des habitations françaises. Les femmes sauvages donnèrent les premiers avis de la conspiration; on les méprisa et les Européens surpris dans le poste français furent cruellement massacrés à la même heure pendant la nuit. Les Natchez ne réservèrent que les jeunes filles et les jeunes femmes, pour être esclaves des soleils et de leurs femmes : tous les effets furent enlevés et les bâtimens incendiés.

La vengeance des Français fut prompte et sévère ; ils attaquèrent les ennemis de tous côtés, s'emparèrent du fort principal qu'ils occupoient, le détruisirent. Les Natchez se retirèrent ; mais comptant sur le succès de nouvelles surprises, ils firent encore éprouver des échecs cruels aux Français : surpris à leur tour, vaincus par la même discipline militaire, la constance et les armes, enfin ils furent complettement détruits. Ceux qui survécurent à cette défaite ayant été renfermés dans une enceinte, dont ils ne purent s'échapper pendant la nuit, furent contraints de se rendre à discrétion. Parmi les prisonniers, se trouvèrent le grand soleil, sa femme, plusieurs chefs et beaucoup de jeunes gens, de femmes et d'enfans : on les emmena tous à la Nouvelle-Orléans, d'où ils furent embarqués à l'île de *St. Domingue*. Ainsi fut détruite cette nation la plus florissante et la plus nombreuse de la Louisiane. Ceux qui étoient à la chasse pendant cette expédition désastreuse, et le peu qui s'en échappèrent furent reçus par une autre nation voisine, dont ils adoptèrent le nom et les usages.

§. XVII.

Union de quelques sauvages entr'eux ; leur opiniâtreté à se détruire ; absurdité de chercher des héros parmi eux; sauvage au-dessous de l'homme civilisé.

Les premiers Français qui s'établirent dans la Louisiane, furent étonnés de la conduite, des sentimens, et de l'union de ces sauvages entr'eux. Tout étoit commun ; le produit de la chasse et de la pêche se partageoit ; les fruits des arbres, des forêts leur appartenoient également ; ils n'avoient ainsi jamais de disputes entr'eux pour les droits de la propriété, et ils vivoient à cet égard comme une famille bien unie : c'est ainsi qu'ils se présentèrent aux Européens : mais on sut bientôt que si quelqu'autre nation venoit les troubler dans la jouissance de ces biens qu'ils s'étoient appropriés ; que si l'on venoit chasser dans les forêts dont ils se regardoient comme propriétaires ; s'ils étoient instruits, si même ils soupçonnoient que l'on eût dessein d'entreprendre sur leurs propriétés ou sur leur vie, c'est alors que leur inclination naturelle pour la vengeance devenoit une passion ardente qui les dévoroit jusqu'à ce qu'elle se fût assouvie dans le sang de ceux qu'ils croyoient avoir à redouter.

C'est ainsi qu'ils attaquèrent, à différentes fois, les Français par surprise, qu'ils en massacrèrent plusieurs, et que, consultant moins leurs forces que leur fureur, ils ne quittèrent point le projet qu'ils avoient formé de les poignarder, au risque même d'être eux-mêmes détruits.

Telles sont toutes ces peuplades sauvages: ou elles s'anéantissent les unes les autres par leurs guerres continuelles, ou elles succombent sous les efforts des nations policées qui s'établissent dans les terres voisines de leurs habitations. En vain on fait des traités avec eux, et l'on croit dormir en paix à la faveur de ces traités; un chef mécontent assemble les principaux de sa nation, court chez les voisines, les enflamme du desir de la vengeance; tous ensemble ils lèvent la hache et se préparent à quelque expédition secrète qui doit s'exécuter dans les ténèbres de la nuit; n'en restât-il que cinquante, ils conserveroient encore la même ardeur pour se venger; parce qu'il leur suffit d'avoir surpris pendant l'obscurité quelques colons écartés, de les avoir massacrés avec leurs familles, de s'échapper par une prompte fuite pour être satisfaits, et se regarder comme fort au-dessus des Européens. Tel est l'orgueil de l'homme sauvage et barbare: aussi peu réfléchi qu'un enfant, il se livre à toute l'impétuosité de ses passions sans en prévoir les funestes conséquences.

Qu'il est donc absurde de chercher parmi ces nations grossières des héros, des hommes vertueux, dignes d'être proposés pour modèle de perfection; tandis que, bien examinées, ils ne présentent que des êtres d'une stupidité tranquille, emportés et furieux! l'occasion seule décide de l'alternative. Leur ignorance, la grossièreté de leurs usages avoient donné les préventions les plus favorables sur la simplicité de leur cœur et la franchise de leur caractère. Tout avoit paru étonnant dans les mœurs de ces hommes nouveaux; les relations des voyageurs intéressoient, et c'est d'après leur récit qu'un homme singulier (1) a fait servir le génie de l'éloquence à représenter la manière de vivre du sauvage, comme seule digne de l'homme raisonnable et vertueux.

Rien n'apprend mieux combien le sauvage est au-dessous de l'homme civilisé que les soins inutiles que les Anglais se sont donnés pour adoucir les mœurs des peuplades voisines de leurs établissemens, et les réunir s'il étoit possible à leur société. On a reconnu que la crainte de la supé-

---

(1) J. J. Rousseau.

riorité des Européens, les rendoit souples en apparence, lorsqu'ils espéroient trouver des moyens faciles de se venger : mais alors ils n'étoient que fourbes : une fois irrités, ce sont des ennemis irréconciliables contre lesquels il faut toujours être en garde : ils se sont montrés les mêmes dans tous les climats, dans les îles délicieuses de la mer du Sud, ainsi qu'à la terre de Feu, et aux extrémités les plus reculées du nouveau continent. Il y a cependant quelques exceptions à faire en leur faveur.

§. XVIII.

Peuples sauvages et barbares de la Tartarie; Wodyacks, sauvages singuliers et intéressans; Wogules, Tartares sauvages, leurs usages; hordes d'autres Tartares errans; Schamanes ou Soréans, peuplades de sauvages à l'extrémité de l'Asie; Talengoutes ou Kalmoucs blancs; leur grossiéreté.

La Tartarie, ce pays fameux, le berceau du monde, le séjour d'un peuple auteur et destructeur de tant d'empires, qui jusqu'à nos jours a conservé ses mœurs et son caractère primitif, est peut-être à la veille de subir lui-même une grande révolution. La Tartarie, dont l'immense étendue depuis le quarantième degré de latitude jusqu'à l'extrémité du grand continent, entre le Nord et l'Est, bien au-delà du soixante-quinzième degré, n'a pas encore été reconnue, paroît présenter dans ses différentes hordes et peuplades, les descendans immédiats des premiers habitans du monde, dont les révolutions particulières sont inconnues, et assez indifférentes aux grands états qui environnent les vastes déserts où elles sont errantes. Il paroît que si ces nations, plus sauvages que barbares, étoient mieux connues, on y trouveroit les mœurs et le caractère primitif des premiers hommes; de la simplicité sans barbarie, de l'honnêteté naturelle et sans prétention, des usages fort simples et une manière de vivre relative à la rigueur du climat, à la stérilité du sol sur lequel ils sont plutôt errans que fixés. Les dernières relations de ce pays qui parlent de la *Sibérie*, nous représentent cette vaste région assez peuplée du Midi au Couchant, par les habitations que les Russes y ont formées dans ce siècle, mais en quelque sorte déserte du Nord à l'Est, où l'on ne trouve que quelques petites peuplades errantes, dont la plus singulière et peut-être la plus intéressante est celle des Wodyacks. Ils paroissent vivre sous les loix primitives de la nature, telles que les observoient les descendans immédiats du premier homme; il est probable qu'ils n'ont jamais eu aucune communication ni avec les Russes, ni avec les Tartares, dont ils sont environnés; ceux-ci, pour la plupart, ont quelques idées et quelques pratiques des chrétiens Grecs, des Mahométans, ou des idolâtres de l'Inde. Les Wodyacks reconnoissent un Etre suprême, auquel ils rendent le culte le plus simple; ils ne le représentent sous aucune image ou emblême; ils n'ont parmi eux aucun ordre de prêtres; mais vivant en communauté, c'est le chef de chaque famille qui offre ses vœux et ses présens, lorsqu'après les récoltes, ils font les offrandes des premiers fruits de la saison. C'est la seule cérémonie religieuse que l'on ait remarquée parmi eux. On prétend qu'ils ont dans leur langue le nom d'*Adam*, dont ils se disent descendre; ils se croient les premiers habitans de la terre, et que les autres parties du monde furent peuplées successivement par les enfans de leurs ancêtres; ils vivent entr'eux dans la plus parfaite égalité, n'accordant aucune distinction qu'aux chefs de famille et aux vieillards, dépositaires de la tradition qu'ils transmettent exactement, et qu'ils croient conserver, ainsi que leurs coutumes, depuis l'origine du monde. Leurs cérémonies funèbres sont aussi simples que leur culte et leur manière de vivre; elles consistent à présenter le cadavre aux parens assemblés et à inviter le défunt à prendre part à un repas préparé exprès pour célébrer ses funérailles. Ils commencent par considérer le cadavre dans un morne silence, après lequel ils lui adressent ces paroles : « Puisque tu ne veux plus ni manger ni boire, nous nous appercevons bien que tu as fini ton exil, retourne donc d'où tu es venu, et laisse tes vertus à ta famille.... » Ils déposent ensuite le cadavre dans la terre et viennent achever le repas avec autant de sobriété que de modestie. Ce petit peuple cultive quelques grains, élève des troupeaux, sait se défendre des bêtes fauves qui endommageroient ses cultures, et s'occuper dans la saison favorable à la pêche. Peut-être est-ce la nation la plus sage et la plus tranquille de l'univers; il paroît que les desirs de l'ambition ou de l'avarice, et les vaines terreurs de la superstition n'ont pas encore troublé son ancienne manière de vivre, dont le récit est si intéressant (1).

Les Wogules de la province de Tobolsk, connus sous le nom de Tartares de Sibérie, ont des usages qui se rapportent beaucoup à ceux des Wodyacks; ils ont une idée naturelle ou innée d'un Dieu créateur et conservateur de toutes choses, dont le culte se réduit pour eux à la cé-

---

(1) Mercure de France, Mars 1787, N°. 10.

rémonie suivante. Les chefs de famille s'assemblent chaque année vers la fin de l'été dans une forêt voisine de l'habitation principale ; ils offrent une tête de chaque espèce d'animaux soit domestiques soit pris à la chasse, en suspendant les peaux à quelques arbres ; font beaucoup d'inclinations vers les peaux sans y ajouter aucune prière déterminée ; ensuite ils mangent ensemble avec les démonstrations les plus expressives de satisfaction et de joie, la chair de ces animaux qu'ils ont sacrifiés et offerts. L'origine de cette cérémonie remonte, selon eux, aux temps les plus reculés, et leurs ancêtres l'ont toujours pratiquée. La plupart croient à la résurrection des morts. Il paroît que c'est pour eux une doctrine nouvelle qu'ils tiennent des Russes avec lesquels ils ont quelques relations de commerce : mais ils refusent de croire au diable, ou au mauvais génie, et prétendent que, quand même il existeroit, il ne pourroit leur nuire, n'ayant aucun exemple qu'il leur ait jamais fait de mal : sentiment qui semble annoncer la bonté naturelle de ce peuple, qui ne peut se persuader qu'il existe un principe invisible du mal, qu'ils doivent redouter. Ils enterrent leurs morts et jettent dans la fosse quelque pièce de monnoie, usage superstitieux, qu'ils tiennent de quelque nation payenne et dont ils ne rendent d'autre raison que la coutume. Ils prennent autant de femmes qu'ils en peuvent nourrir ; elles n'ont, ainsi que chez le peuple sauvage, aucun crédit ; elles sont traitées comme des esclaves soumises, chargées de l'éducation des enfans, du soin des affaires domestiques et de tous les travaux auxquels leurs forces peuvent suffire.

Quelques hordes errantes dans le voisinage des fleuves d'Oby, d'Yrtis et de Tobolsk, et à travers des plaines désertes et sablonneuses qui les séparent, sont des espèces de sauvages sans aucune idée de culte religieux, ou de devoirs de société. La plupart vivent dans un état d'ignorance et de barbarie qui les rend incapables de se procurer même les aisances les plus communes de la vie animale. Ils se sont laissé subjuguer par des espèces de prêtres ou de devins qu'ils nomment *Schamanes*, et qui leur en imposent par leurs tours de subtilité, leurs contorsions et leurs tambours magiques, qu'ils prétendent avoir la science de battre de manière à faire retrouver les choses perdues, à guérir les malades, à tirer de leurs sons les connoissances de l'avenir.

Ces Schamanes ou sorciers ne commencent leurs opérations qu'à la fin du jour.

Voici ce que raconte un témoin digne de

foi, M. Guielin, de l'académie de Pétersbourg:
« Les spectateurs allumèrent un grand feu en
plein air, pour se garantir des rigueurs du froid:
le sorcier prit d'abord de l'humeur de voir un
si grand feu, mais il se calma et s'assit à la
façon des Tartares, le visage tourné au sud,
ayant son tambour devant lui. Il commença
son jeu en battant doucement du tambour et
pendant assez long-temps, puis il mit plus de
force dans ses coups; mugit de temps en temps
comme un bœuf, contrefit l'ours; siffloit aussi
mais chantoit fort peu. On le vit après cela
ricaner et s'agiter de côté et d'autre; tout d'un
coup il fit un bond et dansa un peu; enfin il
dit avec douleur que les diables ne le servoient
pas bien, puisqu'ils craignoient les croix et qu'il
y avoit beaucoup de Russes dans l'assemblée
qui en portoient sur eux. Les Russes sortirent,
le sorcier recommença à battre son tambour
et se plaignit que le feu étoit beaucoup trop
grand et trop clair pour les diables, qui aiment
les ténèbres. Le feu fut diminué et le sorcier
recommença à battre son tambour sans en être
plus avancé. Il déclara enfin qu'un de ses diables
subalternes étoit arrivé, mais que le principal
ne vouloit pas venir, et que ce subalterne
étoit si entêté qu'il ne vouloit pas laisser approcher les autres petits diables qui étoient à
ses

ses ordres : ainsi se termina cette farce ridicule. . . . . . . » Voilà comme les imposteurs abusent de la crédulité des hommes ignorans et superstitieux : en faut-il être étonné après ce qui s'est passé sous nos yeux ; et l'adroit M. . . . qui s'étoit formé tant de partisans, n'étoit-il pas conduit par le même esprit que le Scharmane de Sibérie ?

D'autres peuplades établies au-delà de Kamschatka, presqu'à l'extrémité du grand continent de l'Asie, qui s'occupent à la chasse et à la pêche, n'ont qu'une foible idée de l'existence d'un Dieu, ou d'un Etre suprême et tout-puissant. Ils mangent la chair de leurs chevaux qui meurent par accident, et en offrent la peau au mauvais génie qu'ils craignent sans doute : ils enterrent leurs morts et tous ceux qui ont assisté à leurs funérailles, sautent en se retirant par-dessus un feu qui a été allumé exprès, afin, disent-ils, que la mort ne puisse les poursuivre, d'où il paroît que ces peuples sont dans l'opinion que les morts craignent le feu, peut-être dans l'idée confuse des peines réservées aux méchans dans une autre vie. Les plus civilisés d'entr'eux ont reçu quelques instructions d'un évêque grec, qui passa dans ces régions pour en baptiser les naturels. Sa manière de persuader fut plus militaire qu'apostolique ; il fit amener par des troupes ceux qui ne se présentèrent pas d'eux-mêmes, fit attacher au cou de chacun une petite croix de bois, les fit plonger dans la rivière voisine et les crut bien baptisés. Cette pieuse expédition fut terminée par la construction d'une église. Mais ces peuples n'ont aucune connoissance des mystères et de la morale de la religion chrétienne, dont ils croient que l'essence consiste à faire le signe de la croix, à porter au cou une croix, à présenter leurs enfans au *pope* pour les baptiser, à lui payer la dixme de leurs cultures et de leur industrie, à observer les jeûnes des églises russes, à s'abstenir de la chair du cheval et de celle de l'écureuil ou de l'hermine : il est probable qu'ils n'iront guères au-delà. Ces peuplades, presque toujours errantes, dont la plupart sont tributaires des Russes, qui ne s'y montrent jamais que les armes à la main et pour les y contraindre, sont composées de gens fort simples, naturellement fort bons, mais peu intelligens et dès-lors faciles à être soumis au joug de la superstition, et disposés à le porter avec une sorte de constance qui dégénérant en opiniâtreté et en fanatisme si elle est contrariée, ne peut qu'anéantir les dispositions que leur simplicité primitive leur donnoit à suivre les lumières de la raison et à se conformer aux vraies maximes du christianisme qui n'est que la perfection de la loi naturelle.

Les Talengestes ou Kalmoucs blancs n'ont ni police ni aucune forme certaine de religion : ils croient cependant un Dieu qu'ils adorent, en se tournant le matin du côté du soleil levant; ils lui adressent cette courte invocation . . . « ne me tue point » d'où l'on peut conjecturer qu'ils le regardent comme un être puissant et redoutable. Ils l'honorent par une cérémonie solemnelle parmi eux, qui consiste à tuer un cheval, dont ils mangent la chair. Ils en remplissent la peau avec les herbes, tournent la tête vers l'orient et la laissent dans une enceinte formée de pieux de bouleau, qu'ils regardent comme un lieu consacré, parce qu'ils y ont placé la peau d'un cheval.

§. XIX.

*Samoïèdes ; leur position sur le globe ; comment conformés ; tentes qu'ils habitent ; simplicité de leur morale et sagesse de leur conduite ; ils n'ont ni princes ni rois ; tribut qu'ils paient au Czar ; modération de leurs desirs ; conservent les traits primitifs de l'*Homme *de la Nature ; préfèrent leur manière de vivre au faste des villes ; comparés aux peuples civilisés ; leur conduite avec leurs femmes ; ils les achètent ; jaloux et dans quelles circonstances.*

On ne trouve peut-être chez aucun peuple de la terre, quelque sauvage qu'on le suppose, l'*Homme de la Nature* le mieux caractérisé et le mieux conservé dans l'état de sa simplicité primitive, que chez les Samoïèdes, nation assez nombreuse, qui habite l'extrémité de l'ancien continent du nord, à l'est du cercle polaire arctique jusqu'à la mer Glaciale et dans un espace d'environ six cents lieues. C'est une race d'hommes de petite stature, tenant plus de la conformation générale des Tartares que de celle des Lapons ; dont les peuplades dispersées dans les déserts d'une si vaste étendue, ont par-tout la même physionomie, les mêmes mœurs et une même manière de vivre, ainsi qu'un langage commun, ce qui prouve que leur origine est la même : leur taille moyenne est d'environ cinq pieds, quelques-uns sont plus hauts ; leurs corps sont durs et nerveux, d'une forme large et quarrée ; les jambes courtes, les pieds petits ; le cou très-court, la tête d'une grosseur proportionnée au reste du corps, le visage applati, les yeux noirs et médiocrement ouverts, le nez tellement écrasé que le bout en est à-peu-près au niveau de la mâchoire supérieure qu'ils ont forte et élevée, ce qui contribue à faire paroître le nez plus court. Leurs cheveux d'un noir luisant, durs et forts, sont lisses et leur pendent sur les épaules ; le teint d'un brun jaunâtre, comme celui de tous les peuples de ces climats froids, qui s'éclaircit dans les autres Tartares, à mesure qu'ils habitent des climats plus tempérés : les hommes ainsi que les femmes n'ont de poil qu'à la tête ; et s'il pousse aux hommes quelque poil de barbe, ils ont grand soin de l'arracher. Quant aux femmes, elles ont la plus grande attention à n'en laisser croître qu'à la tête, puisque suivant l'usage de ces peuples, un mari seroit en droit de rendre à ses parens la fille qu'il auroit prise pour femme, s'il lui trouvoit du poil ailleurs qu'à la tête. Est-ce un défaut de la nature dans ces peuples, une propriété particulière à leur race, ou l'effet d'un simple préjugé qui leur a fait anciennement attacher au poil une idée de difformité et les porte à les arracher par-tout où il en paroît? Peut-être ont-ils trouvé dans cette production de la nature une ressemblance avec les bêtes fauves ou domestiques, dont ils ont voulu se garantir; il n'en est pas de même des cheveux, la coëffure naturelle de l'homme, qu'ils conservent et entretiennent avec soin. Les femmes Samoïèdes sont dans l'usage d'en former différentes nattes qu'elles laissent pendre sur leurs épaules.

On les marie très jeunes dès l'âge de dix ans, et il est commun qu'elles aient des enfans à onze et douze ans. Mais cette fécondité précoce cesse à l'âge de trente ans; les femmes ressemblent en tout aux hommes excepté qu'elles ont les traits plus délicats, le corps plus mince et les pieds plus petits: il est difficile de distinguer un sexe de l'autre, leur habillement étant tout-à-fait semblable, fait de peaux de rennes, cousues ensemble, le poil tourné en dehors, de sorte que l'habit paroît tout d'une pièce qui serre et couvre exactement le corps: il est très-convenable à la température rigoureuse de ce climat. Les femmes bordent cette fourrure de quelques morceaux de draps de différentes couleurs, qu'elles tirent sans doute des Russes que le commerce des fourrures amène quelquefois dans leur pays. Ils n'habitent point les antres des rochers ou des grottes souterraines; ils n'ont pas même d'habitations fixes; le sol de leur pays ne produisant rien de propre à leur nourriture et leur industrie n'en exigeant rien, ils sont dans la nécessité de changer souvent de demeure pour trouver le bois qui leur est nécessaire pour se chauffer et cuire leurs alimens, ainsi que la mousse qui sert de fourrage à leurs rennes. Ils se logent sous des tentes formées de grandes pièces d'écorces d'arbres recouvertes de quelques peaux de rennes qu'ils dressent en forme pyramidale sur des perches de moyenne grosseur; ils ménagent au haut une ouverture pour laisser un passage à la fumée, qu'ils ferment à volonté, lorsque le froid les oblige à concentrer la chaleur du foyer dans l'intérieur de la hutte. Ces tentes se plient aisément et se transportent de même avec tous les ustensiles du ménage, sur des traîneaux attelés de rennes; une de ces tentes suffit à loger une famille, et on n'en voit jamais plus de trois ou quatre les unes auprès des autres. Ils semblent en s'éloignant ainsi, respecter leurs intérêts réciproques à raison de la chasse, de la pêche et des pâturages propres à leurs rennes.

C'est ce qui les empêche de former des sociétés plus nombreuses. En été, ils préfèrent le voisinage des rivières et de la mer, pour être plus à portée de pêcher ; en hiver, l'intérieur des terres pour la chasse, et ils sont également adroits à ces deux exercices. Comme les rennes sont toute leur richesse, ils en prennent autant qu'ils peuvent et les rendent aisément domestiques. Cet animal quoique fort et agile, étant très-doux, se soumet presque sans résistance à l'empire de l'homme : son entretien ne coûte rien ; pendant l'hiver, il cherche lui-même et découvre sous la neige la mousse dont il se nourrit : s'il exigeoit plus de soin, ce peuple paresseux ne songeroit point à s'en servir.

Tous les animaux que le Samoïède prend à la chasse sont également convenables à sa nourriture ; il ne dédaigne pas même de se repaître du cadavre de ceux qu'il trouve morts : c'est à ses yeux une faveur de la fortune qui lui épargne l'embarras et les fatigues d'une partie de chasse ; il n'y a qu'une paresse bien décidée qui puisse lui faire trouver agréable une semblable nourriture. Les Chinois et d'autres peuples civilisés en font autant ; mais dans un pays ainsi peuplé, où les alimens sont rares et chers, on peut excuser cet usage sur la nécessité où le pauvre est réduit, de saisir avec empressement tout ce qui peut le nourrir (1).

Ce sont les hommes qui, dans chaque famille, sont chargés de pourvoir à la nourriture commune : ils ne cultivent point, ils ne savent pas même tirer quelque profit des racines et herbages propres au pays, dont ils pourroient assaisonner leurs viandes ; les chasses faites, et une fois fournis de gibier, ils passent l'hiver tranquillement étendus sur des peaux de rennes, autour de leur foyer où ils végètent : il n'y a plus rien qui les intéresse. La besogne des femmes est de coudre leurs habits, d'entretenir le feu, de préparer la nourriture et d'avoir soin des enfans.

Ils n'ont pas imaginé de tirer le lait de leurs rennes, et d'en faire une boisson fermentée et enivrante, comme le pratiquent les Lapons, mais ils en mangent la chair toute crue ; c'est un régal pour eux, ainsi que d'en boire le sang encore chaud, qu'ils regardent comme un préservatif contre les maladies qu'ils ont à redouter.

---

(1) On a vu, dans divers cantons de la France, des gens de la campagne ou des citoyens pauvres, aller couper clandestinement des grosses pièces de charognes fraîches, sur-tout des chevaux, des ânes, des vaches, qu'ils faisoient cuire, et dont ils se nourrissoient avec leurs familles sans répugnance.

Ils mangent de même le poisson crud ; quant aux autres espèces de viande ils les font cuire, et il y a toujours sur le foyer de la tente une marmite pleine, d'où chacun tire ce qui lui convient, quand il a besoin de manger, n'ayant point d'heure fixe pour leurs repas et ne connoissant point le plaisir de se régaler ensemble. Quant à ce point, ils s'en tiennent à ce que la nature exige, et ils lui répondent quand elle les sollicite.

Les Samoïèdes sont aussi simples dans leur morale que dans leur conduite, ils ne connoissent aucune loi ; ils ignorent jusqu'au nom de vice et de vertu : s'ils s'abstiennent de faire le mal, c'est par un sentiment naturel qui annonce qu'aucun principe de dépravation ou d'intérêt personnel n'a encore corrompu chez eux les inspirations de la loi primitive de la nature. Tels encore que Justin représentoit les Scythes. (liv. II, c. 2.) L'ignorance des vices leur est plus utile que la connoissance des vertus. Ils ont chacun leur femme en propre, et sont constamment attachés à l'usage, de n'épouser jamais une fille qui descend de la même famille qu'eux. Ils prennent soin de leurs enfans, jusqu'à ce qu'ils soient parvenus à l'âge où ils peuvent pourvoir eux-mêmes à leur subsistance, loi de la nature observée partout par les nations les plus sauvages et les plus barbares. A la honte des peuples civilisés, on ne trouve que parmi eux des parens assez dénaturés pour abandonner leurs enfans, au moment de leur naissance, quand ils ne se portent pas à des excès encore plus criminels.

Telles sont les coutumes que les Samoïèdes observent le plus religieusement ; ils les ont reçues de leurs ancêtres, et on pourroit regarder cette tradition comme une loi ; mais elle ne leur défend pas de voler, d'assassiner, de se mettre en possession par la force ou la séduction des filles ou des femmes d'autrui. Cependant il est sans exemple que de pareils crimes aient été commis par eux, et on doit les en croire, tant ils sont simples et ingénus. Quand on leur demande la raison d'une semblable retenue, puisqu'ils ne connoissent aucun principe qui les éloigne de ces actions ; ils répondent avec simplicité qu'il est très-aisé à chacun de pourvoir à ses besoins, et qu'il ne convient pas de s'approprier ce qui appartient à un autre. Quant au meurtre, ils ne comprennent pas comment un homme peut se déterminer à tuer un de ses semblables, ce qui prouve que l'état de guerre leur est tout-à-fait étranger. A l'égard des femmes, ils pensent que celles qu'ils sont dans l'usage d'acheter à peu de frais, peuvent aussi bien contenter leurs desirs, que celles qu'ils trouveroient plus à leur gré, mais qu'ils ne pourroient peut-être posséder qu'en leur faisant violence. Il me semble même qu'il n'est pas raisonnable de dire que leur goût grossier et qui se contente aisément, les détermine à agir, ainsi que les autres, sans y réfléchir. Pourquoi ne leur pas laisser le mérite de se conformer à un usage qui contribue à leur tranquillité? Ainsi ce bon peuple ne connoissant d'autres besoins que ceux de la simple nature, on conçoit que l'ambition, l'intérêt, ces deux grands ressorts qui ont contribué à la formation des sociétés, qui sont devenus le mobile de toutes les actions bonnes ou mauvaises, ainsi que les autres passions subalternes, n'ont jamais déshonoré son système moral : il n'en a jamais conçu l'idée ; mais il n'en est pas moins attaché à l'état d'indépendance dans laquelle il vit depuis qu'il existe.

Les Samoïèdes n'ont ni princes, ni chefs, ni maîtres : s'ils témoignent quelques égards, ce n'est qu'aux anciens des familles et à des espèces de devins dont ils prennent quelquefois les conseils, mais sans avoir pour eux la moindre soumission, aucune confiance marquée : ils leur accordent tout au plus quelque part dans le produit de leurs chasses et de leurs pêches, ou plutôt ils vivent tantôt avec une famille, tantôt avec une autre. Cependant ils paient depuis plus d'un siècle, un tribut de fourrures au *czar*, sans que l'on ait besoin de les y contraindre. Ils savent le temps auquel le collecteur doit le lever, et ils le tiennent prêt quoiqu'ils ne reconnoissent point la domination de ce prince : ils paient, parce qu'ils ont vu pratiquer la même chose à leurs pères, et probablement parce qu'ils ont éprouvé qu'en cas de refus on les y forceroit ; ce tribut consiste en une peau de la valeur de 25 copecks ou 30 sols tournois, que chaque individu capable de se servir de l'arc, doit livrer tous les ans : ils connoissent le prix de chaque fourrure, et il n'y a jamais de difficulté pour la livraison.

Ce peuple peu connu et qui paroît être le seul qui se soit maintenu sous les loix primitives de la nature, que les institutions sociales et les passions n'ont jamais altéré, présente dans toute sa conduite un tableau frappant de ce que seroit l'homme, s'il n'étoit pas subjugué par la domination tyrannique des passions. Il me semble que Socrate, avec toutes ses lumières, les inspirations de son génie et la pratique de sa sage morale, n'avoit pas encore une idée aussi parfaite du bonheur auquel l'homme peut parvenir, que celle qu'il auroit prise en mettant à leur juste valeur, la conduite et la manière d'être de ces bons Samoïèdes.

Ils sont sensibles à quelques jouissances, mais ils savent s'en priver sans témoigner le moindre regret; il semble que les desirs n'agissent jamais sur leur ame. On voit qu'ils aiment à fumer du tabac, à boire des liqueurs fortes. Quand les Russes leur fournissent l'occasion de satisfaire ces goûts, qui sont en général ceux de tous les peuples qui habitent ces zones glaciales, ils se livrent avec transports à ces jouissances, mais ils n'y sont point attachés, et ils s'en privent avec autant de tranquillité qu'ils en usent. On les avoit assemblés en assez grand nombre, hommes et femmes; on laissoit à leur discrétion de l'argent, des liqueurs fortes, des fruits, des curiosités que l'on supposoit devoir exciter leurs desirs, ils étoient seuls et ils restèrent assis les jambes croisées, comme ils se tiennent ordinairement, sans toucher à la moindre chose; les miroirs seuls leur causèrent d'abord quelque surprise; un moment après ils parurent n'y faire aucune attention, et ne touchèrent à rien.

Est-ce insensibilité stupide, est-ce indifférence pour tout ce que la nature n'exige pas absolument, qui leur donne cette apathie? Ce que l'on peut répondre, c'est que les objets les plus nouveaux pour eux, paroissent fixer leur attention pour un moment, mais ils n'excitent point leurs desirs. S'ils ont conservé les traits primitifs de l'*Homme de la Nature*, si le bonheur consiste dans le repos, ils doivent être heureux; ils sont toujours gais et contens de leur sort ; disposition de l'ame si constante parmi eux, que les infirmités de la vieillesse et les accidens des maladies ne les altèrent point.

Quelques-uns d'entr'eux ont vu les villes de *Pétersbourg* et de *Moscow*; ils y ont remarqué les avantages et les commodités dont jouissent les peuples civilisés, et ils ne les ont pas desirés; ils ont craint de s'y asservir ; ils ont toujours préféré leur façon de vivre, simple et souvent laborieuse, à raison de la fatigue inséparable de la chasse et de la pêche, à tout ce qu'ils avoient vu d'attrayant et de voluptueux dans la capitale de l'empire Russe. Oh! combien ils auroient plus d'éloignement pour le luxe et les plaisirs de Londres et de Paris! Aussi ce peuple n'a-t-il jamais été tenté de recevoir les usages de civilisation des Russes qui l'avoisinent, et qui se rapprochent assez de sa manière de vivre : par-tout l'*Homme de la Nature* redoute jusqu'à l'apparence de la servitude et de la dépendance, il croiroit trop payer les aisances de la vie les plus utiles au prix de sa liberté, de son repos, et de son penchant décidé à l'inaction, quand le besoin ne le force pas d'en sortir.

Les hommes qui forment les plus grandes sociétés et les plus brillantes, ces villes immenses où le luxe et la frivolité font succéder rapidement les goûts et les fantaisies les plus bizarres et les plus folles aux caprices variés des passions, ne considéreront qu'avec horreur la vie grossière et libre du Samoïède. Ils ne feront aucune attention à la tranquillité dont il jouit dans le sein d'une paix inaltérable. Mais valent-ils mieux que les Samoïèdes? sont-ils plus estimables? leur bonheur est-il plus assuré? si ces peuples qu'ils appellent sauvages étoient capables de réfléchir sur les grandes sociétés régies par des loix qui paroissent si sublimes, qu'y remarqueroient-ils? des tyrans et des esclaves, des crimes et des supplices, une liberté plus idéale que réelle, des propriétés plus précaires que solides. Tout est sous la main et la disposition d'un seul, ou de quelques êtres privilégiés qui peuvent avoir des sentimens de justice et d'humanité, vouloir le bien; mais lorsqu'ils se croient au moment de le faire, ces êtres qui commandent ne sont-ils pas maîtrisés eux-mêmes par la fatalité des circonstances, par l'ignorance, l'ambition, les crimes des subalternes qu'ils emploient, par l'insuffisance des loix, et les conseils perfides de l'intérêt, de la flatterie, qui les porte malgré eux à tyranniser le peuple qui leur est soumis?

Une singularité à remarquer dans la conduite morale des Samoïèdes, c'est la manière dont ils traitent les femmes; elles sont une espèce de marchandise,

marchandise, dont les pères ont l'entière propriété, et dont ils disposent à leur gré. La richesse la plus réelle de ces peuples, consiste dans le nombre de *rennes* qui sont à leur disposition. Ils achètent la fille dont ils veulent faire leur femme, jusqu'à cent et même cent cinquante rennes, avec la condition de pouvoir la renvoyer et reprendre le prix qu'ils en ont donné, s'ils n'en sont pas contens.

D'ordinaire, ils les traitent fort doucement, quoiqu'on puisse les soupçonner de jalousie; car ces femmes étant assez heureuses pour enfanter presque sans douleur, si le contraire arrive, les maris les accusent d'infidélité et d'avoir eu commerce avec quelqu'étranger. Dans ces circonstances, ils les maltraitent et les battent pour les contraindre à avouer leurs fautes. Si la femme conteste le fait, elle est aussitôt renvoyée à ses parens, qui rendent le prix qu'ils en ont reçu. C'est sans doute cette coutume sévère qui rend ces femmes si réservées, lorsqu'il leur arrive de se trouver avec quelqu'étranger, au point de ne laisser en vue aucune partie de leur corps; elles y attachent même une espèce de honte: c'est donc sur des mémoires très-infidèles qu'un célèbre auteur a avancé que les Samoïèdes étoient si peu jaloux qu'ils offroient leurs femmes et leurs filles au premier venu. Elles n'ont rien d'attrayant dans la figure ; elles n'ont pas l'usage des bains et ne se lavent jamais le corps, ce qui les rend très-sales et de mauvaise odeur.

§. XX.

Femmes considérées dans l'état de nature et dans les commencemens de la civilisation : portrait de la première femme par Milton.

Il paroît constaté par les relations les plus authentiques que dans l'état de nature le plus simple et le plus conforme à l'origine des sociétés, et parmi tous les sauvages, les femmes n'ont jamais eu aucun droit à l'égalité, à la liberté et à l'indépendance. J. J. Rousseau les considérant sous cet aspect, est excusable de ne les faire entrer pour rien dans son *Contrat Social*, de les regarder comme nulles dans l'état d'ignorance et de barbarie primitives, comme des êtres inférieurs qui ne servent qu'à la propagation de l'espèce humaine. Cette idée étoit autrefois si bien établie, qu'en Europe même, chez les peuples les plus puissans et les mieux civilisés, elles ont été long-temps sans aucune influence dans la société. Les hommes étoient seuls maîtres, tyrans, despotes dans leurs familles, sans que les femmes s'en apperçussent :

renfermées chez elles, elles n'avoient ni l'idée ni le desir d'une existence plus libre et plus agréable.

Dans les beaux siècles de la Grèce, lorsque le luxe et les arts brilloient à Athènes de tout leur éclat, les dames athéniennes n'avoient rien à espérer des éloges du public, leurs vertus et leurs qualités ne devoient point être connues hors de l'enceinte de leurs maisons : quoique la raison et l'intérêt des mœurs eussent exigé plus de considération, elles ne se distinguoient des courtisannes que l'on voyoit par-tout et qui jouoient souvent même dans les affaires politiques un rôle distingué, que par la retraite, la modestie et toutes les vertus domestiques (1).

---

(1) Est-ce donc de l'*Homme de la Nature*, sortant des mains du Créateur, que *Milton* a prétendu développer les sentimens lorsqu'il le fait parler ainsi.... « Je la contemple avec transport, je suis hors de moi lorsque je la touche : ici commence la première passion qui m'ait encore agité ; maître de moi-même dans tout le reste, ici seulement je suis foible, et mon pouvoir s'évanouit devant un regard de la beauté... Hé quoi ! par l'esprit, par les facultés internes, l'excellence et le but de notre création, cet être m'est inférieur ! Sa figure ressemble moins que la mienne à celle du Dieu qui nous a formés ; elle porte moins le caractère de domination qu'il nous a donné sur les autres créatures ; et cependant lorsque je suis près

§. XXI.

Des femmes et des mariages chez les Iroquois, les Hurons et autres peuples de l'Amérique (1).

Les anciens auteurs dans les derniers temps du paganisme et Athénée lui-même ont cru

---

d'elle, elle me semble si parfaite en tout, elle m'en paroît si persuadée elle-même, que, soit qu'elle parle, soit qu'elle agisse, je la vois comme un modèle de vertu, de sagesse et de discrétion; d'un coup-d'œil elle confond la science, elle fait extravaguer la raison, l'autorité rampe à sa suite, comme si elle étoit le premier et le principal ouvrage de la nature ». Est-ce ainsi que l'on a jamais considéré les femmes dans l'Orient ? ou les a-t-on jamais trouvées aussi dominantes, aussi aimables dans l'état de nature et dans les premiers siècles de la civilisation, et même long-temps après ? L'homme anglais a plutôt peint la galanterie européenne que le sentiment de l'*Homme de la Nature* pour la femme. Il a même par un esprit prophétique annoncé l'empire dont la beauté devoit jouir, près d'un siècle avant qu'elle ne fût arrivée au plus haut point de sa splendeur. S'il a représenté son premier homme voyant la femme comme un modèle de vertu, de sagesse et de discrétion, il s'est conformé aux idées sublimes que la reine Elizabeth avoit eu tant à cœur de donner de son sexe, aux Anglais et à toute l'Europe.

(1) Ce paragraphe est ajouté.

que les hommes des premiers temps n'ayant aucune solemnité pour le mariage, se mêloient indifféremment comme les animaux, jusqu'au temps de *Cécrops*, qui en régla les loix, obligeant ses sujets à prendre une épouse et à se contenter d'une. Cette prévention n'est pas encore détruite : cependant il paroît évident que le mariage a toujours été regardé par tous les peuples comme une chose sacrée et solemnelle, dont les plus barbares même ont respecté les droits. En effet, quoiqu'il y ait aujourd'hui une grande partie des nations de l'Amérique qui ont conservé toute leur férocité et qui nous paroissent vivre sans loix, sans religion et sans police, nous n'en connoissons cependant point qui n'observent quelques solemnités dans les alliances qu'elles contractent et qui ne soient jalouses de la foi conjugale.

La polygamie chez les nations qui en ont adopté l'usage est bornée cependant à un petit nombre de femmes, comme de deux ou de trois, si l'on excepte les chefs qui ont en cela plus de privilège que les autres. Mais où la pluralité est autorisée parmi toutes ces femmes, il y a toujours une principale épouse dont le mariage est plus solemnel.

Les Algonquins distinguent fort celle qu'ils appellent de l'entrée de la cabane d'avec celles du milieu. Celles-ci sont comme les servantes de la première et leurs enfans sont censés comme bâtards et roturiers, en comparaison de ceux qui sont nés de cette première épouse légitime.

Parmi les Caraïbes, il y en a aussi une qui a la prééminence, et c'est celle qui leur est acquise par un droit de naissance que je vais expliquer, ou bien celle qu'ils ont épousée avec toutes les solemnités et les formalités requises.

Il n'étoit permis nulle part dans toute l'Amérique de contracter au premier degré dans la ligne directe ou dans la collatérale, excepté aux Incas, légitimes héritiers du trône, le souverain seul épousant sa propre sœur.

Chez les Américains méridionaux, l'oncle maternel a un droit légitime sur la fille de sa sœur, et la regarde dès-lors comme son épouse future.

Les Iroquois n'ayant pas l'obligation de se marier dans leur parenté, comme les Caraïbes ou comme les Hébreux, sont très-scrupuleux sur les degrés de consanguinité. La bienséance n'y permet pas le mariage avec les esclaves entrés dans une cabane. Un de nos missionnaires ayant proposé le mariage avec quelqu'un de la cabane où elle avoit été donnée, les sauvages en rejettèrent la proposition avec horreur, et il fallut que le missionnaire leur fit entendre raison pour lever le scandale et s'excuser sur ce qu'il n'avoit pas fait attention aux loix de l'adoption.

L'*athonni* ou cabane du père étant comme étrangère à ses enfans, les liaisons du sang n'y sont pas si étroites. Si le père avoit des enfans d'un autre lit, ceux de ce lit seroient encore plus éloignés des enfans du premier, la cabane de ceux-ci étant encore plus étrangère à ceux du second que celle du père dont ils sont nés les uns et les autres, à moins que les enfans de ces deux lits différens ne fussent de la même famille.

Les Algonquins, dont quelques-uns ne se font point une difficulté de la polygamie, épousent sans façon plusieurs sœurs, et quand l'une est enceinte, ils habitent successivement avec les autres; la règle générale de tous les sauvages étant de ne point habiter avec leurs femmes dès qu'elles se sont déclarées enceintes.

Pour les Iroquois, les Hurons et les autres chez qui la polygamie n'est pas usitée, après la mort de leur première femme ils en épousent volontiers la sœur, et ceux de la cabane de la défunte ne manquent pas de proposer cette nouvelle alliance au mari, s'ils ont été contens de lui dans le premier mariage.

Outre les Caraïbes qui naissent mariés, pour

ainsi dire, en vertu de la destination établie par la loi, et par le droit que les cousins ont sur leurs cousines-germaines ; il y a encore plusieurs autres nations où les parens des époux futurs prennent des engagemens pour leurs enfans dès leur plus tendre enfance, et dès-lors ces époux contractent une servitude réelle, à l'égard de la cabane de leurs épouses, comme s'ils étoient effectivement mariés; servitude par laquelle ils semblent acheter le droit ou l'honneur de leur alliance, comme Jacob acheta les siennes en servant Laban son beau-père, sept ans pour Lea, et sept ans pour Rachel. Ces engagemens n'avancent pourtant point l'époque du mariage, et il est rare parmi les Américains méridionaux qu'un jeune homme ose en parler ou qu'on en parle pour lui, s'il ne s'est déjà fait une réputation, s'il n'a fait un ou deux prisonniers ou tué quelqu'ennemi de la patrie.

Les enfans appartenant à la mère, et les sauvages paroissant tous égaux, il devroit ce semble être également indifférent de s'établir par-tout sans autre règle que l'inclination. Il y a cependant parmi eux trois ordres très-distincts, à quoi ils ne laissent pas que de faire attention.

Le premier est celui des *jesendouans*, c'est à-dire des familles nobles; le second est des *agougoucha*, ou des gens du commun; et le troisième est celui des *ennaskoua*, c'est-à-dire des esclaves à qui on a donné la vie ou qui sont nés de ces esclaves; ils tâchent autant qu'ils peuvent de s'allier bien : les sauvages méridionaux et les Algonquins sont très-scrupuleux sur cet article, mais les Iroquois passent aisément sur cette délicatesse pour chercher des avantages plus réels. Pour ce qui est des qualités personnelles des époux, on cherche dans un jeune homme qu'il soit brave, bon guerrier et bon chasseur ; dans une fille qu'elle soit d'une bonne réputation, laborieuse et d'un caractère d'esprit docile. On se trompe dans ce choix comme dans le reste. Il est peu de maris sans défaut; une bonne femme est un meuble presque aussi rare en Amérique qu'en Europe, mais on fait au moins ce qu'on peut pour ne pas s'y méprendre.

Ce sont les matrones d'une cabane qui sont chargées du soin de marier les garçons et les filles. Aussitôt que le mariage est résolu de part et d'autre, les parens de l'époux envoyent un présent dans la cabane de l'épouse. Ce présent consiste en des colliers de porcelaine, des pelleteries, quelques fourrures et d'autres meubles d'usage qui vont aux parens de la fille à laquelle on ne demande point de dot.

Il est d'usage parmi la plupart des nations sauvages de passer la première année que le mariage est contracté, sans le consommer. La proposition avant ce temps-là, seroit une insulte faite à l'épouse, qui lui feroit comprendre qu'on auroit recherché son alliance, moins par estime pour elle que par brutalité. Et quoique les époux passent la nuit ensemble, c'est sans préjudice de cet ancien usage. Les parens de l'épouse y veillent attentivement de leur part, et ils ont soin d'entretenir un grand feu devant leur natte qui éclaire continuellement leur conduite et qui puisse servir de garant qu'il ne se passera rien contre l'ordre prescrit. Dans les commencemens de l'établissement de la foi, la coutume des missionnaires ayant été toujours de ne point administrer le baptême à ces infidèles, sans les avoir long-temps instruits et éprouvés, pour ne pas exposer les sacremens à la profanation et aux inconvéniens de leur inconstance et de leur légèreté, il arriva que deux jeunes personnes de celles qu'on instruisoit, furent ainsi mariées par leurs parens à la façon du pays. Le mari n'ayant pas l'égard qu'il devoit avoir pour l'ancienne coutume, voulut se prévaloir de l'exemple des Européens. L'épouse en fut si outrée et piquée, que, quoique ceux qui avoient fait le mariage, eussent assez consulté son inclination, ils ne purent jamais l'obliger à revoir cet époux indiscret. Quelque représentation qu'on pût lui faire, elle ne se rendit point, et on fut obligé de les séparer.

Une femme chez les Abmaquis qui se trouve enceinte avant la première année révolue, y devient un sujet d'étonnement, et y perd beaucoup de sa réputation.

La coutume des Américains méridionaux est que les hommes et les jeunes gens couchent tous ensemble dans les carbets, où ils vivent en commun. Les jeunes gens n'en peuvent jamais découcher: cette règle est aussi générale pour ceux qui sont établis, sur-tout pour les nouveaux mariés, de sorte qu'ils n'osent aller dans les cabanes particulières qu'habitent leurs épouses, que durant l'obscurité de la nuit, aux mêmes conditions que le législateur de Sparte avoit prescrites aux siens.

C'est à-peu-près la même règle pour les nouveaux mariés chez les autres nations où les hommes n'habitent point ainsi en commun. Ils n'oseroient aller dans les cabanes de leurs épouses, qu'à la dérobée ; ce seroit une action extraordinaire de s'y présenter le jour.

De même que l'épouse contracte des obligations envers la cabane de son mari ; l'époux contracte aussi quelques obligations envers celle de sa femme. Il est obligé de lui faire une natte, de réparer sa cabane ou de lui en faire une nouvelle lorsque la première tombe en ruine. Toute sa chasse appartient de droit à la cabane de son épouse la première année de son mariage. Les années suivantes, il est obligé de la partager avec elle, soit que sa femme ait resté au village, soit qu'elle l'ait accompagné. Il est de l'honneur de l'époux que son épouse et ses enfans soient bien couverts, bien entretenus, et c'est à lui à y pourvoir. En un mot, quand ils vivent bien unis, ils ont soin de rendre à la cabane l'un de l'autre, non-seulement les services prescrits par l'usage, mais encore tous ceux qui peuvent servir à fomenter leur union, et entretenir une bonne intelligence.

Le mariage est tel dans son institution et dans les liens qu'il forme, que, chez les nations barbares même, il paroît établi; en général ils pensent que quand il a été contracté avec toutes les solemnités d'usage, rien ne peut le dissoudre. C'est peut-être par cette raison que dans les cérémonies de mariage, les prêtres du Mexique qui en étoient les ministres, nouoient les habits de l'époux et de l'épouse, pour marquer qu'ils devoient rester ainsi toute leur vie inséparablement unis.

Cependant ces Iroquois se font peu de peine

du divorce; ils n'étoient pas autrefois aussi vicieux qu'ils le sont aujourd'hui; et on peut assurer que les divorces y étoient bien moins fréquens. Eux-mêmes se plaignent qu'il s'est introduit chez eux un déréglement de mœurs qui leur étoit inconnu auparavant, et qui leur fait méconnoître leur nation.

Un ancien missionnaire du Bresil m'a assuré que les Bresiliens étoient si délicats sur la réputation, que si une fille avoit manqué à son honneur, non-seulement elle ne trouvoit plus à se marier, mais elle ne vivoit pas même en sûreté avec sa parenté. Ce qui paroît d'autant plus admirable, qu'on devroit juger, ce semble, à leur nudité qui est entière, qu'ils ne font nul cas de la pudeur.

Les jeunes gens gardent aussi des mesures en public : ils se passionnent peu et ne paroissent pas capables des excès auxquels on est souvent porté par la violence des passions.

Voilà ce que j'ai cru devoir dire pour la justification de leurs usages en général; mais j'ai vu avec tant de peine une espèce d'affectation à les décrier et à les dégrader, et à leur supposer le débordement général et sans exception, dont on pourroit peut-être tirer avantage pour justifier ses propres désordres, que je me sens très-obligé de leur rendre cette justice, et de contredire en cela plusieurs écrivains. Ce n'est point que je veuille inférer qu'il n'y ait point de libertinage; il y en a sans doute, et doit-on en être surpris? Est-il étonnant que des peuples barbares soient corrompus, tandis qu'en Europe, où les motifs de la religion et de l'honneur sont bien plus forts, on ne voit presque par-tout qu'une licence effrénée et un scandale sans bornes, qui feroient horreur aux sauvages même?

Chez les Iroquois, les femmes étant pour ainsi dire, absolues maîtresses de leurs actions, elles redoutent aussi moins un éclat.

Une femme chagrine va au-devant de la concubine de son mari, au retour d'une chasse; elle lui enlève, sans obstacle, la part qu'il lui en a faite; le mari le voit et n'en dit mot : la femme a usé de son droit, il n'y prend plus d'intérêt. Mais si cette femme en prend occasion de tourmenter son mari par sa mauvaise humeur, et par ses reproches, le mari baisse la tête sans rien dire, il n'oseroit quereller sa femme, encore moins la battre; mais à la fin, ennuyé de ses mauvaises manières, il la quitte et s'en sépare.

Si c'est la femme qui est dans son tort, le mari dissimule sa jalousie tant qu'il peut, et se fait un point d'honneur de paroître n'en être point atteint; mais il ne tarde pas de rendre à son épouse, avec usure, les infidélités qu'elle lui a faites, et il la met ainsi dans la nécessité de souffrir avec moins de peur qu'il l'abandonne.

Quoique les Iroquois affectent de n'avoir point de jalousie, ils ne laissent pas d'y être extrêmement sensibles, et d'en porter quelquefois la vengeance bien loin. Je rapporterai à cette occasion un fait que je tiens de quelqu'un qui a vécu long-temps parmi eux.

« Un mari mécontent de sa femme, mais dissimulant son ressentiment, la mène à la chasse au temps ordinaire. L'année étoit bonne, les bêtes fauves en abondance, et le mari bon chasseur ; cependant il affectoit de ne rien trouver, et alléguoit pour raison qu'il falloit qu'on eût jetté quelque sort sur lui. La saison s'avançoit, les provisions étoient finies, et la femme souffroit beaucoup de la faim. Le mari l'ayant ainsi fatiguée long-temps, feignit d'avoir fait un songe. C'étoit d'attaquer pendant la nuit la cabane de sa femme, de lui donner l'assaut en ennemi de guerre, de la faire prisonnière et de la traiter en esclave. La femme qui croyoit qu'on pouvoit éluder ce songe, comme il leur arrive souvent, exhorta son mari de l'accomplir. Il n'y manqua pas dès la nuit suivante ; il surprend la cabane, fait la femme esclave, la condamne au feu, la lie à une potence, et allume un grand brasier. La pauvre malheureuse pensoit que ce n'étoit qu'un jeu, mais elle se trompoit. Le mari prenant la chose au sérieux, lui reproche ses infidélités vraies ou prétendues, et la brûle à petit feu, avec une lenteur et une cruauté vraiment impitoyables.

Le frère de cette femme qui avoit pour elle beaucoup d'attachement, s'étoit mis en chemin pour lui apporter des provisions, de peur qu'elle ne souffrît de la faim. Il arriva dans le temps de cette cruelle exécution, et fut de loin le spectateur de cet horrible tableau. La cabane étoit toute ouverte, la femme poussoit des cris effroyables. Enfin le jeune homme ayant reconnu le mari et sa sœur sans être apperçu, prit tout de suite son parti, il couche le mari en joue et le tue : ensuite il délie sa sœur et apprend d'elle les soupçons de ce mari jaloux et la cause de ces violences. Cette pauvre femme étoit dans un état à ne pouvoir espérer d'en revenir. Le frère compatissant crut bien faire de l'achever, il la poignarda par pitié de son consentement, et après lui avoir rendu les derniers devoirs, comme il put, selon l'usage établi, il revint au village où il fit le récit de cette funeste aventure ».

Ces exemples de jalousie violente et de vengeance, sont beaucoup plus rares chez les Iroquois, que chez les nations qui sont du côté de la Louisiane,

Louisiane, où les maris, après leur avoir fait plusieurs insultes, sont assez cruels pour arracher à belles dents le nez et les oreilles à leurs épouses infidelles, sans que personne s'en formalise. Les Bresiliens les tuent sans façon, et vont dire à leur père : j'ai tué ta fille parce qu'elle m'étoit infidelle. Le père répond à cela avec beaucoup de sang-froid : tu as bien fait, puisqu'elle le méritoit.

Les Caraïbes et les Galibis punissent sévèrement l'adultère ; soit que ce soit l'homme qui l'ait commis, soit que ce soit la femme. Si c'est l'homme qui est surpris en faute, il est appellé en jugement en présence de toute la nation, et là, chacun peut lui jetter plusieurs vaisseaux d'eau bouillante ; après quoi on le livre à son épouse ou à ses parens, qui peuvent le tenir quitte pour ce châtiment, ou le faire mourir s'ils ne sont pas satisfaits.

La punition est plus dure pour les femmes coupables, car après leur avoir fait souffrir le même supplice qu'aux hommes, on les remet entre les mains de leurs parens, qui rendent tous les présens aux maris, et les font ordinairement mourir du supplice des Vestales, en les enterrant toutes vives : là où le supplice est si rude pour l'adultère, on peut sans doute croire que le divorce n'est pas permis, ou du moins qu'il est fort rare.

Tome I. M

§. XXII.

Manière de vivre d'autres peuplades errantes au nord de l'Asie ; exemple frappant de désintéressement et de probité ; gouvernement intérieur de ces peuples ; leur insensibilité à la douleur ; leurs maladies ; nourriture de quelques peuples de l'Afrique, cause leur mort ; funérailles des sauvages et autres ; leur origine.

Il y a peu de différence dans la manière de vivre et d'agir de toutes les peuplades errantes, de l'ouest à l'est de l'Asie, par le nord. Leur simplicité, leur désintéressement, leur attachement à l'égalité et à l'indépendance sont partout les mêmes. La paresse commune à tous les hommes errans, les tient dans une inaction perpétuelle, à moins que le besoin de pourvoir à leur subsistance ne les en tire. Se donner de la peine pour former des magasins, se précautionner contre les nécessités à venir, est pour eux une idée étrange qui n'est jamais entrée dans leur esprit. Tout au plus, ils font quelques provisions pour la saison des grandes neiges, parce qu'ils ont vu leurs ancêtres en agir de même, plutôt que par une prudence raisonnée. Si on leur reproche que cette con-

duite est moins celle des hommes raisonnables
que celle des brutes, ils répondent que leurs
ancêtres ont de tout temps vécu de cette façon,
et qu'ils ne la changeront pas. « A l'égard du
présent, disent-ils, nous voyons des Russes qui
s'épuisent à travailler, qui prétendent avoir
une religion divine, et qui cependant sont plus
malheureux que nous : quant à l'avenir, il est
si incertain que nous nous reposons sur le soin
de celui qui nous a créés ».

Si la paresse est le défaut dominant de toutes
ces espèces de sauvages, on peut assurer qu'elle
n'altère en rien l'excellence de leur caractère ;
ce sont vraiment les hommes de la nature les
plus simples et les moins dégénérés. Ils vivent
dans une ignorance profonde ; ils n'ont que des
notions très-imparfaites d'un Etre souverain qui
a formé le monde, mais ils sont naturellement
bons, doux, pleins de l'humanité la plus tendre
et la plus attentive envers tous les hommes. Ils
n'ont aucun de ces vices dangereux, si communs
parmi les nations policées ; loin d'avoir le penchant à s'approprier ce qui pourroit être un
objet de curiosité ou de nouvelles jouissances
pour eux, et qui rend presque tous les naturels
des îles de la mer du Sud, la plupart des sauvages de l'Amérique et des peuples barbares
de l'Afrique, si portés au vol, ils sont à cet

égard de la probité la plus scrupuleuse, sans imaginer que l'on puisse penser et agir différemment.

« Un marchand russe avoit perdu dans le pays des Ostiaks, voisins des Samoïèdes, une bourse qui renfermoit cent roubles. Le fils de celui qui avoit donné l'hospitalité au Russe, vit quelque temps après cette bourse en allant à la chasse, il la regarda sans la ramasser. De retour à la cabane, il dit qu'il avoit vu sur son chemin une bourse pleine d'argent et qu'il l'y avoit laissée. Son père le renvoya aussitôt sur le lieu, lui ordonna de couvrir la bourse d'une branche d'arbre, afin de la dérober à la vue des passans, et qu'elle pût être retrouvée à cette même place, par celui à qui elle appartenoit, si jamais il venoit la chercher. Trois mois après le même Russe venant faire la traite des pelleteries, logea chez cet Ostiak; il lui raconte le malheur qu'il avoit eu de perdre sa bourse le jour même qu'il étoit parti de chez lui : c'est donc toi qui as perdu une bourse, lui dit le bon Ostiak ; eh bien, sois tranquille, je vais te donner mon fils qui te conduira sur la place où elle est, tu pourras la ramasser toi-même, et le marchand retrouva sa bourse au même endroit où elle étoit tombée ».

Quel désintéressement ! quelle probité dans

l'*Homme de la Nature* qui vit libre, sans vices, sans passions, sans autre loi que celle de ne pas faire à autrui ce qu'il ne veut pas qu'il lui soit fait ; sans distinction de rang, de naissance, ni de qualités, jouissant de tout ce qu'il croit lui être nécessaire, par droit de propriété générale, sans s'attribuer rien en particulier ! Il n'est pas étonnant que le simple bon sens naturel, cette raison accordée à l'homme pour le diriger et le conduire, lui présente son état comme le plus heureux auquel il puisse aspirer. Quelle révolution, quelle législation, quel ordre de choses pourroient chez les peuples civilisés amener la pratique de pareilles vertus et rendre l'homme de la société le modèle de cet *Homme de la Nature* dont nous parlons ?

Le gouvernement de ce peuple est celui de la nature ; chaque père de famille est chargé de maintenir l'ordre dans sa maison ; il termine seul et à l'amiable les petits différens qui peuvent s'y élever. S'il survient quelque affaire plus grave de famille à famille, on appelle des devins ou prêtres des idoles qu'ils adoptent, et la contestation se termine par une sentence que le prêtre prononce comme si elle lui étoit inspirée par l'idole dont il est censé être l'organe. Mais la superstition n'oublie pas ses intérêts, dans ces circonstances ; et il y a toujours une amende de pelleteries, payable par celui qui a tort au profit de l'idole, et qui est reçu par le ministre qui a prononcé la sentence, coutume qui pourroit paroître une tache dans la manière de vivre de ces bonnes gens, si l'homme sage n'étoit persuadé que toute occupation mérite son salaire, et que celle de rétablir l'harmonie, la paix et la concorde parmi des familles divisées, est la plus digne de l'honnête homme et d'une juste indemnité. On s'élèvera peut-être contre l'inspiration prétendue des prêtres par laquelle ils abusent de la bonne foi. Nous reviendrons sur cet objet lorsque nous traiterons de la superstition née chez les sauvages, et des maux produits par les réunions en société.

On prétend qu'il n'y a point d'hommes sur la terre plus insensibles à la douleur et plus intrépides à la vue de la mort, qui d'ordinaire ne s'approche d'eux qu'à pas lents; elle leur cause si peu de frayeur et d'inquiétude, que les moyens de prévenir les maladies, ou prolonger leurs jours, n'ont jamais été pour eux l'objet de quelques recherches ou d'aucune précaution. L'excessive mal-propreté dans laquelle ils vivent, l'intempérie d'un climat froid et humide, les viandes crues et souvent infectes dont ils se nourrissent, leur causent des maladies scorbutiques, ou des éruptions cutanées, semblables à la lèpre, et si terribles qu'on peut dire qu'ils pourrissent tous vivans. Ils voient tranquillement les ulcères qui leur surviennent à différentes places du corps faire des progrès, s'étendre et ronger peu-à-peu toutes les parties qui les avoisinent, leurs membres pourris se séparer du tronc les uns après les autres, sans marquer la moindre douleur, sans se plaindre, sans paroître y faire la moindre attention, même dans ces instans douloureux où l'ame succombant sous le poids des maux qui détruisent le corps auquel elle est unie, n'envisage qu'avec horreur cette destruction.

Les Samoïèdes, les Ostiaks et toutes les peuplades errantes de cette vaste étendue de l'Asie septentrionale, montrent une insensibilité, une résignation apathique que l'on remarque rarement chez les autres peuples : on ne peut pas dire que ce soit la force de l'opinion, ou la vaine gloire qui les détermine à cette apparence de constance et de tranquillité; mais craindroient-ils de ne pas ressembler à leur père, qu'ils ont vu finir de même (1)?

---

(1) Ne seroit-ce pas dans les viandes corrompues, qui font la nourriture habituelle de ces peuples, qu'ils trouvent le principe des maladies cruelles auxquelles ils succombent pour la plus grande partie, et ne peut-on pas les comparer à cet égard à ces malheureux Africains

Leurs funérailles ne sont accompagnées d'aucune cérémonie religieuse : la famille du mort s'assemble, on habille le cadavre : en l'enterrant, on met à côté de lui son couteau, son arc, une flèche, les ustensiles de ménage qui lui appartenoient : si c'est en hiver, on l'enfouit dans un

---

qui existent sur les frontières des déserts de l'Ethiopie, dans les régions inconnues qui s'étendent des montagnes de la Lybie à la côte occidentale de l'Afrique, environ au cinquième degré de latitude septentrionale, qui sont établis sur des terres absolument stériles, où ils ne connoissent d'autre nourriture que les sauterelles, que les vents chauds de l'ouest leur amènent tous les ans en grande quantité ? Ils les ramassent, les saupoudrent de sel, qu'ils trouvent à la surface de la terre, à l'extrémité orientale des déserts qu'ils habitent, et les gardent pour s'en nourrir toute l'année, parce qu'ils n'ont ni bétail, ni grains, ni poissons, ni fruits. Ces hommes sont petits, noirs, maigres et très-légers à la course : quand même ils habiteroient un climat dont la température seroit très-saine, de quelle utilité leur seroit ce bienfait de la nature, puisque leur nourriture habituelle est pour eux une source de maladies inévitables qui sont suivies d'une mort prématurée ? Ces hommes vivent à peine 40 ans, et lorsqu'ils approchent de cet âge, il s'engendre dans leur chair des insectes ailés qui se multiplient en si grand nombre qu'en peu de temps toute leur chair en fourmille, de sorte qu'après s'être nourris d'insectes pendant quelques années ils en sont rongés à leur tour.

tas de neige, et lorsque l'été est venu, on creuse une fosse, où on le dépose en présence de ses parens.

On prétend que ces peuples sont les restes des premiers habitans de la Russie proprement dite, qui se retirèrent dans les climats sauvages qu'ils habitent, lorsque les souverains de ce pays ayant acquis une certaine autorité, prétendirent même par le crédit des ministres de la religion chrétienne qu'ils répandirent parmi eux, augmenter le nombre de leurs sujets et les assujettir à une dépendance qu'ils rejettèrent. Les Samoïèdes, les Ostiaks, ainsi que les autres nations qui les avoisinent, se réfugièrent dans des régions que l'on croyoit inhabitables, et où ils conservent ces mœurs antiques, pour lesquelles ils ont encore le plus grand attachement. On peut juger par l'état actuel des Samoïèdes et des Ostiaks de la manière dont existoient dans le douzième siècle environ, les peuples qui habitoient les deux Sarmaties, l'Européenne et l'Asiatique, et combien la civilisation et l'industrie avoient fait peu de progrès parmi eux; ils ne sortoient point de leur pays : ils sembloient craindre d'acquérir des connoissances, et ils étoient tellement attachés à leur ignorance et à leur simplicité primitive, que l'on regardoit parmi eux, comme un crime punissable, de s'instruire d'autre chose que de ce qui avoit un rapport immédiat aux premiers besoins de la vie; il n'y a guère plus d'un siècle que les Russes en général avoient encore les mêmes préjugés.

§. XXIII.

Eskimaux sauvages de l'Amérique; leurs précautions pour conserver la vue; pays peu connu; idées religieuses; sont humains; coutumes barbares envers leurs pères et mères; nécessité les rend antropophages; réponses fermes des Hommes de la Nature; *loix par rapport au bonheur.*

Les Eskimaux sauvages qui habitent les parties les plus septentrionales de l'Amérique, dans le voisinage du cercle polaire arctique, sous un climat très-rigoureux, ressemblent à beaucoup d'égards aux Samoïèdes: ils sont d'une taille médiocre, d'un embonpoint peu commun; ils ont le teint basané et l'air robuste, la tête large, la face ronde et plate, les yeux noirs, petits et étincelans, le nez plat, les lèvres épaisses, les cheveux noirs et plats, les épaules larges et les pieds extrêmement petits: ceux qui habitent au Nord-Ouest de la baie de Hudson, sont gais et vifs dans la société, mais rusés et très-subtils, sans doute, à raison de l'intérêt qu'ils ont à tirer le meilleur parti possible de leur commerce avec les Anglais établis dans cette contrée : leur manière de vivre et leur industrie, par rapport à ces climats, annoncent qu'ils les habitent depuis long-temps. On en juge par les espèces de lunettes qu'ils portent à la chasse ; elles sont faites de petits morceaux de bois dur ou d'os, percés de façon que leur fente étroite étant de la longueur des yeux, leur permet de distinguer les objets, et garantit l'organe des maladies qui seroient occasionnées par l'éclat fatigant de la neige, dont leurs terres sont couvertes la plus grande partie de l'année ; sans cette précaution la cécité seroit commune parmi eux : sans doute que la crainte de tomber dans cet état si terrible, surtout pour des peuples chasseurs et pêcheurs, leur a inspiré ce moyen de le prévenir. Ils ne marchent jamais sans ces lunettes qui sont montées sur une courroie qu'ils attachent derrière la tête.

On connoît peu l'intérieur de leur pays ; on n'a pu encore former avec eux des liaisons suivies, à cause de la défiance où ils paroissent être des Européens. On croit savoir qu'ils ont dans l'intérieur des terres, à une assez grande distance de la mer, des habitations où ils se sont réunis en assez grand nombre, pour être regardées comme des villes ; elles sont garanties par les forêts, de l'impétuosité des vents, qui passant sur de grands espaces de terres couvertes de neige, ne peuvent être que très-froids et très-âcres. Quoique l'on ne connoisse que ceux qui s'écartent du centre de leurs habitations, pour la pêche, la chasse et le commerce de pelleteries, on s'accorde en général à se louer de leurs bons procédés, de leurs sentimens d'humanité envers ceux qui se trouvent à portée de recevoir leurs secours. Ils ont fourni à plusieurs malheureux naufragés, des vivres et des habillemens.

Leurs idées de religion sont fort bornées; ils reconnoissent un être d'une bonté infinie, auquel ils donnent le nom de *grand chef*; ils le regardent comme l'auteur de tous les biens dont ils jouissent; ils en parlent avec respect; ils se rassemblent pour chanter ses louanges; mais leurs notions sur la nature sont si confuses, qu'on ne peut rien comprendre à l'espèce de culte qu'ils lui rendent. Comme les Samoïèdes, ils reconnoissent un autre être invisible, mais très-puissant. Ils se le représentent comme la cause de tous les maux qui leur arrivent; ils le redoutent, mais il n'y a pas d'apparence qu'ils lui rendent aucun hommage pour l'appaiser.

On remarque en tous un fond d'humanité qui les rend sensibles aux malheurs d'autrui; ils ont une tendresse admirable pour leurs enfans; on les a vu les dérober au danger de la mort, au péril de leur propre vie, et ils en ont soin jusqu'à ce qu'ils puissent pourvoir à leur propre subsistance ; mais ils ont peu d'égard pour les femmes ; et un Eskimau assis à terre, se trouve fort offensé, si une femme lui cause la plus petite gêne dans cette position. C'est un usage établi parmi eux que jamais les hommes ne boivent dans le même vase après leurs femmes.

Il est une coutume révoltante pour l'humanité et qui cependant paroît naître d'un fond de bonté et de compassion : quand les pères et les mères sont arrivés à un âge qui ne leur permet plus le travail, ils ordonnent à leurs enfans de les étrangler, et c'est un devoir d'obéissance auquel ils ne peuvent se refuser. Le vieillard entre dans une fosse qui a été creusée pour lui servir de tombeau ; il y converse quelque temps avec eux en fumant du tabac, et en buvant quelques verres d'une liqueur, qui sans doute lui cause une espèce d'ivresse ; enfin, sur un signe qu'il leur fait, ils lui passent une corde au cou, et chacun tirant de son côté, il est étranglé dans un instant. On couvre ensuite la fosse de sable et on élève dessus un monceau de pierres. Les vieillards qui n'ont point d'enfans exigent le même office de leurs amis ; comme ce n'est plus un devoir, souvent ils ont le chagrin d'être refusés ; mais quel que soit leur dégoût de la vie, ils ne pensent jamais à s'en délivrer par leurs propres mains.

Un reproche que l'on peut faire à ces naturels, c'est le peu de soin qu'ils mettent à conserver des provisions pour l'hiver, tandis qu'ils en font excès pendant la bonne saison : ils supportent courageusement la rigueur du froid et les plus grandes fatigues, mais la faim est pour eux un supplice intolérable; quand ils en sont pressés, ils se portent à l'horrible extrémité de manger leurs femmes et leurs enfans; ils sont pénétrés de la plus vive douleur, mais ils les mangent; un Eskimau venant à un comptoir anglais, raconta avec l'affliction la plus sensible, ce qui venoit de lui arriver de semblable; le gouverneur ne lui répondit que par un éclat de rire; le sauvage étonné de cette indifférence barbare, lui dit en anglais corrompu : *Ce n'est pourtant pas un conte à rire*, et se retira indigné des sentimens de l'Européen (1). Quel

---

(1) Il n'y a que l'*Homme de la Nature* ou qui vit dans l'état de simplicité qui en rapproche, qui soit capable de ces réponses énergiques : telle est celle que fit au roi de Prusse un paysan qui refusoit de prendre en paiement du bled qu'il vendoit à un boulanger de Postdam, une monnoie de mauvais aloi, nouvellement fabriquée, et que les agens du fisc refusoient par ordre su-

mélange dans ces sauvages d'humanité et de barbarie! A raison de leur éloignement et de la rigueur du climat qu'ils habitent, les Européens n'ont presque rien à démêler avec eux, et ils ne paroissent pas susceptibles d'autres principes de civilisation que des usages qu'ils suivent entr'eux, et qui leur suffisent dans l'état actuel. Plus nous avancerons dans la connoissance de l'*Homme de la Nature*, mieux nous remarquerons qu'il ne lui faut d'autres loix que celles de sa position sur le globe et ce que les hommes qui vivent ensemble semblent exiger : partout il vit tranquille et heureux, et il jouit si bien des douceurs de sa liberté sans aucune loi coactive, que son état semble persuader que les loix sont moins établies pour le bonheur de l'homme, que pour le contraindre. Elles ne sont nécessaires que dans une grande société où les mœurs primitives sont dégradées, et où l'intérêt particulier se trouvant trop souvent en opposition avec l'intérêt général, doit être arrêté dans ses entreprises par une autorité si bien établie qu'il n'ose lui résister.

---

périeur. Le roi demanda au paysan pourquoi il refusoit une monnoie qui avoit cours ; le paysan l'ayant reconnu lui répondit durement : *la prends-tu, toi?* Réponse qui fit tourner promptement le dos au monarque, qui en sentit toute la force.

§. XXIV.

Rennes, animaux domestiques; chiens qui tirent les traîneaux; combien utiles et estimés; manière de les atteler.

J'ai parlé plus haut des rennes, comme du seul animal domestique dont se servissent les différens peuples du nord de l'Asie : cependant beaucoup élèvent des chiens pour les mêmes usages et les attèlent depuis six jusqu'à douze, à des traîneaux longs de huit à dix pieds, sur un pied et demi à deux pieds de largeur. Dès qu'ils sont en marche, ils ne cessent de hurler et d'aboyer que lorsqu'ils ont atteint le premier relai. Si la traite est plus longue qu'à l'ordinaire, ils se couchent d'eux-mêmes devant les traîneaux et se reposent un instant. On leur donne un peu de poisson sec, et après ce léger rafraîchissement, ils reprennent leur train jusqu'au relai. On a peine à croire, à moins que de l'avoir vu, avec quelle vitesse ils tirent ces traîneaux. Quatre de ces chiens conduisent aisément en un jour un traîneau chargé de trois cents livres pendant douze ou quinze lieues. Dans toute la partie septentrionale de la vaste région connue sous le nom de Sibérie, on n'a pas d'autre manière de voyager ou de transporter

porter des marchandises, et il y a des relais établis de distance en distance. Plus un voyageur est pressé, plus on attache de chiens à son traîneau. La manière de les atteler est très-bien entendue ; une large courroie est attachée au-devant du traîneau ; il sort d'autres courroies couplées d'espace en espace et qui servent à atteler les chiens, de manière que se trouvant l'un vis-à-vis de l'autre, et à une égale distance, ils tirent sans s'embarrasser et sans être fatigués plus les uns que les autres, parce que marchant d'un pas égal et avec la même ardeur, ils emploient leurs forces, de façon que le poids est également distribué entr'eux.

Ces utiles animaux ne sont pas de la plus grande taille ; ils tiennent du chien du berger, mais ils ont le poil plus épais, plus long, les oreilles droites, l'œil vif et le regard assuré, le poitrail assez large, les pattes et les jarrets forts, la queue fournie de poil, troussée en trompe. On en a d'autant plus de soin, que dans toutes ces régions non-seulement ils servent à tirer ces traîneaux, mais à la nourriture, sur-tout des peuples qui habitent les bords de la *Léna*. Dans certaines cérémonies ils immolent un chien dont ils boivent le sang encore chaud, le font griller et souhaitent d'être traités comme ce chien, si ce dont on les accuse est véritable. Ainsi dans l'état de la nature la plus brute, l'homme exerce son empire sur l'animal le plus fidèle, qui lui est le plus attaché, et presque toujours très-utile. Ce qui est étonnant, c'est que le chien avec les forces que sa taille lui fait présumer, ait assez de courage pour tirer des traîneaux qui doivent le fatiguer d'autant plus qu'il n'est pas soulagé par le mouvement des roues et qu'il est nécessaire qu'il emporte de force le poids qu'il traîne dans des chemins raboteux, d'autant plus difficiles à tenir, qu'ils sont moins fréquentés.

J'ai vu en Bourgogne un petit charriot à quatre roues, portant deux gentilshommes dont un fort gros et au moins de six pieds de haut, attelé de deux chiens que l'on disoit de Sibérie, traîner très-rapidement cette voiture, l'espace d'une demi-lieue; ils ne cessèrent d'aboyer pendant toute la course, on les détacha au bord d'une rivière qui terminoit l'espace; ils se jettèrent tout de suite à l'eau, se reposèrent un moment; on les attela de nouveau et ils repartirent avec la même rapidité. Le chemin étoit très-uni, mais ils traînoient au moins cinq cents pesant. On ne continua pas de s'en servir, on craignit que cet exercice les échauffant trop leur donnât la rage.

On a retrouvé le même usage chez les naturels du nord de la Louisiane ; on en a vu partir pendant l'hiver pour des chasses générales, avec toute leur famille et plus de trois cents chiens d'équipage, non pour s'en servir à la chasse, mais pour traîner leur bagage. Un seul chien attelé à un traîneau conduit les peaux nécessaires à élever une cabane propre à loger dix ou douze personnes ; ils traînent aussi les ustensiles du ménage, tels que les chaudières, les plats de bois, etc. Ils couvrent le dos du chien d'une peau avec son poil, ils le sanglent et lui mettent un poitrail : ils choisissent deux perches, grosses comme le bras, de la longueur de douze pieds ; ils attachent les deux bouts de ces perches, laissant entr'elles un demi-pied de distance, et placent sur la selle du chien la courroie qui lie les deux perches : ils attachent une perche plus petite, pliée circulairement sur les deux autres, derrière le chien, sur laquelle ils disposent leurs charges. Cette façon de traîneaux est moins commode que celle des Tartares, en ce que le chien est obligé de porter et de traîner en même temps ce qui doit le fatiguer davantage, mais il ne court pas et suit le pas de ses maîtres. (Hist. gén. des Voyages, T. 18, *in-*4°., et Histoire de la Louisiane, T. 3.)

§. XXV.

Origine commune des différentes peuplades; hommes sauvage et barbare comparés; comment quelques-uns sont devenus antropophages; exemples à ce sujet; sauvage dénaturé et barbare attaché à ses habitudes.

La manière de vivre de ces sauvages, leurs occupations, leur figure, n'indiquent-elles pas qu'ils ont une origine commune avec les Tartares de la Sibérie septentrionale, et qu'au moins dans cette partie, l'ancien continent étoit joint avec le nouveau, dont il a été séparé par quelque révolution arrivée dans cette partie du globe, depuis très-long-temps, puisque la tradition des deux hémisphères n'en a pas conservé le souvenir? Mais comment a-t-il pu se faire que les premiers habitans du nord de l'Asie, aient conservé la simplicité primitive, la bonté de caractère de l'*Homme de la Nature*, sans le secours d'aucune loi, d'aucune police proprement dite, ainsi que la satisfaction dont on peut jouir en faisant le bien, par la plus heureuse habitude; et que les sauvages américains n'en aient retenu que la même manière de pourvoir à leur subsistance par le moyen de leurs chasses laborieuses et de la pêche, sans avoir conservé aucune des vertus que l'on admire encore dans les Asiatiques septentrionaux, quoiqu'ils soient établis sous un climat beaucoup plus rigoureux que celui de la plupart des sauvages américains? Les premiers vivent dans une paix inaltérable entr'eux et avec les peuples voisins : les autres sont toujours armés, toujours prêts à s'entre-détruire, et portent la fureur de la vengeance jusqu'à ce qu'elle soit pleinement assouvie, par la destruction entière de la nation avec laquelle ils sont en guerre, s'ils ont quelque avantage sur elle. Non contens de faire périr leurs ennemis dans des supplices affreux, qu'une cruauté réfléchie a pu seule inventer, ils portent la rage jusqu'à se repaître de leur chair.

C'est d'après ces idées que l'on doit adopter la distinction entre le sauvage et le barbare : le premier est l'*Homme de la Nature*, le second est l'homme dénaturé. Mais comment est-il tombé dans cette horrible dégradation? A en juger par les causes actuelles de leurs guerres, on doit l'attribuer souvent à la rareté des subsistances, quelquefois à l'orgueil, presque toujours à la jalousie, à la crainte de perdre la liberté. Une nation sauvage ne s'arme contre une autre, que parce qu'elle croit qu'elle est venue mal-à-propos sur un terrein sur lequel elle pensoit avoir seule le droit de chasser. C'est le même motif qui a mis la hache à la main des sauvages voisins des Anglais établis en Amérique, et qui les a conduits si rapidement à leur propre anéantissement.

Comment sont-ils devenus antropophages ? Il est à présumer que, dans quelques circonstances d'une disette extrême, ils furent obligés de se nourrir des cadavres de leurs voisins, de leurs parens morts de faim sous leurs yeux. Telle est l'origine de l'usage des Eskimaux, si bons d'ailleurs, ainsi que nous l'avons observé. Ils mangeoient les animaux tués à la chasse ou qu'ils trouvoient morts dans les forêts; l'extrémité du besoin leur fit entrevoir la même ressource dans les cadavres humains, et ils la mirent en usage: la faim prépara ces festins abominables; la superstition et la vengeance dévorèrent les victimes qui, bientôt après, devinrent le mets le plus délicieux des guerriers, l'holocauste le plus agréable aux yeux du prêtre cruel et sanguinaire, et la preuve de l'abus le plus terrible du pouvoir des pères ou des époux qui, comme chez les *Eskimaux*, s'attribuoient le droit de vie ou de mort sur leurs femmes et sur leurs enfans.

Cette supposition n'est pas imaginaire. On a

donné nouvellement la relation d'un voyage fait en hiver, en 1780, par douze ou quinze Anglais dans le golfe de St.-Laurent en Canada; deux ou trois gagnèrent les habitations de quelques sauvages où ils trouvèrent un abri et de la nourriture : les autres abandonnés sur une plage déserte, couverte de neige, hérissée de glaces, ayant à peine la force d'entretenir le feu qui les garantissoit de la rigueur du froid, n'ayant absolument rien pour se nourrir, animés par le désespoir qu'inspire une situation aussi horrible, prêts à s'entre-dévorer, se jettèrent avidement sur le cadavre du premier d'entr'eux, que la mort qu'ils appelloient tous à leur secours, vint délivrer des maux qu'il souffroit : ils étoient sept : trois moururent à la suite de cet horrible repas, sans doute pour avoir assouvi avec trop de précipitation la faim qui les dévoroit. Les quatre autres furent secourus et ramenés par les sauvages que leurs compagnons envoyèrent à leur secours. Ce fait horrible et dégoûtant prouve que des hommes nés dans un état civilisé ne se portent à de pareilles horreurs, que contraints par la plus impérieuse nécessité : les premiers Espagnols qui tentèrent de s'établir dans l'isthme de Darien, se trouvèrent réduits aux mêmes extrémités, et la dure loi de la nécessité dut leur servir d'excuse. Mais comment se trouve-t-il des hommes assez barbares, pour regarder comme un honneur, comme le fruit de la victoire, de se repaître des membres encore palpitans de leurs ennemis, qu'ils viennent d'immoler par vanité, par une vengeance horrible et cependant réfléchie ? Nous aurons occasion de découvrir les causes morales de ces actes de férocité, en parlant de l'état de guerre habituelle où sont les sauvages entr'eux, même dans les climats les plus fortunés pour eux, dans les Indes orientales de la grande mer du Sud, dont le sol fournit abondamment et sans culture les fruits les plus délicieux ; où les volailles se multiplieroient pour peu qu'ils voulussent les soigner ; où la mer qui les environne fourmille de poissons, qu'ils savent pêcher avec assez d'industrie ; où la race des cochons naturellement si fertile couvriroit bientôt tout le pays, si les naturels savoient user des ressources que le climat et le sol leur présentent de toute part.

On peut observer encore que le sauvage une fois dénaturé et devenu barbare, renonce difficilement à ses habitudes et aux passions dont il se laisse dominer. Quelque sages que fussent les principes que les enfans du soleil proposèrent à observer aux *Natchez*, ils n'en conservèrent pas moins leurs premiers sentimens de barbarie envers les peuplades qu'ils regardoient comme leurs ennemis. Leur société entr'eux devint plus douce, ils acquirent en se réunissant, plus de facilité à développer leur intelligence ; mais étant retournés à leurs anciennes habitudes, sur-tout à se venger de leurs ennemis, et à satisfaire la vanité de leurs chefs, ils ont eux-mêmes précipité le moment de leur destruction totale, quoiqu'ils formassent la nation la plus intéressante de l'Amérique septentrionale. Les Péruviens civilisés par les mêmes moyens, naturellement plus honnêtes, plus humains, subsisteroient encore sous le gouvernement le plus doux, si l'avidité des Espagnols n'eût réduit à rien la monarchie et les sujets.

§. XXVI.

Premières nuances de l'Homme de la Nature; communauté de biens; Ottomacos, sauvages de l'Amérique; comment gouvernés; heureuse vie; regrets pour les morts; polygamie proscrite; singularités de leurs mariages; femmes esclaves; traces intéressantes de la bonté primitive; Salivas, sauvages doux et tranquilles; soin de leur parure; malheur des femmes qui font deux enfans d'une couche; comment ils enterrent leurs morts.

Toutes ces nations que nous regardons comme sauvages et barbares, répandues sur la surface de l'Amérique et dans cette multitude d'îles, dont sont peuplés la grande mer du Sud et l'Océan oriental, paroissent conserver les premières nuances de *l'Homme de la Nature*, tel qu'il devoit être, lorsqu'il a commencé à se réunir en société avec ses semblables. Alors ses idées étoient aussi bornées que ses besoins et ses desirs. Le sentiment qui le dominoit étoit celui de la liberté et de l'indépendance absolue: sans chef, sans maître, *l'Homme de la Nature* ne connoissoit de loi que sa volonté propre: de quelque côté qu'il jettât les yeux, il voyoit les campagnes ouvertes à ses courses, et toutes les productions de la terre à sa disposition. Chaque homme regardoit la terre entière comme son patrimoine. Les qualités sociales en se développant, étendirent un peu ses idées, mais elles restèrent toujours relatives à ce sentiment d'une propriété commune à tous : l'*Homme de la Nature*, loin de se concentrer davantage dans ses intérêts propres, s'en éloigna davantage, et conçut plus fortement l'idée d'un bien commun et général.

« Nos chasses, nos pêches, les fruits que nous recueillerons, se sont-ils dit, tout entre nous sera commun ». Chaque membre de la horde sauvage se dit à lui-même et sa conduite est la preuve de ce sentiment.... « Quand mes travaux n'auront pas répondu à mes espérances, les autres me fourniront ce qui me manquera; je pourrai les secourir à mon tour, quand ils auront perdu le produit de leurs travaux ou de leurs chasses ; je partagerai avec eux le gibier que j'ai tué, le poisson que j'aurai pris, les fruits que j'aurai recueillis ». Tels ont été les sentimens inspirés à ces peuples, sur les idées d'une propriété commune, et tels furent en conséquence les motifs de leur conduite; c'est ce qui leur a formé un caractère particulier et estimable à bien des égards. On peut donc regarder cette espèce de police, ces usages, cette bienfaisance comme naturelles chez beaucoup de peuples qui habitent entre les tropiques.

Aucun d'eux cependant n'est parvenu à quelqu'art, à quelque civilisation qui les élève au-dessus de l'état de la simple nature qui les tient au rang des sauvages. La cause en est toute simple : la chaleur toujours égale du climat sous la zone torride, la fertilité naturelle du sol, qui produit en abondance des fruits sains, nourrissans, agréables au goût, leur procurent tous les moyens nécessaires pour jouir en paix des douceurs de l'oisiveté et des bienfaits de la nature : des moissons, des vêtemens, des magasins leur sont parfaitement inutiles ; ils ne sont jamais aiguillonnés par la nécessité ; ils n'ont, à vrai dire, ni biens, ni possessions particulières. La propriété est générale dans les îles où les peuplades sont séparées les unes des autres par des bornes fixes et invariables ; les habitans sont isolés, ainsi il ne doit que rarement arriver des querelles parmi eux, qui exigent une autorité, une police qui les protège, et qui mette les uns à l'abri de l'entreprise des autres.

Dans quelques régions de l'Amérique septentrionale, situées entre les tropiques, on trouve à-peu-près les mêmes usages, la même communauté de biens et d'industrie, reçue et établie, dont l'unique objet est de maintenir une propriété commune. Le cacique ou chef des Ottomacos, nation indienne, qui habite les bords de l'Orénoque, commande chaque jour un certain nombre de ses sujets qui doivent faire une chasse ou une pêche commune à toute la peuplade. Le lendemain, ceux-ci se reposent et sont remplacés par d'autres dans cet utile exercice. Les chasseurs et les pêcheurs déposent les fruits de leurs travaux à la porte du chef qui distribue les provisions à chaque père de famille, à proportion du nombre de leurs enfans. Ainsi cette nation ne compose qu'une nombreuse famille, qui, assurée de sa subsistance, passe ses jours dans les festins et les danses. Ces usages n'ont certainement rien de sauvage et de barbare; ils annoncent une gaîté habituelle, et dans le peuple une insouciance qui paroît être le caractère général de tous les sauvages habitant les régions fertiles de la zone torride. Ceux-ci sont néanmoins au-dessus des autres, d'abord par cette distribution égale de moyens de subsistance, et sur-tout par des sentimens d'humanité, rares même parmi les nations les plus instruites et les mieux civilisées. L'emploi de leurs journées est distribué dans un ordre, dont rarement ils s'écartent : ils devancent de trois heures le lever de l'aurore, et ce temps est consacré à déplorer la perte de leurs parens et de leurs amis : leur douleur paroît réelle, ils font retentir la contrée de leurs plaintes et de leurs gémissemens; les larmes coulent en abondance. On croiroit alors toute la peuplade au moment d'éprouver un désastre général et inévitable ; sans doute que l'obscurité de la nuit leur imprime une idée plus forte, plus de terreur de la mort et des peines qu'elle occasionne ; mais les premiers rayons du soleil sèchent les larmes, ramènent la joie et préparent des plaisirs pour le beau jour qu'ils annoncent.

La polygamie est proscrite chez cette nation : c'est le cacique qui arrange les mariages ; et par une tradition que les vieillards intéressés à la maintenir, font observer avec rigueur, le cacique ne donne aux jeunes hommes que de vieilles femmes ; les jeunes sont le partage des anciens : ils prétendent que ce seroit mettre deux insensés dans une même maison, que d'unir deux jeunes personnes : la vieille femme déjà instruite de la façon dont il faut conduire un ménage, formera son époux, qui n'est auprès d'elle qu'un esclave soumis et respectueux. Les jeunes gens prennent patience, et se consolent par l'espérance qu'ils seront bientôt délivrés de leur gouvernante incommode. Après cette épreuve plus ou moins longue, ils sont en droit de se choisir une jeune femme, parce que le premier mariage a dû leur donner la prudence et les qualités nécessaires pour entretenir le bon ordre dans leurs maisons. Il est douteux que cette police soit bien propre à entretenir la population, elle est contre le vœu de la nature; il est difficile de deviner ce qui a pu y donner lieu : car parmi ces peuples comme chez tous les sauvages, les femmes y sont regardées comme des esclaves. C'est sur elles que tombe tout le poids du travail domestique, tel que la culture des racines et de quelques grains qu'elles soignent autour de leurs cabanes dans les régions les plus tempérées, le soin des enfans, la préparation des alimens. Un sauvage qui a pris quelques poissons, tué quelque bête fauve, se regarde comme un être fort supérieur à sa femme, il a droit de lui commander et de ne rien faire. Il n'y en a point qui n'imagine quelque moyen de la tenir dans la sujétion la plus entière.

On ne retrouve pas sans un sentiment intérieur de satisfaction, ces traces aimables de la bonté primitive de l'*Homme de la Nature*. On s'arrête avec plaisir sur le spectacle intéressant d'une société, où règne l'égalité la plus parfaite; dont le chef ne doit être considéré que comme un père de famille équitable qui ne s'occupe qu'à y maintenir le bon ordre et l'aisance; où le travail commun est partagé entre tous les membres de la société, où l'on ne voit ni riche ni pauvre; en un mot, où tout est égal, où la tranquillité doit être constante ; car il n'est pas à présumer que les mariages singuliers des jeunes gens avec les femmes âgées, donnent à celles-ci une autorité dont elles n'ont jamais joui dans l'état de nature.

Une autre peuplade des bords de l'Orenoque, connue sous le nom des *Salivas*, montre le caractère le plus doux, mais peut-être le plus singulier que l'on ait observé parmi les sauvages. On dit que cette nation étoit autrefois nombreuse, mais qu'elle est réduite à quelques familles encore considérables qui s'occupent principalement à se soustraire aux entreprises de leurs ennemis. Lorsqu'on les exhorte à repousser leurs attaques, ils répondent tranquillement : nos ancêtres n'ont jamais aimé la guerre; leur exemple est une loi pour nous ; l'amour de la paix est un bien qu'ils nous ont transmis. Cependant ils sont curieux d'avoir les armes les plus brillantes et les mieux travaillées ; mais dont ils ne font usage que pour la chasse. On pourroit les regarder comme les petits-maîtres de l'espèce des sauvages. Ils aimeroient mieux recevoir une blessure, que de voir leur chevelure dérangée ; ils se font laver plusieurs fois le jour par leurs femmes. On ne nous dit pas si les agrémens de leur figure méritent ces soins.

Un trait bien propre à caractériser l'ignorance de ce peuple, c'est qu'une femme qui devient mère

mère de deux enfans à-la-fois, est exposée au ressentiment de son époux, qui la soupçonne d'infidélité. On annonça au chef de la peuplade que sa femme étoit accouchée de deux enfans à-la-fois ; il se crut déshonoré. Quelques jours après, il assembla toutes les femmes, menant la sienne à leur tête ; il leur intima une défense expresse de donner désormais deux enfans à-la-fois à leurs maris : et pour les convaincre que la menace n'étoit pas vaine et frivole, il commença par punir sa femme de l'affront qu'elle lui avoit fait. Aussi ces indiennes, quand elles se sentent au terme de leur accouchement, se retirent loin de toute habitation, afin que si elles étoient assez malheureuses pour augmenter leurs familles de deux nouveaux individus, elles aient la facilité d'en étouffer un pour se soustraire au châtiment et à l'espèce d'infamie qui en résulteroit pour elles.

Les morts de cette peuplade sont enterrés en grande cérémonie : dès que l'on approche du convoi funèbre, on est obligé de se joindre à la troupe des pleureurs et des pleureuses, sans quoi l'on courroit risque d'être maltraité par les parens et les amis du défunt. On ne réserve rien de ce qui lui appartient ; on arrache ce qu'il avoit semé ; on renverse sa cabane, et personne n'oseroit y demeurer : on ne doute pas que le mort indigné, ne vînt bientôt enlever le nouvel habitant.

§. XXVII.

Causes de l'ignorance des sauvages ; comment leurs préjugés se conservent.

Ces opinions, ces coutumes singulières et bizarres qui mettent tant de variétés dans l'existence morale de ces peuplades, prouvent qu'elles se sont formées par autant de familles séparées qui ont adopté des préjugés qu'elles ont conservés avec soin et qui sont devenus la règle de leur conduite. Et c'est moins la raison naturelle de l'homme qui les a fait naître, que le desir de se distinguer des autres. La vanité, l'appanage ordinaire de l'ignorance, a d'abord obscurci la raison du sauvage, et l'a ensuite corrompu. Si les uns en ont plus abusé que les autres, et ont adopté des usages plus opposés au bien général de l'humanité, on peut en attribuer les causes à la position où ils se sont trouvés sur le globe, au plus ou moins de facilité de subvenir aux besoins de première nécessité.

Mais par quels moyens se sont conservés les préjugés, les opinions nationales ? par la tradition, l'impression que font sur l'esprit des enfans l'autorité des pères, les principes d'une éducation superstitieuse, l'habitude et sur-tout le pouvoir de l'exemple. Ces principes une fois gravés dans le cœur ne peuvent être effacés. C'est par le même canal que se transmettent également les vérités et les erreurs, et qu'elles deviennent règles de conduite. Nos sauvages ignorans et crédules, et tous assez vains, jugent moins des choses par l'impression qu'elles font sur leur esprit, que par celle qu'elles font sur l'esprit des autres. Ils sont témoins de l'avide attention que l'on accorde aux récits de leurs anciens; de la considération dont ils jouissent; et ils aspirent à devenir à leur tour, sinon les maîtres et les chefs, du moins les instituteurs de leurs semblables. Si dans toutes les sociétés les mieux civilisées, la manière, le ton dont on parle des différens objets qui en intéressent les membres, ajoutent tant à ce qu'ils ont de réel; combien cet effet doit-il être plus fort, plus constant sur des nations ignorantes, grossières, paresseuses, aussi bornées dans leurs idées, que leurs conceptions sont étroites! Il ne faut donc pas être surpris, qu'ils défendent leurs préjugés au péril même de leur vie, et que la différence qui s'y trouve de nation à nation, établisse d'ordinaire parmi elles des aversions insurmontables et des sources de guerres qui ne se terminent que par la destruction des unes ou des autres, ou qui en occasionnent la dispersion, de manière que quand elles ne sont pas totalement anéanties, elles sont forcées de chercher des établissemens plus tranquilles dans des régions désertes, où elles deviennent la tige d'une nouvelle nation, que la nécessité des circonstances contraint souvent d'adopter d'autres usages.

§. XXVIII.

Qualités distinctives de quelques sauvages: Tépéaques de l'Amérique: leur politesse et intelligence: Tlascalans, nation brave: ses usages et mœurs: République sage: ses coutumes comparées à celles des Républiques de l'Europe: pluralité des femmes: aventure singulière d'un hermaphrodite: sauvages combattoient nuds quoiqu'habillés en autre temps: circonstances qui ont fait naître les mêmes usages: défauts essentiels de ces usages: ce que les sauvages savent de cette origine.

Ce qui mérite le plus d'être remarqué, c'est que plusieurs de ces petites nations sauvages ont conservé dans les ténèbres de la barbarie, et les désordres des révolutions auxquels elles ont été exposées, des institutions qui paroissent avoir appartenu aux peuples les mieux civilisés.

Les Tépéaques qui du nord de l'Amérique sont venus s'établir dans la région qu'ils occupent aujourd'hui à l'orient du Mexique qui étoit alors déserte, ont une sorte de politesse et d'intelligence qui les distingue de tous les autres peuples du Mexique : ils adorent une idole armée d'un arc et d'une flèche, mais ils ne reconnoissent point un Dieu suprême créateur de l'univers : les éclairs, la foudre et tous les météores passent parmi eux pour des esprits descendus du ciel qui viennent observer la conduite des hommes, punir quelquefois le crime et veiller à la conservation du monde. L'éducation des enfans et le bon ordre de la police font leur principal soin. Ils sont gouvernés au nom de leur cacique ou chef par quatre juges qui tiennent leurs séances dans un grand hangard, où non-seulement les causes sont décidées sur-le-champ, mais où les sentences de mort s'exécutent à leurs yeux. Les crimes capitaux sont parmi eux, l'homicide, l'adultère, le vol et le mensonge, qu'ils regardent comme les plus nuisibles à la société.

Les Tlascalans qui vivoient en république sur les frontières occidentales du Mexique, étoient une nation brave et fidelle, où l'amour de la liberté dominoit, et qui étoit soutenue par la valeur et la justice. Ils imitoient adroitement toutes les inventions qui leur paroissoient utiles; quoique leur éducation fût sévère, c'étoit cependant l'amour réciproque des pères et des enfans qui en étoit la base. Le mensonge parmi eux étoit puni de mort, mais ils le pardonnoient dans un étranger qu'ils ne croyoient pas capable de la même perfection qu'un *Tlascalan*. Aussi tous leurs traités publics s'exécutoient-ils de bonne foi; la franchise ne régnoit pas moins dans leur commerce, et c'étoit un sujet d'opprobre pour les marchands que d'emprunter de l'argent ou des denrées, parce que l'emprunteur d'habitude s'expose trop légèrement à la honte de ne pouvoir pas rendre. Les vieillards étoient respectés et chéris: les jeunes gens des premières familles de la république qui manquoient de respect et de soumission pour leurs pères, étoient étranglés par un ordre secret du sénat, comme des monstres qui pouvoient devenir pernicieux à l'état lorsqu'ils seroient appelés à le gouverner. Ceux qui donnoient de mauvais exemples au public, par quelque désordre qui ne méritoit pas la mort, étoient relégués aux frontières avec défense de rentrer dans l'intérieur du pays, et c'étoit le plus honteux des châtimens, parce qu'il supposoit des vices dont on craignoit la contagion. On faisoit mourir les traîtres avec tous leurs parens jusqu'au septième degré, dans l'idée qu'un crime si noir ne pouvoit venir à l'esprit de personne, s'il n'y étoit poussé par l'inclination du sang. Les désordres sensuels qui blessent et insultent la nature étoient punis de mort, comme autant d'obstacles à la propagation des citoyens dans le nombre desquels la république faisoit consister sa force. Entre les reproches qu'ils faisoient aux Mexicains, ils regardoient comme le plus grave d'avoir infecté leur nation de ce détestable goût : ils punissoient rigoureusement l'adultère et le vol ; l'ivrognerie étoit si sévèrement défendue qu'il n'étoit permis de boire des liqueurs fortes qu'aux vieillards qui avoient épuisé leurs forces dans la profession des armes. Le luxe de la table et celui des habits ne pouvoient occasionner d'excès dans un pays peu riche par lui-même et où l'on ne trouvoit que les choses de première nécessité. Cependant les loix y avoient pourvu en empêchant l'importation de tout ce qui pouvoit être matière de luxe ; il n'étoit permis d'en user qu'à ceux qui en avoient conquis quelqu'objet sur l'ennemi.

Si nous réfléchissons un moment sur les différens usages admis par quelques sociétés de sauvages dont nous venons de parler, nous ne pouvons leur refuser une sorte d'admiration ; ils ont presque tous été inspirés par la raison la plus pure ; tous n'ont eu que le bien de l'humanité pour objet, mais qui ne convenoit qu'à l'état primitif, où les sociétés étoient très-bornées, et tous leurs membres égaux...... Les loix de Lacédémone étoient-elles plus sages, mieux conçues que celles des Tlascalans ? Leur premier législateur, ainsi que Lycurgue, avoit espéré que rien ne seroit capable d'ébranler une république dont la liberté étoit défendue par la constitution même ; où chacun avoit droit au gouvernement et étoit intéressé à le maintenir dans sa force et son intégrité. On y retrouve les mêmes vues que dans la confédération qui unissoit entr'eux les cantons Suisses, et par rapport à la distinction des rangs la même soumission dans les chefs aux loix fondamentales de l'état, que l'on remarquoit autrefois parmi les nobles Vénitiens (1). Mais que de choses à

_____

(1) On peut citer d'autres usages des Tlascalans, qui ont un rapport très-marqué à ce ceux de l'ancienne république de Venise. Plusieurs personnages d'un rang distingué pour se garantir de la tyrannie de leurs Caciques, s'étoient retirés à Tlascala, et y avoient été reçus, à la seule condition de se conformer aux loix : ils y formèrent soixante familles, auxquelles on conserva des distinctions qu'ils méritèrent par leur bravoure ou la sagesse de leurs conseils. Les riches marchands jouissoient aussi d'une considération qui les élevoit par degrés au même

rejetter dans les associations qui ne sont formées que sur l'exigence des temps, des lieux ou des circonstances ; où la nature est abandonnée à elle-même et où l'on méprise les justes loix qu'elle grave dans nos cœurs !

Parmi les coutumes des Tlascalans il en est plusieurs qui ne méritoient pas d'être respectées, parce qu'elles décéloient une origine barbare. Que de traits dans leurs mœurs qui les mettoient de niveau avec les sauvages les plus grossiers ! Ils avoient pris des Mexicains leurs ennemis irréconciliables, l'abominable usage de sacrifier leurs ennemis et d'en manger la chair. Non-seulement les loix permettoient la pluralité des femmes, mais elles y exhortoient ceux qui en pouvoient nourrir plus d'une : (Herrera, decadi 11, L. 6.) raconte qu'un des chefs principaux de la république en avoit cinq cents, dont deux seulement portoient le titre d'épouses; elles étoient respectées des autres, qui n'étoient regardées que comme concubines, et de leur mari, au point qu'il ne pouvoit approcher de ces femmes du second ordre sans les en avoir

---

rang que les premières familles ou les nobles ; si, après avoir obtenu cet honneur, ils retomboient dans la pauvreté, il ne leur étoit plus permis d'exercer aucune profession méchanique.

averties, et sans leur agrément. Au moment où les enfans naissoient, on les plongeoit dans l'eau froide ; les mères s'y lavoient aussi dès qu'elles étoient délivrées, et elles étoient chargées du soin d'élever leurs enfans avec autant de modestie que de propreté : ce chef dont nous venons de parler, que Herrera nomme *Xicotencatl*, conçut de la passion pour une jeune fille fort belle, la demanda pour femme et il la logea avec les autres. Elle avoit les deux sexes ; et après avoir passé quelque temps avec ses compagnes, le sexe masculin se développa avec tant d'avantage, que le chef ayant été absent pendant une année, plus de vingt de ses femmes se trouvèrent grosses à son retour ; cette fécondité inattendue répandit l'alarme parmi toutes les femmes ; le maître ne pouvoit s'en prendre qu'à lui d'avoir renfermé avec elles un hermaphrodite, ou plutôt un jeune homme, qu'il croyoit une femme. Il ne fit pas mourir celles qui se trouvèrent grosses, il les répudia ; quant à l'hermaphrodite, il fut exposé à la vue du public et conduit au lieu destiné au supplice des malfaiteurs, où il fut tout-à-fait dépouillé de ses habits ; il eut le côté ouvert avec un caillou aigu, après quoi on le fit sortir, le laissant aller où son sort le conduiroit : il cherchoit à s'enfuir tout ensanglanté, mais les enfans l'ayant poursuivi dans un assez long espace à coups de pierres, il tomba et rendit le dernier soupir. Ce fut ainsi que les sages de la nation crurent devoir punir cet adultère de nouvelle espèce.

Une singularité remarquable dans les usages de ce peuple, c'est que portant une espèce de vêtement ou de pièce d'étoffe dont il se couvroit le corps en temps de paix, et lorsqu'il étoit rassemblé dans le lieu principal de la résidence, il n'alloit à la guerre et ne combattoit que nud et le corps peint de figures les plus hideuses. Les chefs seuls étoient revêtus de cottes d'armes tissues de coton, garnies de figures les plus propres à effrayer l'ennemi, avec des casques légers surmontés de belles plumes et des joyaux les plus précieux qu'ils pussent avoir. Ils savoient défendre leurs camps par des retranchemens et des fossés garnis d'espèces de chausse-trappes recouvertes légèrement de terre, qui arrêtoient ceux qui tentoient de s'approcher de leurs camps, pour les forcer.

On ne voit rien de barbare ni de sauvage dans ces institutions; on n'y trouve que l'*Homme de la Nature* qui, sans trop s'écarter de ses loix, s'est appliqué à les rendre aussi utiles à la société naissante qu'il pouvoit l'imaginer, sans craindre de les altérer lorsque l'intérêt de ses passions sembloit l'exiger. Cependant combien de ces usages sont contraires au bon ordre, à la décence, au bonheur même de la société! Nous verrons ailleurs, en parlant des pratiques religieuses des Tlascalans, combien leur imagination s'est égarée dans le système de religion et de morale qu'ils s'étoient formé, et qui ne leur avoit été inspiré que par leurs passions. Nous y remarquerons des rapports singuliers avec la théologie des Grecs.

Seroit-il donc vraisemblable que les mêmes circonstances eussent fait naître dans des régions si éloignées les unes des autres, sous des climats très-différens, où les moyens de subsistance n'ont jamais été les mêmes, des idées religieuses et morales, des principes de civilisation, qui dans leur barbarie font retrouver par-tout les sentimens et la conduite de l'*Homme de la Nature*, que les passions écartent de la simplicité des loix primitives?

Car si nous portons un œil observateur, et que nous examinions en détail les idées que peuvent donner de leur moralité, de leur conduite, des principes d'union qui subsistent entre les différentes peuplades des sauvages répandues sur la surface du globe; qu'y remarquerions-nous? d'abord l'usage et l'attachement à cette propriété générale qui paroît être le premier sentiment de l'*Homme de la Nature* : mais de combien de vices il est accompagné, et que l'espèce de relation que ces sauvages ont de nation à nation, et souvent de famille à famille, devient dangereuse ! En général ils sont tous ignorans, paresseux, intempérans, et ce qui en est une suite, soupçonneux, méchans et perfides. Ils n'ont de raisonnement et de constance que pour exercer leurs vengeances générales ou particulières. Dissimulés à l'excès, ils couvrent d'un air tranquille les plus noirs complots et ils manquent rarement l'occasion de les exécuter : ils ont l'aversion la plus marquée pour tout ce qui peut les gêner et les contraindre, et on verroit plutôt un homme né et élevé dans l'état le mieux policé, s'accoutumer à la vie libre, mais pénible, de l'*Homme de la Nature*, qu'un sauvage s'assujettir aux devoirs de la société civilisée, quelques avantages qu'elle lui présentât.

Si on les interroge sur leur origine, les uns montrent des rochers dont ils prétendent que leurs ancêtres descendent, ce qui indique un souvenir confus d'une inondation générale, pendant laquelle ils se réfugièrent sur le sommet des montagnes, d'où ils se répandirent dans les plaines à mesure que les eaux se retirèrent; ou plutôt n'est-ce pas cette même tradition, si généralement répandue qu'elle peut être regardée comme l'état primitif où s'est trouvé le globe terrestre avant la propagation de l'espèce humaine ? D'autres répondent que la terre produisoit autrefois des hommes, mais qu'elle ne porte plus maintenant que des ronces : stérilité qui occasionne peut-être les regrets que font paroître tous les jours plusieurs peuplades sur les pertes que la mort leur fait éprouver. Elles voient leur nombre diminuer, leur puissance s'affoiblir, et cependant elles sont presque continuellement en guerre avec les nations voisines, ce qui ne peut que les anéantir, en les faisant succomber sous les coups d'un ennemi supérieur en forces, qui les détruira, jusqu'à ce qu'il éprouve le même sort par quelque grande calamité ou par quelqu'autre accident, contre lequel il ne prend lui-même aucune précaution.

§. XXIX.

Réflexions sur la moralité des sauvages : indifférence sur la réputation et la vie : pourquoi ils n'ont rien inventé ou perfectionné dans les climats les plus heureux : ce qu'ils y sont encore : les plus barbares s'entre-détruisent.

L'homme civilisé capable de réfléchir et d'observer, ne peut voir sans étonnement cette multitude de petits peuples répandus dans toutes les parties de la terre, que l'on regarde comme sauvages parce qu'ils existent encore tels que leurs premiers ancêtres sont sortis des mains de la nature, ou tels qu'ils y sont retombés, après avoir éprouvé quelques-unes de ces grandes révolutions, qui entraînent à leur suite un désordre, une confusion qui ne laissent d'autres ressources à ceux qui y échappent, que celles que la nature offre au reste des animaux; cette manière de vivre que la nécessité les force d'adopter, et à laquelle ils s'habituent, à mesure que les qualités distinctives de l'homme s'altèrent en eux.

Etant bientôt arrivés aux moyens de satisfaire les besoins de nécessité première, très-peu sont allés plus loin : presque tous ceux que l'on connoît n'éprouvent de sensations vives que de la part des objets qui ont un rapport immédiat avec ces besoins ; les goûts, les passions qu'ils font naître, tout ce qui n'y a point de rapport n'est ni vu ni senti, il n'en reste aucun vestige dans leur imagination ou leur souvenir.

Réunis par le hasard, ils jouissent en commun des biens que leur offre la nature ; ils n'imaginent pas que leur industrie puisse en augmenter la fécondité ; ils s'en tiennent aux rapports les plus simples que les effets de la nature ont avec leur manière d'exister. Ils les ont vus comme ils se présentoient à eux sans remonter à leurs causes. Rien de ce qui les environne ne les surprend, rien ne peut les porter à réfléchir. Ils paroissent incapables de s'occuper des relations qui peuvent exister entr'eux et leurs semblables, la nature et ses productions, leur intérêt particulier et l'intérêt général.

Environnés de la reproduction des êtres et des merveilles de la nature, qui, dans ces heureux climats, se présentent sans cesse avec toute leur magnificence, ils les voient indifféremment, parce qu'elles paroissent toujours avec la même régularité. Leurs yeux y sont accoutumés, leur entendement s'en occupe peu. Ce qu'ils voient existoit sans doute avant eux ;

eux; ils ne doutent pas qu'il n'existe de même après: la jouissance du moment est tout ce qui les intéresse et les occupe. Le sauvage est un être qui demeure dans une enfance perpétuelle, et qui n'en sortiroit pas si on n'excitoit en lui des devoirs qui contribuent à l'en tirer. Que penser de l'espèce de société que quelques-uns paroissent former entr'eux, puisqu'elle ne les conduit à aucune découverte, à aucune entreprise capable d'améliorer leur sort? Réunis en apparence, ils sont isolés dans le fait: dès qu'ils ont de quoi satisfaire les premiers besoins ils ne cherchent rien, ils ne desirent rien; mais si lorsque la faim les presse, ou si quelque danger les menace, ils ont le bonheur de se soustraire à leur funeste influence, ils ne songent plus à l'avenir et on ne les voit rien imaginer, rien prévoir, rien opposer aux calamités futures.

Si le sauvage regarde en arrière, pour considérer son origine, ce qui est fort rare, il s'en tient à quelques traditions absurdes qui lui ont été transmises par ses ancêtres.

Le guerrier le plus fameux, ou chef le plus accrédité, s'est-il jamais occupé de l'influence que ses actions auroient sur la postérité, et le jugement que ses nationaux porteroient de lui, lorsqu'il n'existeroit plus? Il est incapable de porter ses vues aussi loin : il marche et combat pour vaincre et se venger ; mais il paroît indifférent sur le succès de son entreprise ; il n'est jamais troublé par la crainte d'une défaite, et de la mort cruelle qui la suit : blessé, il tombe sans se plaindre ; captif, il contemple son ennemi d'un air effaré ; sur le lit de douleur, au moment de son supplice il paroît indifférent. S'il est vengé, il célèbre alors même par des chants l'acte heureux de la vengeance ; s'il ne l'est pas, il espère que ses compatriotes vengeront sa mort ; cette idée lui suffit, il meurt content et satisfait.

Tel est en général l'*Homme de la Nature*, même réuni à ses semblables, et formant avec eux une petite société. Tels sont les naturels de la Nouvelle-Zélande, des îles qui les avoisinent, de ces différentes peuplades assez nombreuses qui habitent les îles orientales de la mer du Sud : on reconnoît en eux les mœurs et les habitudes de tous les *Hommes de la Nature* à la naissance des sociétés.

La plupart de ces grandes îles doivent être habitées depuis long-temps. Sous un climat heureux, sur un sol fécond, n'ayant rien à redouter des ravages, des inondations et de la fureur des volcans, dans une température qui répond à celle des régions de l'Asie, les plus anciennement peuplées et les plus fertiles ; on est étonné de trouver des hommes qui aient fait aussi peu d'efforts pour s'instruire, pour répondre aux invitations de la nature la plus riche, multiplier ses productions spontanées et les perfectionner. Ils sont encore pour la plupart dans l'état de confusion où dut les jeter la grande révolution qui les a séparés du continent. S'ils avoient alors quelques germes de connoissance ou d'industrie, ils ont été tellement négligés, dans les premiers temps qui ont suivi cette révolution, qu'ils en ont perdu tout souvenir, tout usage. Ils se sont contentés du nécessaire le plus indispensable, tel que le présentoit un sol qui avoit conservé toute sa fertilité première. Une température douce et constamment égale, un ciel presque toujours serein, n'exigeoient ni vêtemens ni habitations. Le premier arbre mettoit à l'abri de l'ardeur du soleil ; quelques branches entrelacées garantissoient de l'incommodité de la pluie ou de l'impétuosité des vents. La plupart de ces peuples ont conservé ces habitudes qui n'exigent ni soins ni travaux. La perfection de l'industrie fut pour eux de construire des pirogues et quelques instrumens qui leur procuroient plus aisément les subsistances que la mer renferme dans ses eaux. Il leur auroit été facile de multiplier les volailles et les cochons qui se font à tous les climats, et qu'il est si aisé de nourrir. Les familles privilégiées ont eu seules l'avantage d'en concevoir l'idée : le gros de la nation laisse en friche quantité de terreins qui n'attendent que la main de l'homme et son plus léger travail pour donner en plus grande abondance d'excellens fruits, des racines succulentes. Les oiseaux et les quadrupèdes qui seroient pour lui une source de jouissances et de richesses, languissent dans les hameaux ou vivent comme les fauves errans et délaissés. Tant il est vrai que moins l'homme entreprend, moins il fait et moins il jouit... Telle est la force de l'habitude chez presque tous les peuples nouvellement découverts entre les tropiques. Aucun d'eux n'est parvenu à quelque art, à quelque police remarquable : ils ont toujours été guidés par l'instinct de la nature et par la coutume. Cette simplicité d'existence sociale les a fait regarder avec quelque raison par les Européens comme de vrais sauvages ; et comment auroient-ils pu songer à améliorer leur existence, à des loix sociales, à la perfection des arts ? Ils ont rarement senti l'aiguillon des besoins ou de la nécessité : ils n'ont même ni biens ni possessions particulières ; la terre qu'ils habitent est à tous, et les bienfaits de la nature sont à leurs yeux la propriété commune. Là où les biens sont en commun, il est peu nécessaire de recourir à la force des loix, à la vigilance d'une police, à l'intelligence des chefs, au conseil des vieillards.

Si l'on considère encore à présent les naturels de la plupart de ces îles, ils sont presque tous plongés dans les ténèbres d'une ignorance si profonde qu'ils semblent exclus de la jouissance des prérogatives qui élèvent l'homme au-dessus du reste des animaux. Dans les îles de la Société et celles qui les avoisinent, situées sous le même climat, les naturels, avec une apparence de civilisation et quelques distinctions de rangs, sont tellement livrés à l'instinct brutal qui les porte à satisfaire leurs appétits, que les chefs même de la nation ne semblent élevés au-dessus des autres que pour s'y livrer avec moins de retenue.

Chez d'autres insulaires, la grossièreté, suite de l'ignorance et de l'oubli des devoirs, a relâché parmi eux tous les liens de la société; les mœurs sont dégénérées en habitudes qui leur inspirent la défiance des uns des autres, les retiennent dans cet état habituel de guerres barbares, ou plutôt de férocité réciproque qui ne s'assouvit que dans le sang, et en dévorant les membres palpitans de leurs semblables, qu'ils regardent comme leurs ennemis. Cette fureur d'une peuplade contre une autre, se perpétue de race en race; et les naturels d'une île qui se sont une fois armés contre une autre, de temps en temps renouvellent leurs expéditions meurtrières, les vaincus pour se venger, les vainqueurs par ostentation, et pour faire preuve de bravoure ou d'une assurance, l'annonce ordinaire de la victoire.

Car ce n'est pas pour conquérir que ces sauvages se font la guerre, les vainqueurs et les vaincus se retirent également chez eux après le combat : tout l'avantage est de rapporter le corps des chefs vaincus, et d'en faire un horrible festin, ainsi que nous le dirons ailleurs, en parlant de l'état habituel de guerre de ces nations que ces actes horribles doivent nous faire regarder comme barbares.

Tels sont les hommes dans l'état de nature, sans principes d'éducation ou de morale, la plupart réduits à une vie solitaire et sauvage, uniquement occupés à satisfaire ce qu'exige d'eux l'instinct de leur conservation et de leur reproduction : ils n'offrent au lieu de ces qualités distinctives et sociales, attachées à la nature cultivée, que des êtres au-dessous même des bêtes fauves qu'ils poursuivent; fidèles aux loix inspirées par la nature, tandis que l'homme social les foule tous les jours aux pieds, et méprise ses saintes loix.

§. XXX.

*Monumens remarquables : preuves d'ancienne population : grandes révolutions dégradent l'*Homme *de la Nature et le rendent barbare : Chiriguanes, nation sauvage, inconstante : naturels de la terre de Feu : leur brutalité.*

Dans les vastes régions de l'Amérique septentrionale, habitées par quelques peuplades éparses de ces forêts ou sur les rades des grands fleuves, qui ne se rapprochent que pour s'entre-détruire, la plupart de ces nations connues dans ce siècle et dans le précédent ne subsistent plus, ou sont réduites à un si petit nombre qu'elles seront bientôt anéanties par les guerres qu'elles se font avec l'opiniâtreté qu'inspire l'ardeur de la vengeance, leur passion dominante.

Mais comment en sont-elles venues à ce point de dégradation? Ces monumens de civilisation dont on rencontre de temps en temps d'énormes débris; ces restes de villes bâties avec une sorte de magnificence, voilà des témoignages parlans que ces déserts ont été autrefois peuplés par des nations nombreuses et puissantes, par des sociétés florissantes qui furent autrefois et ne sont plus (1).

Voilà les grands fruits des conjectures hasardées sur les causes puissantes qui ont pro-

---

(1) Le colonel Parsons, anglais, de retour d'une expédition faite sur les derrières de Connecticut, pour examiner la position des sauvages, en faisant creuser les fossés d'un nouveau fort sur le Chio, à 600 milles à l'ouest du fort Pitt, a découvert un ouvrage régulier de maçonnerie en brique, dont une partie étoit bien conservée; il a trouvé aussi les ruines d'un fort dont il a reconnu les fossés et les portes, avec un aqueduc. Plus loin se voient encore les ruines d'une ville, et celles d'une immense pyramide, destinée vraisemblablement à servir de temple ou de catacombe : trois crues d'arbres qu'il a observés sur cette dernière, peuvent faire juger de son antiquité; et on a lieu de présumer que les ouvrages les plus récens que présentent ces ruines, doivent dater au moins de 600 années. Il a trouvé en terre un fragment de mâchoire, l'une desquelles pèse cinq onces. Il a mesuré un fémur qui avoit quatre pieds cinq pouces de long : les sauvages les plus âgés ne connoissent point d'animal qui soit dans cette proportion ; mais ils ont une tradition selon laquelle il y avoit autrefois dans leur pays une grande bête, qui dévoroit les cerfs et les ours: nulle puissance humaine ne pouvoit attenter à ses jours; il falloit que la foudre du grand Etre touché de compassion, vint frapper ce terrible animal, ce qui fut effectué ».

duit des révolutions dont les résultats ont amené des catastrophes horribles, dont les causes et les effets resteront probablement enveloppés dans une nuit profonde (1).

Ce que l'on peut imaginer de plus vraisemblable à ce sujet, c'est que les suites de ces grandes révolutions de la nature, sont un dé-

---

(1) La quantité d'anciens forts trouvés dans le pays de Kentucky fait l'admiration des curieux, et donne lieu à une infinité de conjectures : ils sont pour la plupart de forme circulaire, et situés dans des lieux forts par leur position, et près de l'eau. On ignore quand, par qui et pour quel objet ils ont été bâtis ; il est certain qu'ils sont très-anciens, puisqu'on n'apperçoit aucune différence pour l'âge, la grosseur, entre les arbres qui renferment ces forts ou ceux qui sont aux environs. Les plus âgés des naturels n'ont conservé aucune tradition à cet égard. Ces édifices doivent être l'ouvrage d'un peuple beaucoup plus actif et plus éclairé que ne le sont les sauvages actuels ; et il est difficile de concevoir comment on a pu les construire sans le secours des instrumens de fer. A une distance raisonnable de chacun d'eux, on trouve toujours une petite monticule de terre ; elle a la forme d'une pyramide, et paroît avoir été proportionnée à l'étendue et à la hauteur du fort. On remarque après une substance semblable à celle de la craie, qu'on suppose être une décomposition d'ossemens humains.... *Lettre écrite de Charlestown, dans l'état de Massachussetts ;* Gazette de France, du 26 janvier 1787.

sordre général, la destruction du plus grand nombre des individus, le bouleversement de toute la surface apparente de la terre : tels ont dû être les effets d'une inondation prodigieuse qui a couvert presque toute l'Amérique septentrionale. Ceux de ces anciens habitans qui ont survécu à la désolation générale ont formé autant de sociétés qu'il est resté de familles : ils ne se sont occupés qu'à trouver des moyens de subsistance dans les productions spontanées du sol qu'ils habitoient, et sans doute encore dans la chasse et la pêche : ils ont oublié jusqu'aux ressources qu'ils auroient pu tirer de leurs connoissances antérieures ; la tradition même s'en est perdue ; et les enfans des pères qui ont été témoins de la révolution, malheureux par elle, et pour ainsi dire, qu'on nous pardonne l'expression, révolutionnés par elle, sont retombés dans l'état de nature le plus grossier et le plus barbare, peut-être le même dans lequel ils étoient plongés trois ou quatre cents ans avant la révolution actuelle.

Toujours en défiance les uns des autres, tant que leurs subsistances ne sont pas assurées, tout homme pour eux devient leur ennemi par cela seul qu'il est homme ; et si par hasard ou nécessité la force doit décider entr'eux de leur droit respectif sur tel animal ou tel aliment, le différend ne peut être terminé que par la mort d'un des combattans (1).

Si dans cet état barbare, ils parviennent à quelque civilisation, c'est en créant eux-mêmes un nouvel ordre de choses qui convienne à leur position sur le globe, et en adoptant des usages dont ils puissent espérer quelque utilité, une manière de vivre plus tranquille et plus assurée. Tant qu'ils restent dans cet état sauvage, sans société réelle, sans religion, sans police,

---

(1) C'est ce dont on a la preuve dans ces deux filles sauvages trouvées il y a environ cinquante ans dans les forêts de la Champagne, sans que l'on ait pu découvrir si elles étoient nées dans le pays, ou si elles y avoient été abandonnées; elles étoient âgées d'environ douze ans, mais n'ayant entr'elles d'autre langage qu'une espèce de cri; grimpant légèrement sur les arbres et s'y retirant pendant la nuit, elles vivoient des foibles animaux qu'elles pouvoient attaquer avec avantage en les suivant à la course. Sans doute que la faim les pressoit vivement, lorsque l'une d'elles assomma l'autre d'un coup de massue de bois, pour lui enlever un lapin, qu'elle dévora tout de suite. Elle fut désespérée d'avoir tué sa sœur; ses cris attirèrent quelques habitans voisins, qui la trouvèrent écorchant des grenouilles, dont elle étendoit la peau sur la plaie de sa sœur, espérant la guérir et la faire revenir. On l'amena à Paris, où elle a vécu assez long-temps, connue sous le nom de mademoiselle Leblanc; elle eut beaucoup de peine à s'accoutumer aux alimens cuits.

ne sachant ni cultiver la terre, ni former aucun tissu pour se couvrir, leur vie est sombre, triste et pénible. Le hasard forme des sociétés de deux, trois ou quatre individus, hommes et femmes : la seule loi de la nature qu'ils observent, est d'avoir soin les premières années de leurs enfans, mais les femmes sont peu fécondes ; la misère, le défaut de soins occasionnent la mort de leurs enfans, le pays se dépeuple, et les déserts s'agrandissent.

Dans les climats les plus rigoureux, à peine sont-ils couverts de quelques peaux de bêtes fauves ou de poissons qui servent plutôt à les garantir des effets immédiats des vents ou de la pluie, que de l'action de l'air.

On trouve dans quelques contrées de l'Amérique des sauvages dont la barbarie, l'ignorance et la férocité offrent des variétés singulières, nous en avons déjà cité plusieurs. Les *Chiriguanes* qui vivent sous le tropique du Capricorne, sont la nation la plus fière, la plus inconstante et la plus perfide de l'Amérique méridionale : on n'a encore pu les réduire. Ennemis irréconciliables des Espagnols ; répandus dans les montagnes des provinces de Santa-Cruz et de Charchas, on ne peut leur en imposer que par la crainte, dont leur férocité et quelques avantages qu'ils ont remportés sur les

Espagnols et d'autres sauvages leurs ennemis, les rendent peu susceptibles. D'un jour à l'autre, ils paroissent changer de caractère : aujourd'hui pleins de raison et d'un bon commerce, demain plus féroces que les tigres des forêts. Hier on pouvoit encore avoir quelque confiance en eux, ils étoient humains, sensibles; aujourd'hui furieux, cruels et perfides, ceux qui les croyoient leurs amis ne voient plus en eux que des barbares et des assassins. L'intérêt est leur Dieu, dès qu'ils n'espèrent plus rien ils ne savent plus que poignarder. La dissolution et l'ivrognerie, voilà les vices par lesquels ils sont abrutis : la paresse est la base de leur caractère, c'est à ce défaut qu'ils doivent leur penchant pour le vol. Leur usage est de n'avoir qu'une femme; mais parmi les prisonnières qu'ils font dans leurs guerres, ils se réservent les jeunes filles qu'ils gardent à titre de concubines; c'est par ce moyen que leur population se soutient, malgré les pertes qu'ils font dans leurs guerres continuelles. Vante maintenant qui voudra ce sauvage, je ne vois chez ce monstre que barbarie, cruauté, corruption : sans principes d'humanité, sans autre propriété que le droit commun qu'il s'arroge sur les fruits du sol qu'il habite, et sur tout ce que la force armée peut lui procurer, quelle existence affreuse et pour ses semblables dont il est le fléau et pour lui-même dont il est le plus cruel ennemi ! Malheur à la prétendue philosophie qui pourroit lui prodiguer des éloges, envier son sort et l'offrir pour modèle aux peuples policés !

A l'extrémité la plus australe du même continent, les naturels de la terre de Feu, dans la température la plus rigoureuse, sont d'une brutalité, d'une misère, d'une grossièreté inexprimable, et cependant ne cherchent pas à en sortir ; ils n'ont aucune idée d'une existence plus heureuse ; on doute même qu'ils aient des termes communs pour exprimer leurs idées ; il est à croire cependant que l'habitude d'être ensemble leur a fourni quelques moyens de se les communiquer. On a cru connoître leur cri de défiance, lorsqu'ils découvrent quelqu'étranger, parce que ce même cri a toujours été observé comme le signal pour se mettre en défense et se disposer au massacre de leurs ennemis s'ils sont les plus forts.

On ne trouve dans ces régions différentes et la plupart si vastes, aucune empreinte de la puissance de l'homme et de cette industrie, qui ajoute à la fécondité de la nature, facilite les développemens et la porte insensiblement, même dans des terreins ingrats, sous des climats assez rudes, à un point de magnificence à laquelle on ne peut refuser son admiration.

§. XXXI.

Nature agreste comparée à la nature cultivée; comment le sauvage jouit des bienfaits de la nature.

Qu'elle est belle la nature cultivée! Mais peut-on lui opposer la nature agreste, même dans les îles de la mer du Sud, malgré les beaux sites, les arbustes multipliés, les forêts, les plantes variées, doux objets de l'enchantement du navigateur fatigué, dans ces contrées nouvelles où il croit trouver une nouvelle vie et le soulagement de ses maux? Ces pays sauvages ne doivent-ils pas le céder encore à la beauté, la fertilité, les ornemens, la variété et l'utilité de ceux dont la culture est due aux bras de l'homme industrieux et civilisé? L'état de ces terres naturellement si fécondes et le peu d'avantage qu'en retirent les naturels, annoncent leur paresse et leur peu d'énergie. A peine s'apperçoit-on que leurs mains aient fait quelqu'impression sur des sols si fertiles: ils jouissent sans édifier; ils détruisent sans renouveller; ils rendroient stérile, s'il étoit possible, la terre qui les nourrit, sans prendre la moindre peine pour en conserver les richesses ou les multiplier. Ils semblent même avoir une sorte d'aversion pour toute espèce d'industrie : on en peut juger par l'aveugle brutalité avec laquelle ils se sont plu à culbuter, à détruire les jardins que les Anglais avoient formés dans les différentes stations qu'ils ont faites sur ces îles, où ils avoient semé de bonnes graines qui auroient merveilleusement profité et auroient augmenté leurs jouissances. Ils ont détruit par une méchanceté marquée, une habitation que l'on avoit construite à l'un d'eux, à cet Omaï qui avoit fait le voyage des îles de la Société en Angleterre, et que le capitaine Cook avoit ramené dans sa patrie. Est-ce jalousie, est-ce antipathie pour les usages de l'Europe qui les a portés à ces excès ? Ne pourroit-on pas plutôt présumer que c'est la stupide méchanceté de l'homme sauvage toujours enfant, qui ne se plaît qu'à détruire ?

Il est vrai que cette manière de vivre qui nous paroît si méprisable, tient beaucoup à la douce température du climat dans ces îles. Toujours dans l'inaction, s'ils abandonnent cet état, c'est pour combattre leurs ennemis, c'est pour chercher la vengeance avec une fureur aveugle, avec une confiance inconcevable, comme s'ils étoient assurés de la victoire : ils ne sont occupés que de la cruelle satisfaction de détruire leurs ennemis.

mis. Mais dès que leur vengeance est assouvie, ils retournent à leur inaction ordinaire ; et ces guerriers si féroces viennent jouir, dans une indolence, dont il est difficile de se faire une idée, des avantages de leur état, qui consistent à satisfaire leurs appétits brutaux, sans imaginer une manière plus convenable à la destination de l'homme. On a vu parmi les chefs de la nation, certains individus passer les jours nonchalamment couchés sur une natte dans leurs cabanes, livrés aux soins de quelques domestiques qui leur remplissoient sans cesse la bouche des meilleurs alimens du pays; car ils dédaignoient même de faire usage de leurs mains; ils ne prenoient aucun autre exercice, et bientôt leur embonpoint devenoit si considérable, qu'il ne leur étoit pas possible de se remuer et de se soutenir sur leurs jambes : on a prétendu que c'est à cette pratique dictée par la nonchalance et la paresse, qu'ils doivent cette taille énorme, prérogative qui les distingue parmi leurs égaux et parmi leurs sujets.

§. XXXII.

Difficulté de suivre les idées d'un sauvage et de l'instruire ; défaite d'une garnison espagnole en Californie, et caractère des naturels ; ce qui arrête les instructions qu'on leur donne ; expéditions faites dans les montagnes du Pérou, pour instruire quelques peuplades ; état où on les a trouvées.

Supposons qu'à force de soins et d'attentions, on parvienne à répandre quelque lumière, quelque ordre sur les notions obscures et confuses que les sauvages ont des choses, chacun dans les climats qu'ils habitent, et sans trop les écarter d'abord du genre de vie qu'ils ont adopté, ne sera-t-on pas sans cesse arrêté par des idées chimériques, des préjugés souvent monstrueux, quoique nationaux, dont l'origine ne sera pas même connue ni soupçonnée de ceux qui les ont reçus ?

S'il est difficile et comme impossible de concevoir et de suivre dans l'homme civilisé la succession momentanée, rapide et insensible des idées mal conçues et mal combinées auxquelles il se laisse aller, comment y réussira-t-on dans l'*Homme de la Nature* ? Les sauvages ont quelques notions obscures que la maturité de l'âge et le concours des événemens éclaircissent peu. Si l'on parvient à dissiper en partie les nuages dont leur imagination est offusquée, il y reste tant d'ombres, tant d'incertitudes et de faux préjugés, que l'on perd presque toujours sa peine à les instruire. En vain on a voulu régler l'imagination des Hurons et des Iroquois, nations autrefois nombreuses de l'Amérique septentrionale; ils ont toujours confondu les idées religieuses qu'on tâchoit de leur donner avec leurs notions originelles.

« Les Espagnols entretiennent à Monterey, dans la partie septentrionale de la Californie, une petite garnison, qui n'a pour objet principal, que de protéger les missionnaires répandus le long de cette côte, qui font tous leurs efforts pour convertir et civiliser les Indiens de ce pays. Les naturels dispersés dans les campagnes des environs, paroissent doux et tranquilles; mais le village qui est autour de la maison de la *Mission* n'est habité que par un tas de paresseux qui viennent se faire baptiser pour avoir de quoi manger. Ils vivent misérablement dans la paresse la plus profonde, mais ils font la prière le matin et le soir. Les sauvages qui habitent plus souvent dans les terres sont méchans, assez braves et même aguerris; il n'y a que cinq ou six ans qu'ils tuèrent quatre-vingts Espagnols, firent quarante prisonniers, qu'ils mangèrent, ainsi que le missionnaire qui étoit de l'expédition » (1).

Telle est presque toujours la conduite du sauvage dénaturé, qui craignant que les Espagnols ne lui ravissent enfin son indépendance et sa liberté, et ne s'emparent d'une contrée dont il se croit seul le maître et le propriétaire, n'échappe pas l'occasion de s'en défaire par les moyens les plus cruels et au péril de sa propre vie.

Les notions les plus lumineuses sont toujours sans effet pour le sauvage, parce qu'il est toujours maîtrisé par de vieux préjugés et de vieilles idées. Il est habitué à prendre ses notions traditionnelles et mal dirigées, pour règle ou mesure commune de ce qu'il ne connoît pas. Si la crainte ou l'intérêt paroissent le ramener à l'instruction qu'on lui présente, ce n'est que pour le moment; rendu à lui-même, ses préjugés reprennent tout leur empire. Si quelque nouveau phénomène de la nature intrigue son esprit borné et présomptueux, les idées obscures de magie, de sortilège, de forces surnaturelles, de préjugés sinistres se réveillent et l'entraînent malgré lui; tels furent et seront toujours les effets de l'ignorance et du préjugé chez les peuples même civi-

---

(1) Lettre écrite de la Californie, par un officier de l'escadre de M. de la Peyrouse, le 23 septembre 1786.

lisés. Il y a moins de deux siècles que les aurores boréales étoient pour le peuple de l'Europe un sujet de terreur générale (1).

Une multitude d'exemples qui se renouvelleront encore dans la suite de cette histoire, ne nous permettent plus de douter que les préjugés locaux, les notions vulgaires généralement admises et fortement enracinées, ne roidissent l'entendement du sauvage au point de le rendre tout-à-fait inhabile à goûter une façon de penser différente de la sienne. Cependant ces erreurs ne conservent pas la même forme; elles sont sujettes à mille variations relatives au sol, à la manière de vivre, à la température du climat, aux mœurs sociales et aux dispositions de l'esprit de chaque peuplade; elles leur donnent des impulsions différentes qui font qu'elles se ressemblent peu.

« Au mois d'août 1785, le corrégidor de Loxa, ville du Pérou, fit une expédition dans les Cordelières de Zamora, du cinq au sixième degré de latitude australe, où résident quelques peuplades indiennes indépendantes, afin de convertir ces sauvages au christianisme, et les assujettir ensuite plus aisément : arrivé à son but, il trouva des hommes à qui les Européens parurent tout-à-fait inconnus, il en fut reçu très-amicalement;

---

(1) Histoire naturelle de Lairet, des Météores, t. X.

ils se présentèrent à lui comme des enfans volontaires qui demandent des jouets et des petits cadeaux ; il fut obligé de donner tout ce qu'il avoit : mais les demandes continuant avec la même importunité, il coupa les boutons et les brandebourgs de son habit pour les leur partager. Le corrégidor essaya inutilement de leur faire comprendre le dessein pour lequel il étoit venu. Sa ressource fut de leur prouver par les faits ses intentions pacifiques ; car ils s'étoient d'abord imaginés que les Espagnols étoient venus pour les tuer : ils en marquoient vivement leur chagrin, sans cependant prendre aucune mesure pour se défendre. Les uns et les autres se comprenoient fort peu et perdoient leur temps à parler et à se faire des signes inutiles.

» Les Espagnols en avançant, vinrent à une maison ou cabane de ces sauvages, qui avoit soixante-douze pieds de long sur plus de trente de large, et seulement huit de haut, construite de différens bois dont ce pays abonde. Cet édifice est le rendez-vous de tous les sauvages qui habitent les bords de la rivière de Zamora. On trouva sur leur territoire des plantations de maïs, des racines et du coton ; ces biens sont communs à toute la peuplade, suivant l'ancien usage du Pérou, dont ils ont fait partie, à en juger par la douceur de leur caractère, et leur probité entr'eux. On a trouvé parmi eux la réalité de ce principe si touchant de la loi naturelle. « Le bonheur commun est produit et conservé par le concours de tous les individus qui y trouvent le leur ».

» Cette peuplade peu considérable ne reconnoît point de supérieurs. Les Espagnols disent qu'il y en avoit vingt de mariés, dont trois avoient deux femmes, sans doute par distinction, quoiqu'il y eût au moins cent mâles. Il paroît qu'ils n'étoient que depuis peu dans le canton où on les rencontra. Dans les conférences que le corrégidor établit avec les plus sensés, il apprit qu'à vingt journées de l'endroit où il étoit, il y avoit deux nations puissantes, entre lesquelles cette peuplade étoit établie, et qui l'avoient contrainte à force de mauvais traitemens et de pertes d'hommes, à s'éloigner. Sans doute qu'elle n'avoit cédé qu'à la force; on en jugea par l'habitude où on la trouva, d'être toujours armée de lances de douze pieds de long, de grands javelots, de boucliers de bois et de sarbacanes qui leur servent à lancer des traits empoisonnés.

» Ces Indiens sont bien proportionnés et vigoureux; les deux sexes sont presque nuds; les hommes se parent plus que les femmes; ils ont les oreilles percées et portent quelques ossemens tissus avec des plumes de différentes couleurs.

Les femmes se contentent de garnir le haut de leurs bras de quelques réseaux de cotons; ils se nourrissent de maïs, de patates, de poissons, de porcs, de singes rôtis et bouillis, et de quantité de fruits sauvages. Ils suspendent autour de leurs foyers les gros os des animaux qu'ils ont mangés, comme autant de trophées. Ils se servent d'infusions de poivre et de tabac, qu'ils tirent par le nez jusqu'à ce qu'ils s'en soient enivrés; ils guérissent leurs maladies par des traitemens singuliers. Un de ces sauvages incommodé d'un mal de reins, prit pour le guérir des bains d'eau chaude et une décoction de poivre par le nez, après l'avoir fait bénir par un vieillard qui faisoit parmi eux l'office de devin ou de prêtre; mais leur remède le plus commun est de se fouetter les épaules et le ventre avec une espèce d'ortie dure et piquante qui croît dans les montagnes; scarification très-douloureuse, et qui est pratiquée par les Russes habitans de la Sibérie, dans une température bien différente.

» On crut s'appercevoir que ces Indiens avoient connoissance d'un Etre suprême ou d'un Dieu, sous le nom de *Cumbanama*, et qu'ils étoient idolâtres; car ayant formé en cire la figure d'un monstre armé d'un bouclier, qu'ils appellent *Agumba Cumbanama*, grands et petits vinrent le baiser avec respect. Il fallut autant de patience que d'industrie pour acquérir les connoissances de ces sauvages, dont une partie servirent utilement les Espagnols par leur adresse à la pêche, étant tous excellens nageurs. On conçoit que les instructions qu'ils purent recevoir des Espagnols et du curé de Zamora qui les accompagnoit, ne leur apprirent que très-peu de choses des mystères de la morale et de l'évangile qu'on étoit venu leur annoncer. Cependant on en baptisa une partie (1). La vertu de ce sacrement conféré à des sauvages adultes, si peu disposés à le recevoir, a-t-elle pu produire de grands effets »?

§. XXXIII.

Manière dont il seroit possible d'instruire les sauvages; les rappeller aux loix primitives de la nature; sentimens de la vertu innée; pitié naturelle à l'homme.

Qu'il nous soit permis de nous expliquer ici sur les moyens que nous pensons être les plus propres à instruire les peuples sauvages; à leur faire sentir ce que les usages, leurs mœurs, leurs guerres, toute leur conduite ont d'opposé à leurs vrais intérêts, à leur tranquillité, à leur

---

(1) Relation espagnole insérée dans le Mercure de France du 8 septembre 1787.

bonheur ; en un mot, à rétablir parmi eux la loi de la nature dans sa pureté primitive.

Ce dont on parviendra le plus aisément à les persuader, c'est l'égalité de nature entre les hommes. La différence des conditions ne répand aucune obscurité sur ce sentiment intime ; n'ayant été établie que pour les conduire plus sûrement à leur destination commune, au bien-être qu'ils peuvent espérer dans cette vie mortelle.

Ces principes d'égalité si généralement établis par la loi primitive de la nature, exigent qu'ils y conforment leur conduite, ce qu'ils feront, lorsque le bonheur général résultera du soin que chaque individu prendra d'y contribuer : ils trouveront ainsi les principes de leurs devoirs dans leur propre volonté, et ils sentiront bientôt que ce qu'on leur annonce comme des préceptes de vertu, sont les vrais moyens d'être heureux ; ils se donneront mutuellement les secours dont ils sont capables à proportion des besoins qui se présenteront dans les uns, et du pouvoir d'y subvenir qui se trouvera dans les autres.

Dans tout état, les besoins naturels des hommes les font dépendre les uns des autres. Ce sont eux qui les ont réunis en société, qui leur ont inspiré une confiance mutuelle. Que seroit devenu l'homme, s'il fût resté seul ? Quelle sûreté les familles eussent-elles trouvée sur le globe, si elles ne se fussent pas réunies? Les forces qui leur manquent, quand elles sont seules, elles les trouvent en se rapprochant de leurs semblables; elles se mettent par cette réunion en état de se défendre contre les injures et les attaques imprévues.

Les sauvages se rendent des services mutuels, et ce commerce de bienfaits devient le lien le plus fort et le plus intéressant de la société. De-là naissent les affections sociales qui font goûter à l'homme les plaisirs les plus purs et les plus constans; mais tel est l'empire tyrannique de la cupidité, que, si peu que les sociétés s'étendent, il s'y trouve des hommes qui, par méchanceté ou par une injuste ambition, ne craignent pas d'en rompre le lien, en séparant leur intérêt particulier de l'intérêt général. Si ces passions leur permettoient d'écouter la voix de la raison, on leur demanderoit pourquoi étant persuadés que les devoirs de la sociabilité sont d'une obligation réciproque entre les membres d'une même famille, d'une même tribu, ils ne prennent pas les mêmes sentimens pour tous les autres hommes? Leur conservation, le bonheur de leur vie, leur repos en seroient plus assurés.

Mais il y a des nations barbares qui se portent à de tels excès, qu'il n'y a que la force qui puisse les réprimer. Alors tout acte de bienveillance se trouve suspendu à l'égard d'un ennemi déclaré. Dans cette position, l'*Homme de la Nature* ne respire plus que la vengeance : passion cruelle qui étouffe bientôt le principe de la bienfaisance et de la sociabilité, met à sa place un sentiment de haine et d'animosité, qui rompt tous les liens d'amitié et de fraternité.

Les premiers principes de sociabilité, les loix de la nature dans leur pureté primitive, ont pu établir dans le cœur de tous les hommes le sentiment intime de la vertu, toujours simple, inaltérable dans son essence, la même dans tous les temps, dans tous les climats, les sociétés ; c'est la loi de l'Etre suprême qui a créé l'homme pour être heureux ; c'est une vérité de sentiment à laquelle la nature même oblige tout homme de souscrire.

Ces peuples sauvages, ces bons *Esquimaux*, uniquement soumis à la loi primitive de la nature ; qui tuent les malades, qui abrègent les jours de leurs pères languissans sous le poids et les infirmités de la vieillesse, ne s'y portent que par un principe d'humanité mal entendu ; la pitié est dans leur intention : c'est un devoir filial qu'ils croient remplir, encore ne s'y soumettent-ils que parce que l'usage, dans cette circonstance, les force d'obéir à la dernière volonté de leurs parens.

La pitié est donc naturelle à l'homme, même

au sauvage qu'une atroce barbarie n'a pas dénaturé ; ce sentiment seul est le principe de presque toutes les vertus sociales, puisqu'il n'est autre chose que l'identification de chaque individu avec son semblable, et que la vertu sociale consiste principalement à réprimer l'intérêt personnel, à se mettre à la place de son semblable, pour le traiter comme l'on veut en être traité ; il est donc constant que l'*Homme de la Nature* porte dans lui le principe de toutes les vertus.

Mais quelle force constante en assurera le développement, l'exécution ? Qui donnera à cette vertu naturelle la perfection dont elle est susceptible ? une saine morale établie sur des principes religieux. Il nous sera peut-être plus facile qu'on ne pense de prouver dans la suite de cet ouvrage la vérité de cette assertion.

§. XXXIV.

Bresiliens sauvages : leurs idées religieuses : projet d'un Ecossais pour civiliser les nouveaux Zélandais : état des Spartiates, lorsque Lycurgue leur donna des loix.

Les Bresiliens sauvages retirés dans des montagnes d'un difficile accès, où ils ont constamment défendu leur liberté et leur indépendance contre toutes les entreprises des Européens, quoiqu'aussi ignorans que grossiers, sont cependant persuadés de l'immortalité de l'ame et d'une autre vie, où la vertu est récompensée et le vice puni. Ils font passer les gens de bien après leur mort, derrière des montagnes dans des lieux fort agréables, où ils ne leur donnent point d'autres occupations que de rire et danser. Des mauvais esprits qu'ils nomment *Aymans*, et dont ils se plaignent d'être souvent maltraités dès cette vie, sont les bourreaux qu'ils croient destinés dans l'autre à tourmenter les méchans.

On peut donc en croire les voyageurs les mieux instruits et les plus capables de bien observer, lorsqu'ils prétendent que par-tout où il y a quelqu'apparence de raison, il y a aussi quelque idée d'une puissance au-dessus de l'homme qui récompense les bons et punit les méchans. Quoique les lumières naturelles ne soient plus assez vives chez les peuples sauvages et barbares pour présenter une vérité aussi intéressante dans son vrai jour ; il s'en conserve toujours parmi eux des traits reconnoissables, que la plupart altèrent beaucoup en les expliquant à leur manière et sous quelque rapport à leurs préjugés particuliers, mais auxquels on peut rendre leur premier éclat, en faisant sentir à l'*Homme de la Nature* combien il lui seroit avantageux de s'appliquer à connoître les devoirs primitifs et essentiels auxquels il est obligé envers ses semblables, et à les mettre en pratique.

On ne peut espérer qu'il s'élève parmi eux quelque législateur assez éclairé, et qui acquière assez de crédit pour gagner la confiance de sa nation et rétablir l'empire de la raison et de la loi naturelle. Il faudroit que ce législateur formé chez quelque nation civilisée, vînt ensuite se retirer parmi ses semblables; y répandît doucement et insensiblement les connoissances qu'il auroit acquises, et leur prouvât par son exemple l'avantage qui résulteroit pour eux de les mettre en pratique. Ne pourroit-on pas attendre le succès de cette spéculation intéressante, sur-tout pour les naturels des îles nouvellement découvertes dans la grande mer du Sud, de l'entreprise faite, dit-on, en 1782, par un gentilhomme Ecossais? Dégoûté de sa patrie, tous les objets qui l'environnoient lui rappellant un amour malheureux, il a vendu ses biens, a fait charger deux bâtimens à Glascow, de tout ce qui est nécessaire pour bâtir un fort, et établir une colonie : il s'est embarqué pour la Nouvelle-Zélande avec 60 de ses vassaux qui se sont déterminés à s'attacher à sa fortune, et a emmené en même temps du bétail et emporté des graines de toute espèce. Son intention étoit de remonter la rivière à laquelle le capitaine Cook a donné le nom de Nouvelle-Tamise, et d'y chercher en arrivant un abri sûr, pour mettre ses navires à couvert. Cet entreprenant voyageur étant d'un caractère aussi doux, qu'il est prudent dans sa conduite; on espère qu'il pourra se concilier l'affection des naturels du pays, par les services qu'il sera en son pouvoir de leur rendre, sur-tout lorsqu'il aura fait dans leur langue assez de progrès pour se faire entendre. Ayant parmi les gens de sa suite et qui tous portent son nom, des ouvriers en toute sorte de métiers, et que les naturels verront travailler d'abord avec curiosité; il est à croire qu'il parviendra à leur faire comprendre l'utilité qu'ils retireront en s'adonnant à des travaux qui leur procureront des jouissances qui leur sont inconnues: les bâtimens qu'il fera élever pour sa colonie et dont il emporte les matériaux, leur feront sentir l'avantage d'être logés plus commodément et plus sûrement. Les subsistances que donneront les premiers travaux de l'agriculture, les fruits et les plantes du pays multipliés et perfectionnés par la culture les tireront de leur pauvreté habituelle, et établiront

bliront une aisance qui sera commune à tous. Le projet de ce chef est d'épouser une fille du pays pour s'attacher davantage les naturels, gagner leur confiance et leur affection en leur prouvant la droiture de ses intentions, en se fixant parmi eux. En cas qu'il ne réussisse pas, il a emporté avec lui les matériaux nécessaires pour construire des bâtimens sur lesquels il retournera en Europe.

Il seroit glorieux pour la nation Ecossaise qu'un de ses concitoyens réussît dans un projet aussi beau, et parvînt à devenir le législateur et le chef d'un peuple, assez nombreux, d'une forte constitution, qui jusqu'à présent semble n'avoir vécu que pour s'entre-détruire. Pourquoi ne réussiroit-il pas, s'il est assez heureux pour se concilier son affection et sa confiance par la sagesse de sa conduite, la douceur de ses procédés et son attachement aux principes de la raison et de la justice ? Les Spartiates n'étoient guères mieux civilisés que les nouveaux Zélandais, lorsque Lycurgue entreprit de rétablir parmi eux les mœurs qui étoient alors dépravées. Il avoit à réformer un peuple séditieux, féroce et foible ; et par la force de son génie, sa constance et son désintéressement personnel, il l'accoutuma à l'obéissance, au respect pour les loix de la patrie ; il lui inspira l'amour de la discipline et en forma un peuple de héros.

Que l'on juge de ce qu'il étoit avant cette réforme, par les mœurs et les sentimens de ceux qui étoient à la tête de la nation. Polydacte, frère de Lycurgue et roi de Lacédémone, venoit de mourir : sa veuve, qui étoit enceinte, offrit de se faire avorter, pourvu qu'il voulût l'épouser. C'est par ces moyens infames qu'elle prétendoit se conserver le pouvoir souverain qu'elle eût partagé avec son beau-frère, qui étoit trop sage pour répondre à des vues aussi criminelles. Il se contenta de veiller à l'éducation de son neveu Charillus, auquel il remit le titre et les prérogatives de la royauté, lorsqu'il fut en état de les exercer.

Ce législateur que l'on peut regarder comme celui qui a le mieux connu la nature de l'homme ; qui, avant que de rien entreprendre, avoit mûrement réfléchi sur ce que l'éducation, les loix primitives de la nature bien développées, et les droits de la société respectés pouvoient apporter d'heureux changemens dans les constitutions sociales les plus vicieuses, parvint à donner à un peuple grossier et brutal des habitudes toutes contraires à ses anciens préjugés et à la manière dont il avoit existé jusqu'alors.

Les riches renoncèrent à leurs possessions ; les

biens furent partagés également et devinrent presque communs; l'esprit de propriété particulière s'éteignit, au point qu'un mari n'osoit refuser sa femme à un citoyen vertueux. On ne vit plus à Sparte la misère à côté de l'opulence, et par conséquent moins que par-tout ailleurs, l'envie, les rivalités, la mollesse, mille passions qui affligent l'homme, et cette cupidité qui oppose l'intérêt personnel au bien public, et l'homme à l'homme. On reproche à Lycurgue d'avoir dévoué à la mort les enfans qui naissoient foibles et mal constitués; loi injuste et barbare par elle-même, et sur-tout dans les sociétés où les richesses, les talens, les agrémens de l'esprit auroient pu rendre heureux ou utiles des hommes d'une santé foible et délicate. Mais à Sparte, un individu mal constitué ne pouvoit être que malheureux, et il parut humain de prévenir ses peines en lui ôtant la vie, avant qu'il en connût le prix.

Si le gentilhomme Ecossais trouve dans les nouveaux Zélandais un peuple plus féroce que les Spartiates du temps de Lycurgue, il est probablement moins corrompu, et dès-lors plus capable d'être ramené sous le joug des loix primitives de la nature; d'être discipliné au point de se contenter d'une possession commune, et de ne jamais prendre les armes que pour se défendre des entreprises injustes d'un ennemi qui viendroit l'attaquer. Mais dans sa position isolée, qu'a-t-il à redouter des puissances étrangères ? Il n'aura désormais qu'à jouir des avantages d'une civilisation nouvelle, de la culture mieux entendue d'un sol fertile ; il s'occupera à élever et multiplier les bestiaux dont on l'enrichira ; à perfectionner son industrie pour la pêche, à s'exercer aux arts de l'Europe. Ces naturels, forts et courageux, perfectionnés par l'éducation, dirigés par de bonnes loix, éclairés par des institutions religieuses, animés par l'espérance d'un bonheur éternel, qui doit être dans une vie future, la récompense de la vertu qu'ils auront pratiquée dans ce monde, peuvent devenir une race d'hommes, dont les descendans honoreront autant l'humanité, qu'ils lui inspirent d'horreur par leurs mœurs actuelles ; et cet heureux changement peut être établi sur une base assez solide par un Européen sage, prudent, désintéressé, pour qu'il en espère les succès les plus constans.

§. XXXV.

Différence des températures : ce qu'elles produisent sur les hommes : Homme de la Nature *fait peu pour son bien-être : idée avantageuse que ses usages simples et grossiers ont donnée de lui : la vertu lui appartient moins que l'homme civilisé : ses sentimens prouvés par ses actions : son penchant à l'inaction, considéré dans ses passions : n'est jamais qu'un enfant qui sent sa force.*

Comme c'est de la différence des températures que dépend la plus ou moins grande énergie de la nature ; l'accroissement, le développement, la production même de tous les êtres organisés, ne sont que des effets particuliers de cette cause générale. Si la formation et la disposition des organes extérieurs et des forces gissantes intérieures n'étoient pas adaptées particulièrement à chaque espèce d'animaux, quelque pénétrant que fût leur entendement, quelque industrieux que fussent leurs efforts, jamais ils ne parviendroient ni à s'entretenir, ni à se conserver. Tout ce qui concerne le méchanisme, jusqu'à la moindre partie, doit être formé selon la température de l'air de tel ou tel climat, d'après les alimens dont on se nourrit, et combiné en même temps avec l'instinct industrieux qui porte chaque espèce animale à satisfaire ses besoins.

Mais comme il y a une distance infinie entre les facultés de l'homme et celles de l'animal le plus parfait, entre la puissance intellectuelle et la force méchanique, entre les desseins de la raison et de l'ordre, et une impulsion aveugle; l'homme en modifiant la cause générale, peut en même temps détruire ou rendre de nul effet ce qui lui nuit, et faire éclore ce qui lui convient. Mais il n'a pu y parvenir que d'après une longue suite d'observations, qui n'ont pu avoir lieu qu'à mesure que les sociétés se sont civilisées; que les fantaisies du luxe et l'intérêt du commerce ont excité l'industrie, préparé les idées, étendu les connoissances.

Tant que l'homme s'en est tenu aux besoins de nécessité première, il ne s'est pas écarté de la simplicité grossière de la nature : ainsi les nations les plus voisines des poles, dans les deux continens, n'ont que des jouissances très-bornées; la principale est de se garantir de la rigueur du climat. Le froid excessif auquel ils sont exposés, en agrandit également le physique et le moral; ils sont dans une espèce d'engourdissement qui rend nulles toutes les affections de l'ame : leurs vues, leurs desirs ne s'étendent guères plus loin que ceux de l'*Homme de la Nature*, considéré dans l'état primitif.

Si dans notre continent on vit autrefois quelques-unes de ces nations s'éloigner en corps des lieux de leur naissance, pour s'établir dans des régions plus heureuses; on peut dire qu'elles y furent déterminées, moins par l'attrait d'un séjour plus riant et plus commode que par le desir de la vengeance; pour s'opposer aux entreprises d'un ennemi puissant qui venoit les troubler dans leurs foyers domestiques. L'appareil de leurs marches étoit semblable à celui des incursions des peuplades sauvages. Si elles se sont établies dans des climats plus heureux, c'est que tenant peu à ceux qui les avoient vu naître, elles ont trouvé des forêts, des rivières, des mers voisines, un ciel plus doux, un sol plus fertile: l'instinct plutôt que le raisonnement les déterminoit à s'y fixer (1).

---

(1) Ce n'est point un paradoxe que d'avancer que le climat est la première cause de la conservation des mœurs anciennes. Il attache les naturels du pays à leurs usages, par la douceur de la température, les beautés, les bienfaits fixes de la nature, et le retour des mêmes jouissances. Les peuples policés qui, dans la belle saison, jouissent des agrémens de la campagne, du spectacle des opérations de la nature riante et féconde, présentent alors des mœurs beaucoup plus simples qu'en hiver. Les hivers

Il ne faut pas remonter bien loin pour trouver l'origine des sociétés et reconnoître l'*Homme de la Nature*, sa simplicité, sa barbarie dans les premiers ancêtres dont se glorifient les nations les plus puissantes, les plus instruites et les mieux policées ; ce qui annonce combien il faut rabattre de cette prodigieuse antiquité, que quelques systêmes de la physique nouvelle se plaisent à attribuer à ce globe que nous habitons.

D'après ce que nous avons remarqué, nous pouvons dire avec vérité : heureuses les contrées où les élémens de la température se trouvent balancés et assez avantageusement combinés pour n'opérer que de bons effets ! Telles sont les régions situées entre les tropiques, et ce sont néanmoins celles où la puissance de l'homme a le moins secondé celle de la nature. Combien de contrées habitées par des peuplades sauvages, dont les naturels laissent croître pêle-mêle les plantes utiles et celles qui sont les plus nuisibles ; qui n'ont pas encore imaginé de donner le moindre écoulement aux eaux stagnantes qui les environnent, et qui par leur insalubrité occasionnent des maladies habituelles auxquelles ils sont persuadés

---

tristes et longs, froids et humides de l'Europe occidentale, rappellant à la ville, donnent occasion aux fréquentes assemblées, aux passions orageuses, aux caprices du luxe, si propres à altérer la simplicité des mœurs et la bonté naturelle des caractères.

qu'ils ne peuvent se soustraire, parce que leurs pères ont été attaqués comme eux..... Il y en a même qui regardent certaines difformités comme une distinction particulière à leur nation, et se moquent de ceux qui ne leur ressemblent pas. Les îles fertiles de la Société et des Amis doivent si peu à l'industrie de leurs habitans, que ceux-ci ne jouissent même pas de toutes les productions spontanées qu'elles produisent, quoique livrés à un certain luxe, et fort au-dessus de la grossiéreté et de l'ignorance des autres sauvages connus de l'Amérique.

L'*Homme de la Nature* ne parvient donc que difficilement à connoître ce qu'il peut? Il y a des régions où il n'a pas même l'idée de son pouvoir; à peine a-t-il daigné faire usage de son intelligence; il ne sait ni observer la nature, ni cultiver la terre; il se refuse en quelque sorte aux moyens qu'elle lui présente de répondre à son travail; il ne veut pas connoître les facilités qu'il auroit à tirer de son sein des richesses nouvelles, sans diminuer les trésors de son inépuisable fécondité.

Il semble que de tout temps et par-tout, l'homme soit moins capable de réflexion pour le bien que pour le mal; dans toutes les sociétés, les grands talens dans l'art de nuire ont été les premiers qui aient frappé l'esprit de l'homme, affecté la multitude. Ceux qui levoient sur eux une verge de fer étoient des dieux; ceux qui savoient leur commander étoient écoutés comme des oracles; mais ils n'avoient point de noms à donner à ceux qui savoient amuser, intéresser leur cœur. Ce n'est qu'après un trop long usage des faux honneurs et des plaisirs stériles, d'une dépendance servile, d'une liberté licencieuse, de bienfaits et des maux réels, qu'ils ont compris que la vraie gloire est la science, et la paix son bonheur le plus solide. Combien les peuples nouvellement découverts sont loin de cette sagesse ! A Otahiti les individus, et les chefs particulièrement, ne savent que combattre, jouir des femmes, manger beaucoup, ou employer leur loisir à contempler des spectacles informes.

Les usages simples, grossiers et toujours uniformes des sauvages, ont donné à quelques enthousiastes de la philosophie moderne, les préventions les plus favorables sur la droiture de leur esprit, la bonté et la franchise de leur cœur. Tout leur a paru singulier, étonnant dans les mœurs de ces hommes nouveaux : mais le merveilleux existoit plus dans l'imagination des discoureurs, que dans la réalité de la chose: ils s'en sont rapportés au récit des voyageurs, intéressés à donner du prix à leurs découvertes. Ceux-ci ont fait valoir avec emphase, quelques traits frappans d'amitié, de bravoure, de fidélité, qu'ils ont présentés comme le fond des mœurs des nations sauvages. Mieux appréciés, on ne les auroit vus que comme une lumière forte, qui, brillant tout-à-coup dans l'obscurité, frappe plus les yeux qu'une lumière aussi vive, mais répandue dans un atmosphère éclairé. Si ces vertus ne se montrent pas avec autant d'éclat parmi les peuples policés, si l'on n'y fait pas autant d'attention, c'est qu'elles y sont plus communes.

La vertu appartient donc encore moins à l'homme sauvage qu'à l'homme civilisé; il y a plus que de la singularité à chercher parmi ces nations barbares, des hommes vraiment vertueux, dignes d'être proposés pour modèles. Ou ils vivent dans une tranquille stupidité, ou ils sont brutaux, emportés, furieux, courant à la vengeance dès qu'ils se croient offensés, avec une égale impétuosité, sans consulter leurs forces et prévoir les dangers qui les menacent; c'est toujours l'occasion qui décide des changemens dont leur ame est susceptible.

« On me traite de méchant, a dit quelque part J. J. Rousseau, pour oser soutenir que l'homme est né bon. Pour moi, je le pense, et je crois l'avoir prouvé ».

Oui, l'homme est sorti bon, heureux, sage, parfait des mains de la nature, osons le croire ;

mais ce que l'on peut reprocher à l'éloquent écrivain que je viens de citer, c'est de faire paroître l'homme au moment de sa création, dans l'état de la stupidité, de l'ignorance la plus grossière, et de soutenir qu'alors l'homme est naturellement bon, simple, sage et heureux ; de faire dépendre sa bonté de son imbécillité ; son bonheur de son insouciance et de sa stupidité ; bornant la perfection de son existence à trouver, lorsque le besoin le sollicite, sa subsistance et sa femelle.

On trouve encore, il est vrai, quelques nations peu nombreuses dans cet état de grossiéreté ; mais en sont-elles meilleures et plus heureuses ? Les sauvages même de la terre *de Feu*, les plus stupides que l'on connoisse, sont-ils les meilleurs des hommes, et ceux qui jouissent le plus tranquillement de leur existence ? Ils sont toujours en guerre les uns contre les autres : les rouges ne s'occupent qu'à détruire les noirs, et ceux-ci savent dans l'occasion prendre leur revanche.

Peut-on penser plus favorablement de ceux qui habitent des régions plus fortunées, plus fertiles ? N'a-t-on pas reconnu par les expériences les plus récentes, que leur commerce avec les Européens, le défaut d'armes offensives, aussi meurtrières que les nôtres, les ont rendus plus dissimulés, plus souples, mais aussi plus fourbes, plus perfides et plus terribles au jour de la vengeance? Une fois irrités, ce sont des ennemis irréconciliables; on en peut juger par la cruauté avec laquelle les naturels de la Nouvelle-Zélande ont traité les navigateurs Français et Anglais, lorsqu'ils ont pu les surprendre et les attaquer avec avantage.

Si quelques peuplades dans les régions les plus reculées de l'Amérique septentrionale, échangent des pelleteries pour des marchandises européennes ; s'ils paroissent vouloir faire un commerce réglé, bientôt ils ajoutent la ruse à la brutalité ; et sous l'apparence d'une civilisation naissante, ils ne sont que plus vicieux. Les observations les plus nouvelles faites sur quelques-unes de ces petites nations établies au-delà du 50e. degré de latitude, nous les présentent comme humains au premier abord ; ils s'empressent à donner des secours aux malheureux naufragés sur leurs côtes, dont ils n'ont rien à redouter; mais le commerce qu'ils ont avec les nations civilisées, leur ayant appris à connoître la valeur de l'argent, s'ils en apperçoivent entre les mains de ceux qu'ils secourent, alors ils mettent leurs services au plus haut prix, et ils ne sont satisfaits que lorsqu'ils ont dépouillé l'individu avec lequel ils traitoient.

En observant avec plus de suite et d'attention cette race d'hommes, on ne parviendra point à une connoissance plus exacte des appétits et des penchans de la nature chez l'homme sauvage. Le résultat des observations sera que celui-ci ne cherche qu'à les satisfaire, ainsi que les autres hommes ; mais que dans le premier, le desir de la jouissance exclusive est porté au plus haut degré ; il ne s'inquiète pas des moyens, il ne les prévoit pas : c'est assez pour lui que l'objet se présente, l'instant même le détermine, ce qui fait qu'il passe une grande partie de sa vie dans un état qui n'est pas fort au-dessus de la végétation.

Ainsi la paresse naturelle à l'homme dans l'état de nature, le laisse constamment sans autres connoissances et sans autres talens que ceux de se nourrir, de se reproduire, de se défendre des injures de l'air et d'avoir toujours les armes à la main pour se venger. Tels étoient les Germains et les naturels des îles Britanniques avant que les Romains n'y eussent porté leurs armes et quelques principes de civilisation : telles sont encore quantité de hordes de Tartares, plus de la moitié des peuples de l'Afrique, toutes les petites nations de l'Amérique et la plupart de celles que l'on découvre dans les îles de la mer du Sud et de l'Océan oriental. Les douceurs de l'oisiveté leur tiennent lieu de toutes les passions : la nécessité seule peut des tirer de cette vie inactive, et l'inclination à ne rien faire est un des traits caractéristiques auxquels on reconnoît par-tout l'*Homme de la Nature*; s'il en sort, ce n'est qu'autant que l'intérêt le plus grossier le met en action; c'est ainsi qu'il se montre par-tout, ne reconnoissant d'autre loi que celle du plus fort : si le cri de l'humanité retentit quelquefois à ses oreilles, bientôt il est étouffé, et rien alors n'est capable de l'arrêter dans ses emportemens.

Le peu d'avantage qu'on lui attribue sur les autres hommes et qui a séduit quelques spéculateurs enthousiastes de la liberté et de la sagesse de l'homme dans l'état de nature, il le doit à son imagination froide et bornée. Il ne se fait pas une idée chimérique de plaisirs qui ne peuvent exister que dans l'excès et auxquels il n'est pas possible d'atteindre; il ne suit que l'impulsion de la nature; mais s'il trouve quelque obstacle à sa satisfaction, on voit bientôt disparoître cette douceur et ce calme dont il jouit sans en connoître le prix, et qui ne sont jamais plus parfaits que lorsqu'il n'est sollicité par aucun besoin.

Pour juger de ce dont l'*Homme de la Nature* est capable, examinez-le lorsqu'il est passionné, et vous le verrez fixé sur l'objet dont il poursuit la jouissance, écartant avec une fureur intrépide tout ce qui l'en sépare : le péril disparoît à ses yeux, il oublie jusqu'au soin de sa propre conservation. Le besoin qui le tourmente le rend insensible à toute autre idée qu'à celle dont il espère satisfaction. Ainsi, l'homme est toujours ce que ses besoins le font ; c'est à ces mêmes besoins qu'il est subordonné ; le sauvage n'est qu'un enfant qui sent sa force et qui ne se croit obligé à rien envers son semblable ; il ne connoît même pas la proportion qui peut se trouver entre le plaisir qu'il cherche, et le dommage qu'il doit craindre du ressentiment de celui qu'il offense : toujours guidé par le desir d'une jouissance exclusive, il est comme un enfant qui court après un objet unique, avec ce degré d'intérêt qui éclipse toute autre considération.

Ce sentiment est peut-être plus général qu'on ne le pense d'abord : si l'homme civilisé trouve dans son union avec les autres, les facilités requises pour répondre à ses desirs ; s'il y arrive par des égards, par le sacrifice apparent de ses prétentions, ce n'est souvent qu'autant que ses intérêts ne sont qu'imaginaires, et qu'il peut s'en détacher sans faire de tort à sa passion dominante. A considérer les choses telles qu'elles sont

sont réellement, les empires, les sociétés, les familles même ont-elles d'autre but qu'elles-mêmes et leur satisfaction ? Si elles paroissent unies d'intérêt, c'est que l'avantage des unes fait celui des autres ; tel est peut-être le lien qui forme et tient toutes les sociétés unies, et qui est plus ancien que toutes les loix. En remontant à l'origine des choses, on trouve des vestiges et des témoignages irrécusables de ce que nous avançons, présentés avec une simplicité aussi noble que respectable.

§. XXXVI.

Peuples qui ont conservé les premiers usages de la société : Arabes et Tartares, nobles, généreux et hospitaliers : tableau précieux des anciennes mœurs.

Il existe encore des peuples assez nombreux qui ont conservé des usages qui remontent aux premiers temps de la société ; c'est chez eux qu'il faut chercher la véritable idée de l'*Homme de la Nature*, bienfaisant et libre, tel qu'il a été créé, au-dessus de l'intérêt des passions ; qui ne s'est point laissé asservir sous le joug des préjugés et de la superstition ; en un mot, l'homme primitif, dans toute la noblesse qui convient à l'être qui tient le premier rang parmi tous les êtres créés.

Les Arabes ont toujours été ce qu'ils sont de nos jours ; l'amour de l'indépendance n'a jamais cessé de régner dans leurs cœurs : entourés successivement de la puissance des Egyptiens, des Persans, d'Alexandre et de ses successeurs, des Romains et des Ottomans, leur aversion pour toute domination étrangère leur a fait préférer leurs déserts arides aux établissemens les plus avantageux. La liberté a tant de charmes pour eux qu'avec elle ils supportent courageusement la faim, la soif, les ardeurs dévorantes du soleil et les plus grandes fatigues. Humiliés quelquefois, mais jamais soumis, ils ont bravé toutes les puissances de la terre, et repoussé les fers qui ont enchaîné tour à tour les autres nations. Ce peuple fier est peut-être le seul qui ait conservé cette noblesse de caractère, cette générosité, cette fidélité inviolable qui honorent l'humanité. La fourberie et le parjure lui sont inconnus : ignorant, sans mépriser les sciences ; une raison saine, un esprit droit, une ame élevée le distinguent de tous les Orientaux. Devant les étrangers, comme devant leurs princes, les Arabes gardent toujours la dignité de l'homme et ne s'abaissent jamais à de viles flatteries.

Sérieux sans morgue, spirituels sans ostentation, francs sans imprudence, ils connoissent les charmes d'une conversation, tantôt sage, tantôt enjouée : l'amitié est sacrée parmi eux, et le voyageur égaré qui réclame leurs secours, à ce titre, est regardé comme leur frère ; s'ils marchent toujours en armes, c'est qu'ils sont environnés d'ennemis. Tels sont ces Arabes que le génie d'un seul homme sut réunir pour renverser les trônes voisins, et donner des loix à tant de nations différentes. Ils ont perdu leurs conquêtes, mais ils ont conservé leurs mœurs et leur caractère ; il en existe différentes tribus dans la Thébaïde, qui exercent l'agriculture sous l'empire de leur scheiks. Les chefs de ces tribus sont encore, comme ils l'ont toujours été, les juges, les pontifes et les souverains de leurs districts, qu'ils gouvernent plutôt en pères de famille qu'en rois. Ces patriarches vénérables prennent leurs repas à la porte de leurs tentes ou de leurs maisons, et y invitent ceux qui se présentent. Cette invitation n'est point une formule stérile de politesse ; tout homme quel qu'il soit a le droit de s'asseoir à la table et de se nourrir des alimens qui s'y trouvent : tel étoit Abraham leur père. Lorsque le chef se lève de table, il crie à haute voix : *Au nom de Dieu, que celui qui a faim, s'approche et mange.*

Ce n'est que dans ces usages que l'on retrouve les traits intéressans de l'homme primitif dont le caractère s'est conservé tel qu'il étoit lorsque ce peuple s'est formé en société, sans que les révolutions qu'il a éprouvées ou la distinction des rangs l'aient altéré (1).

Les Tartares indépendans qui se sont formés en société, peut-être dans le même temps que les Arabes, ont beaucoup de conformité avec eux : ils exercent de même l'hospitalité, avec une générosité, des égards au-dessus de tout éloge. Si un étranger passe dans leurs établissemens, chacun se met sur la porte de son logement pour annoncer qu'il est habité et qu'on peut y entrer : ils ne cherchent point à déterminer le choix du voyageur; ils lui laissent la liberté de favoriser de sa présence celui qu'il juge à propos de préférer, ce qu'ils regardent comme un bienfait signalé : la seule différence qu'ils mettent dans cet accueil est d'aller au-devant du malheureux que la misère rend toujours timide. Le plaisir de le secourir appartient de droit à celui qui peut le premier s'en emparer (2).

---

(1) Lettres sur l'Egypte, par Savary, tom. II.
(2) Mémoires du B. de Tott, tom. II, pag...... La forme du lit à quatre colonnes sur lequel les vieillards

Ce n'est donc que parmi quelques peuples libres, regardés mal-à-propos comme des barbares, que l'on reconnoît l'*Homme de la Nature*, qui a conservé toute son honnêteté ; ils suivent encore les usages qu'ils adoptèrent lorsqu'ils se réunirent ensemble. Chaque famille forme un petit état dont le père est le souverain ; les membres qui le composent lui sont attachés par les liens du sang : ils respectent son pouvoir et s'y soumettent ; les différends qui s'élèvent entr'eux sont apportés à son tribunal, il prononce, et ses jugemens en terminant les débats rétablissent l'ordre et la paix. Le vieillard le plus âgé tient le sceptre entre ses mains ; les lumières d'une longue expérience servent à le diriger ; mais dans tout ce qui regarde la police intérieure, il se conduit d'après les usages antiques.

Tel est le tableau précieux des anciennes mœurs,

---

chefs de famille rendoient les jugemens, a servi de modèle aux trônes de l'Orient : il n'y en a communément qu'un dans chaque famille, même chez quelques grands de la Pologne, qui est pour le chef de la maison. Si l'on ajoute à cette remarque, que presque toute l'Europe a été envahie par des nations d'origine tartare, on aura l'explication du terme, *lit de justice*, toujours employé, lorsque la majesté souveraine se déployoit dans toute sa splendeur, pour exercer son autorité.

que le despotisme même avec son joug de fer sert à conserver dans la plupart des familles des Indes orientales : personne n'ose lever la tête en public ; les talens, les richesses deviennent une cause de persécution. Ce n'est que dans l'intérieur de la famille et dans le secret de l'amitié que l'on trouve la tranquillité, le bonheur et la paix. L'union des membres en fait la sûreté, et l'intérêt commun se joint à la voix du sang pour en conserver l'harmonie. C'est là que les loix saintes de la nature sont observées dans leur pureté primitive ; un même toit renferme souvent une nombreuse postérité. Chaque jour les enfans et les petits-enfans viennent payer à leur agent un tribut de vénération et de tendresse. Le plaisir d'être aimé et respecté davantage à mesure qu'il avance en âge, lui fait oublier qu'il vieillit : le contentement de son cœur brille dans ses yeux ; la sérénité de son ame adoucit les rides de son front. Heureux dans le sein de sa famille sur les bords du tombeau, il n'apperçoit point la mort qui vient le frapper, et s'endort au milieu des embrassemens les plus chers !

§. XXXVII.

*Longévité de l'*Homme de la Nature : *première éducation des enfans : ses défauts : avantage de celle des sauvages : dernières années de sa vie : sauvages qui abandonnent les malades et les vieillards mourans : peu sensibles à leurs derniers momens, et pourquoi.*

Les observateurs les plus éclairés ont cru reconnoître que, sans quelques accidens particuliers, tous les animaux restés dans l'état de nature, arrivent tranquillement au terme assigné à leur existence. Seroit-ce donc un privilège de l'être pensant, une conséquence de ses facultés supérieures, que sur dix mille individus de l'espèce humaine, il y en ait à peine un qui finisse sa carrière par une mort naturelle, c'est-à-dire, qui arrive tranquillement au terme fixé à sa durée mortelle ; que les autres aient sans cesse à combattre contre toutes sortes de peines et de misères, et qu'ils traînent leur triste et laborieuse existence au travers d'une foule de dangers, dont quelques-uns les empêchent d'arriver à ce terme ? ce ne peut certainement pas être l'ordre de la nature, mais plutôt l'effet d'accidens étrangers à la constitution humaine.

L'*Homme de la Nature* ou le sauvage placé immédiatement au-dessus des brutes, presque toujours guidé par l'instinct, partage dans sa manière de vivre les avantages que les animaux semblent avoir au-dessus de l'homme, au moins quant à la durée de l'existence. S'il ne jouit pas de tous les biens dont sa position est susceptible, il n'a rien à souffrir de toutes les misères auxquelles se sont assujettis les hommes civilisés, ceux qui se sont le plus écartés de l'ordre primitif de la nature.

Cependant, la grossièreté, l'ignorance, la barbarie de presque tous les sauvages qui les rendent si différens les uns des autres dans leurs mœurs, et leurs usages particuliers, les éloignent souvent autant de l'ordre de la nature que les peuples les plus civilisés. Ils ont quelques lueurs de raison, qui paroissent les guider par intervalles, mais ils sont toujours enchaînés par des préjugés, des coutumes superstitieuses qui ne peuvent qu'abréger la durée de leur existence.

On est assez porté à croire que dans la simplicité de l'état de la nature où l'homme n'est ni accablé par le travail, ni tourmenté par les inquiétudes engendrées par les passions ordinaires aux peuples policés et qui tiennent à la constitution de leurs sociétés, la vie doit couler doucement, sans être jamais troublée par les maladies, la douleur, les soucis dévorans, les remords vengeurs, jusqu'à ce qu'elle se termine enfin par la caducité, suite de la dégradation successive de la constitution humaine.

On rencontre chez les peuples sauvages des individus dont la figure flétrie semble indiquer une vieillesse extraordinaire ; mais comme ils ignorent presque tous l'art de compter, et qu'ils oublient si aisément le passé, qu'ils s'occupent peu de l'avenir, il est très-difficile de connoître leur âge avec une certaine précision. D'ailleurs il faudroit les avoir assez fréquentés pour savoir quelle est la durée de la vie la plus ordinaire aux climats qu'ils habitent. On sait encore qu'ils ne sont pas tous exempts des maladies qui attaquent quelques individus, qui leur font éprouver les inconvéniens d'une vieillesse anticipée ; et que s'ils arrivent au terme fixé dès les premiers siècles de la civilisation, à soixante-dix ou quatre-vingts ans, ce qui s'étend au-delà n'est plus qu'un temps d'inaction, d'infirmités et de peines. Ainsi leur sort, quant à cet objet, est assez semblable au nôtre : telles sont pour tous les hommes et dans tous les états les bornes de la vie ; quoiqu'il paroisse vraisemblable que sa durée commune est plus courte parmi les sauvages, que chez les peuples industrieux et policés.

Si la première éducation, les premiers soins

que l'*Homme de la Nature* donne à ses enfans, étoient aussi défectueux que ceux que la plus grande partie des Européens donnent aux leurs, la population déjà si restreinte parmi les sauvages, par les guerres continuelles qu'ils se font les uns les autres, les mortalités occasionnées par la famine, dont il est rare qu'ils sachent se garantir par de sages précautions, seroit encore moindre.

On a reconnu par un calcul exact que la moitié des individus de notre espèce, meurt avant l'âge de huit ans. Cette mortalité est portée au plus haut degré parmi les nations les plus efféminées et les plus affoiblies par la mollesse, qu'entraîne à sa suite un luxe excessif : elle diminue en proportion que les mœurs deviennent plus simples, l'exercice plus fréquent, la manière de vivre plus dure; aussi, est-ce dans les familles, qui, dans leur genre de vie, se conforment le plus aux loix simples de la nature, que le nombre des enfans est le plus grand, pourvu que le nécessaire ne leur manque pas : peut-être doit-on rapporter cette mortalité aux précautions que l'on prend pour contrarier dès les premiers jours de l'enfance, les indications de la nature.

Dès qu'un enfant est né on lui donne des médicamens propres, à ce que l'on prétend, à le débarrasser d'une substance épaisse et glaireuse dont son estomac et ses intestins sont remplis, et le premier lait de la mère est la médecine que la nature a préparée à cet effet : l'enfant desire le sein de sa mère ; il l'exprime par le mouvement de ses lèvres, et on le lui refuse pendant quelques jours : on dispense même la mère du soin de le nourrir, quoique sa santé et celle de l'enfant soient également intéressées à se conformer à cet ordre de la nature. Nous ne parlerons pas des autres inconvéniens que cet usage dénaturé des nations les plus civilisées et les plus nombreuses, entraîne à sa suite. Il est encore prouvé que l'usage d'emmailloter les enfans empêche leur accroissement, gêne le développement de leurs membres, et les tient dans une contrainte qui souvent les déforme, ce qu'ils annoncent par leurs cris presque continuels, signes de la douleur qu'ils éprouvent.

Il n'en est pas de même chez les nations que nous regardons comme barbares : presque tous les peuples de l'Inde, de l'Afrique, tous les sauvages de l'Amérique, et les naturels des îles nouvellement découvertes, ne contraignent en rien les corps encore tendres de leurs enfans : plusieurs les lavent dans l'eau froide au moment de leur naissance ; tous les couchent dans des espèces de berceaux ou dans des corbeilles garnies de peaux de bêtes fauves, de nattes, ou seulement d'herbes sèches, suivant l'exigence du climat, et le degré d'aisance où ils sont parvenus, et ils leur laissent ainsi l'usage et le mouvement libre de tous leurs membres. Ce qui leur réussit si bien, qu'à l'âge de deux à trois mois, les enfans las de dormir, ont déjà assez de force pour sortir du berceau en se traînant sur leurs mains et leurs genoux ; avant six mois ils commencent à se tenir debout ; à un an ils sont fermes sur leurs jambes et courent où il leur plaît. Les mères ne craignent pas que cette liberté donne aux membres si tendres de leurs enfans, des tours forcés ou des postures peu naturelles capables de les déformer. Rien n'est si rare que de voir parmi les sauvages, des individus remarquables par quelque défaut de conformation ; enfans, hommes et femmes, tous sont bien faits, forts et robustes. Accoutumés dès l'instant de leur naissance à tout le mouvement qu'ils peuvent prendre ; sans cesse libres et nuds au grand air, rien ne contraint en eux ce principe actif si marqué qu'ils sont toujours en mouvement, et ne cèdent qu'à la fatigue, suivie d'un doux sommeil, qui répare ce qu'ils ont perdu de force pendant la veille. C'est ainsi qu'est élevée leur enfance dans tous les climats connus, il n'y en a aucun trop chaud ou trop froid pour leurs habitans ; la différence ne consiste que dans le plus ou le moins de mouvemens dont ils sont susceptibles.

Si l'on veut trouver la première cause de la foible constitution de la plupart des individus des nations civilisées, sur-tout de ceux qui sont au rang le plus distingué, on doit remonter aux premiers temps de l'enfance : c'est-là que l'on trouve l'origine du mal. Alors l'habitude et la contrainte ont commencé à prendre la place de la nature et de la liberté, et en ont usurpé les droits; elles en ont affoibli et souvent anéanti les prérogatives. Avec l'âge, la source du mal augmente par quantité d'accidens qui ont leur principe dans la première éducation : les maladies de l'esprit et du corps s'engendrent les unes des autres, et portent dans tout le système de l'homme une corruption qui se répand sur tout le cours de la vie. Les dernières années de l'existence de l'homme, donnent dans les sociétés civilisées un spectacle affligeant pour la raison humaine. Les organes n'ont plus que des fonctions imparfaites et qui cessent par degrés : les sentimens du cœur s'affoiblissent, ainsi que les facultés supérieures de l'imagination et de l'entendement, au point que la condition de l'homme semble se dégrader au-dessous de celle de tout autre animal : aucun état, quel qu'élevé qu'il soit, ne met à l'abri de cette espèce d'avilissement.

Les facultés de l'*Homme de la Nature*, du sauvage, qui n'ont jamais eu les mêmes moyens de développement, ne paroissent pas tomber dans un semblable anéantissement, ce qui porte à croire que si l'homme civilisé menoit une vie plus conforme aux loix de la nature, il conserveroit jusqu'à la fin le plein exercice de ses sens, ou du moins l'usage libre des facultés supérieures qui le distinguent des autres animaux, et qui fondent l'espérance naturelle de passer de cette vie à une condition plus parfaite et plus heureuse. Quelques individus en jouissent jusqu'à la fin de la plus longue carrière, et semblent s'endormir plutôt tranquillement, que de tomber sous les coups de la mort ; et ce sont toujours ceux dont la vie a été la mieux réglée, dont les passions ont été les moins impétueuses, sur lesquels la raison a conservé constamment son empire.

On n'a pas eu des occasions assez fréquentes d'observer le sauvage jusqu'aux derniers momens de son existence sur la terre; on ne l'a presque jamais connu qu'en activité, et lorsqu'il avoit encore assez de force pour tenir son rang dans la nation dont il faisoit partie.

L'Homme de la Nature arrivé au terme où il est le plus exposé aux infirmités de toute espèce, bien loin d'exciter la pitié et les attentions que l'humanité doit à la vieillesse, et sur-tout aux parens, semble ne devoir attendre, même de sa famille, qu'une sorte d'aversion et un éloignement barbare. Dans certaines peuplades de l'Amérique, lorsqu'un sauvage est attaqué de quelque maladie grave, il se voit bientôt abandonné de tous ceux sur les attentions desquels il devoit compter. Sans prendre aucun intérêt à sa guérison, ils fuient dans la plus grande consternation, pour éviter, disent-ils, le danger de la contagion.

On peut dire que par-tout ils ont toujours été les mêmes. Hérodote (*lib.* 3. *Thalie.*) parle d'une nation ou peuplade d'Indiens, ne vivant que d'herbes et sur-tout d'une espèce de millet qui croît de lui-même dans leur pays, qu'ils faisoient cuire dans la gousse : ceux d'entr'eux qui se sentoient malades, se retiroient dans un lieu désert ou écarté, s'y couchoient ; on ne pensoit plus à eux, on les y laissoit mourir sans en prendre aucun soin. Cette peuplade vivant dans une entière liberté, habitoit les parties méridionales de l'Inde.

Dans les lieux où l'on n'abandonne pas ainsi les malades et les vieillards, la froide indifférence avec laquelle ils sont traités, ne leur procure que de foibles soulagemens, tout au plus quelques alimens communs dont leur état ne leur permet pas de faire usage. Leurs parens les plus proches refusent de se soumettre à la plus petite incommodité, ou de se priver de la moindre bagatelle pour les soulager ou leur être utiles. L'ame du

sauvage ne paroît pas susceptible de ces sentimens humains d'où naissent les tendres affections
qui adoucissent l'infortune.

Il semble que les vieillards s'attendent à cet
abandon : ils voient sans peine que leurs enfans
en agissent avec eux, comme ils l'ont fait avec
leurs pères : c'est ce qui a fait croire aux Européens, qu'ils n'éprouvent pas les convulsions de
l'agonie, lorsqu'ils meurent de maladies ou de
blessures accidentelles. Leur imagination n'atta-
chant aucune crainte aux approches ou aux suites
de la mort, ne leur donne pas une sensibilité
factice, contre laquelle l'habitude et la nature les
ont prémunis. Toute leur vie physique et morale
les porte à braver cette mort, que tout nous
apprend à redouter ; à surmonter cette douleur
que les soins que nous prenons pour l'écarter,
ne font le plus souvent qu'irriter.

§. XXXVIII.

Des maladies, de la mort de quelques peuples
sauvages de l'Amérique.

Les exercices violens que font les sauvages,
leurs voyages et la simplicité de leur nourriture
les mettent à l'abri de beaucoup de maladies,
qui sont les suites nécessaires d'une vie molle,
oisive et peu agissante, de la délicatesse des tables,
de

de l'excès de la variété des vins. Endurcis par les fatigues de leurs voyages, ils sont presque toujours d'une constitution forte et robuste. On voit parmi eux peu de gens contrefaits de naissance; ils ne sont sujets ni aux gouttes, ni aux apoplexies, et ils ne connoîtroient pas le scorbut, le pourpre, la rougeole et bien d'autres maladies épidémiques, sans le commerce des Européens.

La guérison des blessures est le chef-d'œuvre de leurs opérations, et ils font sur ce point des choses si extraordinaires qu'elles pourroient paroître incroyables. Ils ne connoissoient point la saignée avant l'arrivée des Européens; mais ils ne savent pas encore s'en servir entr'eux; ils y suppléent par des scarifications qu'ils font avec des pierres tranchantes, et indifféremment dans toutes les parties du corps où ils ont du mal. En Amérique tout comme en Europe, on fait plus de cas de remèdes venus de loin que de ceux qu'on a sous la main et qui paroissent vils parce qu'ils sont trop communs. Il en est de même du médecin que du remède; l'étranger a toujours la préférence; on le croit plus habile sans savoir pourquoi. Voilà la raison qui leur fait employer des médecins étrangers, de préférence aux leurs. Ils se mettent volontiers entre les mains des Européens; ils se font saigner même sans en avoir besoin et par compagnie; ils prennent par estime

Tome I. T

nos vomitifs et nos purgatifs, mais ils ne peuvent supporter l'idée de ces grandes incisions que fait le bistouri, dont ils n'aiment point du tout les opérations. Les malades chez eux sont assez soignés tant qu'on espère et qu'on croit les guérir ; mais ils sont abandonnés avec trop de facilité dès qu'on commence à perdre espérance : plusieurs médecins européens en ont sauvé un grand nombre qui avoient été ainsi abandonnés.

Lorsque le malade a rendu les derniers soupirs, on donne les premiers soins au cadavre pour le préparer à la sépulture. Quelques peuples de l'Amérique septentrionale ont trouvé le moyen de préserver de la corruption les corps de leurs chefs, sans y employer les baumes et les aromates en usage chez les Orientaux qui ont rendu les momies d'Egypte si célèbres. Dans les Indes espagnoles, les sauvages faisoient embaumer les corps des Caciques ; c'est sans doute aussi de cette manière qu'on conservoit le corps des Grands du Pérou et des personnes dévouées qui se faisoient mourir avec eux.

Les Iroquois et les Hurons dont le gouvernement est républicain, ne mettent aucune distinction à cet égard entre leurs chefs et le commun peuple : les regrets que cause la présence du mort dans sa cabane, y font oublier le soin d'y préparer à manger. Le jour de l'enterrement, le chef fait faire le cri dans le village dès le matin, afin que dans chaque cabane on fasse chaudière pour le défunt. C'est un vrai festin funéraire, tel que le pratiquoient les anciens, sous le nom de *Silicernicum*, parce que ceux qui le préparoient, gardoient le silence, et n'y touchoient pas. Le premier ou le troisième jour après le trépas est destiné pour la sépulture.

Les Troglodytes insultoient aux cadavres des leurs qu'ils transportoient sur le haut d'une montagne; ils leur attachoient une pierre aux pieds et une corne de chèvre sur la tête : en cet état ils déchargeoient sur eux une grêle de cailloux, jusqu'à ce qu'ils les eussent fait tomber dans le précipice, après quoi ils se retiroient riant et se divertissant du plaisir qu'ils s'étoient donné à cette cérémonie. Les Ichtyophages jettoient dans la mer tous leurs corps morts, comme pour payer une espèce de tribut à la mer et aux poissons qui leur servoient de nourriture. Quelques peuples de l'Amérique ont la cruelle habitude de manger leurs corps morts, mais ils n'en usent que par piété; piété mal entendue, mais qu'ils tâchent de rendre louable; car ils croient leur donner une sépulture bien plus honorable que s'ils les abandonnoient en proie aux vers et à la pourriture.

Dans l'Amérique méridionale quelques peuples décharnent le corps de leurs guerriers et les parens mangent leur chair, ainsi que je viens de le dire, et après les avoir consumés, ils conservent pendant quelque temps leurs cadavres avec respect, et ils portent ces squelettes dans les combats en guise d'étendards, pour ranimer leur courage par cette vue et inspirer la terreur à leurs ennemis : d'autres les laissent pourrir en terre jusqu'à l'anniversaire; c'est alors qu'ils lui rendent de nouveaux devoirs.

Les Iroquois, les Caraïbes et les Bresiliens suivent la méthode de mettre les corps dans la terre.

Comme ils envisagent la mort d'un air plus tranquille que nous, ils n'ont pas aussi les ménagemens d'une fausse compassion, qui fait qu'on n'ose annoncer à un mourant le danger où il est. Il arrive assez fréquemment parmi ces barbares, qu'on dise à un malade que c'en est fait, et qu'il ne peut vivre plus long-temps. On croit même le consoler en lui montrant les robes précieuses et les ornemens qu'il doit emporter au tombeau ; ces ornemens sont préparés depuis long-temps et avec le même zèle et le même principe qui faisoit travailler Pénélope avec tant de soin à la robe funéraire de Laërte son beau-père; le malade est souvent le premier à se condamner, il se dispose à la mort avec le même sang-froid qu'un homme qui partiroit pour un long voyage :

il se fait laver, graisser, peindre et empaqueter tout vivant dans la même situation qu'il doit avoir dans le sépulchre.

Un moment avant que de mettre le cadavre dans la fosse, le maître des cérémonies lui coupe au sommet de la tête un toupet de cheveux qu'il donne à son plus proche parent : cette action n'est pas sans mystère, elle étoit sacrée chez les payens; d'après Euripide, Virgile a feint aussi, que Junon envoya Isis à Didon mourante, pour lui couper le cheveu fatal consacré à Proserpine, sans quoi son ame ne pouvoit se détacher de son corps, ni se présenter sur les bords du Styx.

Oviedo dit, qu'à la mort des chefs qu'il nomme Caciques dans l'île Espagnole, on enterroit avec eux plusieurs personnes de l'un et de l'autre sexe, et particulièrement plusieurs de leurs femmes, qui se faisoient honneur de cette mort, et se persuadoient qu'elles l'accompagnoient dans le ciel ou dans le soleil.

La privation de la sépulture est chez les Américains, une tache infamante et une punition; les Iroquois, les Hurons et la plupart des nations sédentaires, ont des cimetières communs auprès de leurs villages.

L'avidité insatiable des conquérans du Pérou, leur fit profaner toutes les anciennes sépultures des Indiens, dans l'espérance d'y trouver les richesses immenses qu'on avoit coutume d'y ensevelir avec les corps.

Soit religion, soit respect pour les défunts, soit considération pour leurs parens, il n'est plus permis de nommer une personne morte par aucun des noms qu'elle portoit durant sa vie, et tous ceux ou celles qui avoient des noms semblables, sont obligés de les quitter et d'en prendre d'autres, ce qui se fait au premier festin. Ces noms restent comme ensevelis avec le cadavre, jusqu'à ce que les regrets étant dissipés et amortis, il plaise aux parens de relever l'arbre et de ressusciter le défunt.

Le deuil étant une marque de la tendresse réciproque qui se trouve entre les personnes unies par le sang, ou par l'amitié, doit être regardé comme un devoir fondé sur la nature. Les loix du grand deuil, chez les sauvages, sont très-austères; car après s'être fait couper les cheveux, s'être barbouillé le visage de terre ou de charbon, ils se traînent pendant dix jours, la face contre terre, ou tournés vers le fond de l'estrade, la tête enveloppée dans leur couverture.

Ceux qui y sont le plus obligés, sont l'époux et l'épouse. La coutume de pleurer les morts, se passe chez quelques nations de l'Amérique, en devoir de civilité ou de bienfaisance à la réception des étrangers. On ne croit pas pouvoir les honorer davantage qu'en entrant dans les sentimens de deuil ou de tristesse qu'ils peuvent avoir de la perte qu'ils ont faite des personnes de leur nation qui devoient leur être attachées.

Les nations de l'Amérique septentrionale font une fête générale à laquelle, après avoir rassemblé tous les cadavres de ceux qui sont morts dans l'intervalle d'une fête à l'autre, et invité toutes les nations voisines ou alliées, ils les font brûler, comme c'est l'usage des peuples du Nord, ou bien, ils les ensevelissent dans une fosse commune.

Il y a quelques variations entre ces nations, touchant la manière et le temps auquel elles ont coutume de célébrer cette fête. Quelques-uns la célèbrent d'année en année. Les Hurons et les Iroquois ne la célèbrent que de dix en dix ans, ou de douze en douze, ou toutes les fois qu'ils changent de village. La fête générale des morts est, de toutes les actions qui intéressent les sauvages, la plus éclatante et la plus solemnelle. Ils lui donnent le nom de festin des ames : on pare ordinairement le fond de la fosse, et on la borde de grandes robes, faites de la peau de dix castors chacune ; on met dans le milieu quelques chaudières à l'usage des morts, et on y descend les corps entiers, dont chacun des assistans emporte avec soi, une, deux et même trois robes de castor.

Les observations que nous venons d'offrir à nos lecteurs dans ce paragraphe sont extraites d'un écrit intéressant composé par un célèbre médecin, qui pendant long-temps a vécu avec les sauvages américains et qui a recueilli tout ce qui pouvoit piquer la curiosité des Européens, et des hommes instruits de toutes les nations. Il a fréquenté les diverses peuplades qui habitent les bords de l'*Orenoque*, et du fleuve *St. Laurent* ; pendant six mois il a campé à quelques lieues du saut de *Niagara* ; et pendant la dernière guerre en Amérique, il a lui-même pansé les plaies des sauvages, sondé leurs blessures et mis les premiers appareils. Beaucoup de détails qu'il donne sur leur vie privée et leurs occupations générales étoient encore ignorés ; parce que la plupart de ceux qui ont vécu parmi ces différentes nations, ou ne se sont pas embarrassés d'approfondir ce qu'ils voyoient, ou n'étoient pas en état de faire ces sortes de recherches.

Ce qu'il nous apprend de ces peuples, n'est selon lui qu'une ébauche imparfaite ; il faudroit la plume de plusieurs littérateurs pour pouvoir présenter des observations sur tant de peuplades dispersées, dont les usages changent à raison des localités, des circonstances, et sur-tout de leur manière de vivre. Au reste, le voyageur dont nous avons analysé l'écrit, présente des notions tout-à-fait neuves, et paroît s'être abstenu de citer quelques circonstances, ou quelques particularités déjà connues, et par conséquent peu faites pour piquer la curiosité.

§. XXXIX.

De quelques vertus chez les peuples sauvages.

La vertu.... Malheur à l'homme de la société qui pourroit la regarder comme un préjugé! mais cette idée ne peut avoir aucune influence sur l'ame du sauvage. Toutes ses actions toujours subordonnées à la loi de la nécessité n'ont jamais le mérite du choix, de la préférence, de l'amour du bien, du desir de paroître vertueux. Chez tous les hommes où le raisonnement ne dirige point les actions, il paroît que l'intérêt agit seul, et le bien même est dû au concours des circonstances, à l'égoïsme, au hasard, aux préjugés. Il est cependant des vertus qui maîtrisent l'ame du sauvage; mais si on considère généralement ces vertus par rapport à l'espèce, elles éprouvent des modifications si singulières, elles produisent des effets si contraires, elles sont tellement subordonnées aux préjugés, aux circonstances, à la température des climats, à mille causes physiques et morales, que l'on ne sait à quoi attribuer leur existence, et si elles sont vraiment inspirées par la nature.

On distingue parmi elles l'amour de son pays. Cet amour et ce mouvement naturel, involontaire, qui maîtrise nos ames, et qui nous porte à aimer le lieu qui nous vit naître, qui semble à nos regards embellir ce séjour, nous rappelle les plus doux souvenirs, et dans le sein du bonheur comme dans l'infortune, nous fait tourner nos regards vers le hameau paternel, ce hameau qui rassemble des objets si chers à notre cœur.

L'instinct grave cet amour dans le cœur de l'homme sauvage, et la raison dans celui de l'homme de la société, lui donne de nouveaux développemens, une nouvelle force, un nouvel enthousiasme. Loin des lieux qui le virent naître, l'homme dans l'âge mûr, après une longue absence, se rappelle les temps heureux de son enfance : dans son exil, son imagination revoit la terre natale, le toit rustique, le ruisseau qui baigne la prairie voisine, le bosquet où il a joui de la fraîcheur de l'ombre et d'un doux sommeil. Dans son délire enchanteur, il croit errer dans ces lieux où, pour la première fois, il éprouva les plus doux sentimens de la nature : les sites, les rochers, les collines, les ombrages épais, les rives verdoyantes et fleuries ; tout se retrace à sa mémoire, tout dit à son cœur : *rien n'est si beau que mon hameau*.

O pouvoir de cette passion qui domine toutes les facultés de notre ame ! l'amour de la patrie embellit même les lieux les plus horribles. L'habitant de la Laponie erre au milieu des déserts, dans des contrées où règnent les frimats, les glaces et les neiges éternelles, au milieu des privations, environné de dangers, souvent obligé de disputer aux ours, aux bêtes les plus féroces, les alimens qui lui sont nécessaires. Qu'il soit, par le hasard, ou par des circonstances imprévues, transporté à la cour des rois, dans les palais des grands, bientôt il regrette la caverne enfumée qui le vit naître, le poisson desséché qui l'a nourri, la peau de l'ours qu'il a terrassé, et qui le couvroit. Il se dépouille de ses riches habits, il reprend son arc et ses flèches, il retourne dans les forêts, et dût-il succomber, il meurt satisfait, il a revu son pays et ses pareils.

Le *noir Africain* préfère le ciel brûlant de la Torride; le *Caraïbe*, les bois et les déserts; le *Tartare*, les plaines immenses où il erre avec ses troupeaux; le *Paria*, le figuier asiatique, aux cités superbes où règnent le luxe et les beaux-arts, au climat le plus fortuné, aux sites enchanteurs des rives fécondes, habitées par l'homme agriculteur et civilisé.

Qui pourroit s'étonner du tendre intérêt qui enchaîne tous les hommes à la patrie ! Le sauvage et le citadin ne savent-ils pas que le lieu qui les a vu naître, renferme la mère qui nous a nourri de son lait, un père qui nous prodigua les plus tendres soins; celle qui, la première, nous fit éprouver les plus douces sensations de l'amour et de la volupté; en un mot, la patrie ne leur offre-t-elle pas tous les objets pour lesquels l'ame s'attendrit, se passionne et s'enflamme?

L'amour de la patrie paroît sur-tout dans la vie de l'homme civilisé, être gravé en traits ineffaçables. En vain de prétendus philosophes, des êtres froids et glacés, de vils égoïstes se disent contemporains de tous les âges et citoyens de tous les lieux, le cœur dément ce que leur bouche ose dire; qu'ils soient forcés d'abandonner la patrie, bientôt des pleurs involontaires s'échappent de leurs yeux, elles effacent les blasphêmes que dans le silence du cabinet le philosophe a tracés sur le papier. Mais le lieu où cette passion produit les plus grands effets, est dans les contrées habitées par des hommes libres. Consultez l'histoire des nations, et voyez quel spectacle elle vous offre.

A *Sparte* l'amour de la patrie fit des êtres vertueux, des hommes austères, de vrais citoyens: à *Rome* elle précipite *Curtius* dans un gouffre, fait taire la nature dans l'ame du consul Romain, oblige *Portie* à avaler des charbons ardens, ordonne à *Brutus* de poignarder *César*, et ne permet pas que *Caton* survive à la république romaine qui n'est plus.

L'amour de la patrie si grand, si noble, si sublime, n'est souvent dans les républiques qu'un amour insensé, qu'un fanatisme dangereux, que le levier puissant dont se servent adroitement les intrigans et les ambitieux au milieu des orages politiques pour agiter les esprits, séduire la multitude et l'entraîner aux combats.

Qu'il est digne de vos hommages cet amour de la patrie, qui guide les actions du vrai républicain; qui prend de nouvelles forces dans le sein de la paix; qui ne tend qu'au bien général et ne se fait remarquer que par son respect pour les loix !

Amour de la patrie que tu parois puissant, lorsque tu maîtrises l'ame de l'homme civilisé... Malheur à l'être pensant qui n'a jamais éprouvé les grands effets de cette passion sublime ! malheur à celui qui n'aime pas son pays avec cet enthousiasme que la nature inspire ! malheur à celui qui ne sent pas, lorsqu'il entend prononcer le mot de patrie, son ame s'agrandir, son imagination s'enflammer, son cœur palpiter, tous ses sens agités par la plus douce émotion ! il ne peut être ni bon père, ni bon époux, ni bon ami, ni bon citoyen.

Cependant cette passion est-elle toujours nécessaire et se trouve-t-elle dominer l'ame de tous les hommes ? non : il est des peuples errans et vagabonds, ils ne tiennent point au sol qui les a vu naître ; le besoin et l'inconstance leur font parcourir des pays lointains; mais s'ils ne regardent point comme leur patrie la contrée où fut posée leur tente ou leur cabane, s'ils ne voient point avec attendrissement l'arbre qui dès leur naissance ombragea leur berceau, la colline, le vallon où ils ont reçu le jour, ils tiennent au moins au climat, à leurs usages, à leurs coutumes.

« Un voyageur parcouroit avec quelques Tartares une de ces vastes plaines voisines du lieu où fut bâtie par les *Chinois* la *grande muraille*; le voyageur étoit *Russe* et avoit rencontré la troupe vagabonde près du lac de *Karantie*; avec lui étoient quelques habitans du royaume de *Casan*. Il s'étoit lié avec le plus jeune des Tartares âgé de 23 à 24 ans ; celui-ci avoit la démarche fière, l'air noble, et des graces étoient répandues sur sa personne, chose rare parmi les hordes errantes de ces contrées. On arrive tout-à-coup dans un vallon ; le soleil commençoit à se lever sur l'horison, et sa vive lumière recréoit la nature. Le jeune Tartare appelle le voyageur par son nom ; il s'élance, et lui montre des bouquets d'arbres plantés sans symmétrie et qui ombrageoient les bords d'un ruisseau. Il court à perdre haleine et se jette sur l'herbe épaisse. Son compagnon de voyage approche ; le Tartare est immobile et prosterné ; il se relève ; des larmes couloient de ses yeux ; « ici, s'écrie le jeune homme, ma mère a souffert les douleurs de l'enfantement, ici j'ai reçu le jour, voilà la place où je fus posé, voilà le ruisseau où je fus baigné pour la première fois ». Il dit et retombe sur l'herbe ; le voyageur admiroit, lorsque le Tartare se relève, lui donne la main et ils rejoignent la caravane ».

Amour de la patrie, quel est ton pouvoir ! tu maîtrises toutes les facultés des êtres pensans; tu les attaches au sol qui les vit naître; tu fais des hommes, des héros, des citoyens!

On tenteroit en vain de ravir à sa patrie par des promesses ou par des menaces l'*Homme de la Nature*. Il faut l'enchaîner pour qu'il demeure dans une terre étrangère : voyez les malheureux *nègres* que l'avarice européenne arrache à leur pays natal : sur mille infortunés les deux tiers périssent ; les autres ne survivent au fatal voyage que pour languir dans une terre étrangère : tous les jours ils se tournent du côté de la mère-patrie ; tous les jours ils versent des larmes, et la mort seule peut porter quelque consolation dans leur ame. En vain ont-ils cédé à la voix de l'amour ; en vain sont-ils époux et pères ; dans les bras de l'épouse adorée, en prodiguant à leurs enfans les baisers paternels, ils desirent, ils soupirent, ils songent encore à leur pays.

L'amour de la patrie est une vertu cultivée chez tous les peuples sauvages ou civilisés. Elle a par-tout le même principe ; par-tout elle a les mêmes résultats. Mais si nous examinons les autres vertus telles que l'amour d'un sexe pour l'autre, l'amour filial, la reconnoissance, la générosité, la bienfaisance, l'humanité, l'obéissance aux loix, la fidélité dans les engagemens, le vrai courage, on trouvera des idées si contraires parmi les différens peuples, des usages si bizarres, des préjugés si singuliers, que l'on est tenté de croire que ces vertus ne sont pas naturelles à l'homme et qu'elles sont dépendantes des circonstances, et de la première origine du sauvage.

Nous parlerons de l'amour d'un sexe pour l'autre dans une autre partie de cet ouvrage. Mais nous avons déjà vu que l'amour filial n'étoit pas chez quelques peuples le premier sentiment inspiré

aux

aux enfans. Chez des hordes barbares la mère est méprisée, même maltraitée par celui à qui elle a donné le jour : ici elle est l'esclave de ses enfans, là elle ne paroît être que la servante. Chez beaucoup de nations sauvages l'enfant ne croit plus rien devoir à ses parens ; il les quitte et ne songe plus à eux dès le moment où il peut se passer des secours et du travail de ceux qui lui ont donné le jour.

La reconnoissance est une des saintes loix gravées dans le cœur du plus grand nombre des sauvages. Faire du bien à un d'entr'eux, lui sauver la vie, voler à son secours dans les grands dangers, lui rendre son épouse et ses enfans, voilà des titres qui vous assurent à jamais sa reconnoissance ; le sauvage alors vous admire, il vous loue, il se prosterne devant vous, il embrasse une de vos jambes, la soulève et pose votre pied sur sa tête pour vous assurer qu'il vous sera toujours soumis et qu'il vous reconnoît pour son maître et son bienfaiteur. Mais pour quelques cœurs reconnoissans chez certains peuples qui pratiquent cette vertu, combien trouve-t-on de sauvages féroces et barbares, insensibles aux belles actions, et qui ne peuvent être jamais reconnoissans ! le jour où vous leur avez sauvé la vie ils sont prêts de vous poignarder.

On peut dire de toutes les vertus morales qui demandent quelque sociabilité pour être pratiquées, qu'elles ne sont en honneur que chez les peuples dont les usages se rapprochent de la nature, qui n'ont pas été corrompus ou par la fréquentation des peuplades barbares, ou par les principes pervers des méchans qui sont nés parmi eux. Mais on chercheroit en vain quelques vertus parmi les êtres qui composent les nations vraiment sauvages. Toutes les actions de ces hommes vainement appellés par quelques philosophes, les hommes de la nature, paroissent indifférentes à leurs yeux; les vices et les vertus sont amenés seulement par le hasard et nécessités par les circonstances, c'est ce que prouvent les observations des voyageurs. En effet, l'histoire des peuples civilisés est le récit des crimes des humains; peu de vertus, beaucoup de vices, tout l'extérieur de l'hypocrisie et le vernis d'une fausse urbanité. L'histoire des peuples sauvages est celle des vices de cet homme abandonné à lui-même ou corrompu par un entier isolement, ou par les catastrophes amenées par les grandes révolutions, par des causes inconnues ou la fréquentation des peuples féroces et barbares. La jalousie, la haine et l'envie ont produit de grands maux parmi les peuples sauvages. Ces viles passions ont maîtrisé le cœur des premiers êtres pensans. L'histoire la plus ancienne, celle qui fut entourée de tous les prestiges religieux, nous présente l'homme dès l'enfance du monde tour-à-tour victime et bourreau, livré à l'influence des passions funestes dont nous venons de parler. Les deux premiers êtres qu'une tendre amitié auroit dû réunir à jamais sont tout-à-coup divisés, le besoin s'empare de l'ame de l'un d'entr'eux, le ciel éclaire le premier fratricide et le premier deuil chez nos premiers parens.

L'amitié chez les peuples sauvages est un sentiment vif et durable ; souvent il prend naissance au sortir du berceau ; il se fortifie par le nombre des années et devient un besoin, une passion nécessaire à son ame. La fidélité pour un ami est toujours plus forte, plus durable que la passion de l'amour. Pour son ami on a vu le sauvage tout entreprendre et tout oser ; les dangers, les périls, rien ne l'épouvante ; c'est pour son ami qu'il brave la mort, c'est pour lui qu'il combat, c'est pour lui qu'il reçoit le coup mortel. Deux amis chez les sauvages ne s'abandonnent jamais : si le destin les sépare, l'amitié survit dans le cœur de celui qui existe encore ; si l'ennemi lui porte le coup mortel ou le fait prisonnier, le sauvage libre cherche la vengeance, il délivre son ami ou bientôt il succombe sous les coups de l'ennemi cruel qui lui ravit la moitié de lui-même.

L'*athenxosera* ou les amitiés qui se forment entre les jeunes gens et qui se trouvent établies à-peu-près de la même manière d'un bout de l'Amérique à l'autre, sont un des points les plus intéressans de leurs mœurs. Elles renferment un article des plus curieux de l'antiquité, les mêmes qui étoient en usage dans la république des Spartiates.

Les Bresiliens appellent ces sortes d'amis *atom assap*, le parfait allié. Ces liaisons d'amitié parmi les sauvages de l'Amérique septentrionale ne laissent aucun soupçon de vice. Elles sont très-anciennes dans leur origine, sacrées pour ainsi dire, puisqu'elles durent jusqu'à la mort et que les parens eux-mêmes ont soin de les fomenter.

Ces amitiés s'achètent par des présens que l'ami fait à celui qu'il veut avoir pour ami ; elles s'entretiennent par des marques naturelles de bienveillance ; ils deviennent compagnons de chasse, de guerre et de fortune ; ils ont droit de nourriture et d'entretien dans la cabane l'un de l'autre ; enfin ces amitiés vieillissent avec eux et elles sont si bien cimentées qu'il s'y rencontre souvent de l'héroïsme comme entre les Oreste et les Pylade.

Une remarque qu'on a faite parmi eux, c'est que lorsqu'on brûle un esclave, on pouvoit regarder comme un présage assuré que celui que l'esclave nommeroit dans la chanson de mort, seroit bientôt pris lui-même et auroit le même sort : cet esclave appelle ordinairement à son secours pour le venger celui avec qui il est lié d'une amitié plus étroite, et celui-ci touché de la perte de son ami, du sort duquel il ne tarde pas à être instruit, se hâte d'en tirer vengeance, et ne balance pas à se précipiter dans les mêmes périls où il est presque toujours victime du désespoir que lui ont inspiré la mort de son ami et la douleur qu'il a de l'avoir perdu.

§. XL.

*Avant-propos : premières idées sur les opinions religieuses de l'*Homme de la Nature.

Sur les rives fécondes du Tigre et de l'Euphrate, dans ces climats enchantés où le grand architecte se plut d'embellir la nature ; où le flambeau du jour vivifie tous les êtres, s'éleva le premier autel. Amour et reconnoissance, tels furent, dès l'origine de toutes choses, les sentimens de l'heureux habitant de ce vieux monde, qui conserve toujours sa parure nuptiale et sourit à la fécondité qui le rajeunit sans cesse. Le bienfaiteur de l'univers peut-il faire un ingrat ? A l'heure où Philomèle, par ses doux accens, réjouit le voyageur nocturne ; au lever de l'astre pompeux du jour ; quand les feux embrasés du midi forcent l'Indien de chercher l'ombre du figuier ; que deux jeunes époux, couchés sous des berceaux de fleurs, entonnent l'hymne d'hyménée ; que le jeune enfant suce le bouton de rose qui le nourrit, et par un doux sourire dédommage sa tendre mère des douleurs que lui coûta sa naissance, c'est alors que ces êtres fortunés reconnoissent l'existence du Dieu de la nature et qu'ils publient ses bienfaits !

Le vrai sage fait plus encore : assis sous un chêne majestueux, quand il admire et la plaine et le ciel, et les moissons jaunissantes et les montagnes de verdure, saisi d'un noble enthousiasme, être pensant, il célèbre par des chants sublimes, et le spectacle majestueux qu'il admire, et le grand Etre qui l'anime.

Infortune ! ô douleur ! comme vous l'annoncez ce Dieu puissant ! comme vous le rendez sur-tout nécessaire à l'être infortuné ! . . . Toi qui souffris dès ton enfance, qui ne connus que les soupirs et les pleurs ; esclave, qui gémis dans les fers, que ton maître couvre d'opprobre et d'ignominie ; toi qui peut-être un jour partageras l'exil d'Aristide, la mort de Socrate; qui pendant l'agonie la plus cruelle peux devenir le jouet d'un peuple stupide et barbare; toi qui perdis en un jour ta fortune, l'honneur, ton épouse et tes enfans; qui comme *Œdipe* et *Niobé* as connu le malheur, parle et ose dire : « Jetté sur la terre par le hasard, cet Etre bizarre présidoit à l'heure de ma naissance; il doit me conduire au tombeau. Non, après cette vie pénible il n'y a ni providence, ni vie future, ni doux espoir; il n'y aura jamais de consolation pour l'être malheureux....» Quelle affreuse image! quelle horrible perspective! Falloit-il donc recevoir le jour pour souffrir, pour contempler la vertu malheureuse et le vice triomphant, pour passer ainsi sans nul espoir de l'existence au néant ?

« Etre immortel!.... ton existence est nécessaire à mon cœur : si j'étois homme sauvage, tu ne pourrois échapper à mes adorations! par-tout je te trouverois, je t'adorerois sous toutes les formes: ta puissance est par-tout, par-tout sont tes ouvrages. Homme social, je t'apperçois sous l'enveloppe des êtres; la nature entière, c'est toi ; immense comme mes desirs, mon cœur est encore toi: juste, vrai, bon, l'ensemble des perfections infinies, mon esprit malgré ta grandeur ose te contempler ; mon imagination croit te voir, mon ame impatiente cherche à s'unir à toi : mon ame et Dieu, quelle plus belle union ! Vaste Océan, que tes ondes pénètrent les entrailles de la terre ! Forêts majestueuses, que vos racines profondes embrassent les rochers ! Astres brillans qui parez la voûte azurée, parcourez vos cercles concentriques dans l'air qui vous enveloppe ! vous m'annoncez le Dieu tout-puissant, le Dieu que mon cœur adore ; tout me dit qu'il existe pour mon bonheur ; tout m'annonce dans la nature que je lui dois un culte de reconnoissance et d'amour ».

La vie sauvage, l'infortune, les passions, les grandes révolutions physiques et morales qui changent l'esprit des siècles, les mœurs, le vêtement même de la nature et sur-tout le cœur de l'homme affoiblissent, dénaturent l'idée de la divinité ; l'homme social même est plus loin de Dieu que l'homme sauvage ; il est superstitieux par ignorance, fanatique par entêtement, impie par oubli de ses devoirs. On ramène l'adolescent à la vertu par l'image du bien et du bon adroitement présentés ; le sauvage, en lui disant : contemple la nature, voilà Dieu. Mais l'homme social ne revient jamais au Dieu qu'il blasphème ; c'est parce qu'il est coupable, qu'il nie son existence. Le scélérat desire toujours l'anéantissement du juge qui s'arme du glaive des loix pour punir ses forfaits.

La beauté des cieux, l'harmonie des êtres, la majesté de la nature, la sublimité du grand tout, annoncent l'Eternel aux êtres les moins civilisés. . . . . . Guidé par la philosophie, le législateur s'empare de cette idée sublime; il tâche de la concilier avec les mœurs des temps, le génie des siècles et le caractère des peuples. En vain la politique, les préjugés, l'ignorance et la superstition veulent anéantir ou dénaturer cette grande conception, elle triomphe de tous les obstacles; et malgré les doutes du sophiste et les blasphêmes des athées, l'homme sauvage et l'homme civilisé se réunissent pour avouer qu'il ne peut exister de société ni de bonheur sur la terre, si l'Etre suprême n'est adoré.

Examinons quelle fut l'influence de cette grande idée sur les idées religieuses chez les peuples sauvages. Il n'est peut-être pas facile d'expliquer quelle peut être la religion de l'*Homme de la Nature* qui n'a d'autre règle que les principes d'une morale puisée, non dans la pureté primitive des premiers temps, mais obscurcie, dénaturée par quantité de coutumes barbares, d'antiques préjugés, par une grossière brutalité, enfin par des penchans plus doux, mais essentiellement vicieux.

L'aspect sous lequel ils se présentent presque tous, ne permet pas d'imaginer que leurs idées se portent au-delà de leurs occupations habituelles. Naturellement rêveurs, ou plutôt absorbés par l'indolence, aucun d'eux ne paroît s'élever à des conceptions spirituelles. Leur imagination, qui devroit être sans cesse agitée par des rêves qui sont la suite de l'état d'inaction et de mélancolie où ils vivent d'habitude, ne produit rien : la mythologie des moins grossiers d'entr'eux, aussi bornée que leur raisonnement, ne donne aucune énergie à leur intelligence.

On dit qu'il existe en Amérique plusieurs tribus qui n'ont point d'idée d'un Etre suprême, ni aucune pratique de culte religieux. Le spectacle imposant et magnifique, l'ordre et la beauté de la nature sous le ciel qu'ils habitent, les rend indifférens ; ils en jouissent sans réfléchir, ni sur ce qu'ils sont eux-mêmes, ni sur l'auteur de leur existence : ils n'ont même, dit-on, dans leur langue, aucun terme pour désigner la divinité ; dans leurs usages on ne découvre rien qui annonce chez eux la connoissance d'un Etre tout-puissant, dont ils desirent obtenir la protection et les faveurs. Cette ignorance absolue, cette insouciance stupide, ne peuvent être considérées que comme la suite de l'état de nature le plus grossier, dans lequel les facultés intellectuelles, foibles et bornées retiennent l'homme à peu de distance des brutes au milieu desquelles il vit.

Telle est la stupidité d'une vie purement animale, celle de la plupart des sauvages qui ne sont occupés que du soin de se procurer des subsistances qu'ils trouvent d'autant plus difficilement, qu'ils n'ont pas assez d'industrie pour mettre à profit les biens que la nature fait croître sous leurs pas..... C'est ainsi que quelques peuplades de l'Afrique, habituées à vivre du produit de leur pêche, mourroient plutôt de faim que de se nourrir des racines et des herbages qu'ils croient uniquement destinés à la subsistance des animaux.

Cependant on peut dire qu'en général, ils ont tous quelque idée d'une autre vie; mais comme ils n'ont aucun principe de moralité, ils ne la croient pas destinée à la punition du crime et à la récompense de la vertu. Il semble que leur brutalité ne leur permette pas de distinguer l'un de l'autre. Dans leur croyance, le chasseur infatigable, l'intrépide guerrier, passent, après leur mort, dans une terre abondante, où toutes sortes d'animaux sont destinés à satisfaire leur appétit, où la vengeance n'aura pas lieu, parce qu'il n'y aura point d'ennemis. Leurs dogmes répondent à leurs mœurs et à leurs besoins, ils croient à des plaisirs et à des peines qu'ils connoissent; ils ont plus d'espérances que de craintes, leurs erreurs même contribuent à leur bonheur. Ils ne sont pas tourmentés par des terreurs factices; l'esprit agissant moins que le corps, sans inquiétude pour ce qu'il devient, ils ne redoutent ni les vicissitudes d'une destinée dont ils ne s'inquiètent pas, ni la vengeance d'une divinité dont ils n'ont point d'idée : sans rien connoître, sans rien savoir, ils jouissent de tous les avantages que le poëte de la nature attribue à celui qui a été assez heureux pour s'élever jusqu'à la connoissance des causes premières; ce sont sans doute ces considérations qui ont mérité à l'*Homme de la Nature* les éloges dont, au grand étonnement de la raison, on l'a jugé digne dans ces derniers temps.

§. XLI.

Sentimens religieux; comment produits dans l'Homme de la Nature; grands effets de l'idée d'un Dieu; ses avantages.

Dès l'instant où l'homme a pu commencer d'exister, où ses facultés se sont développées, ses premiers sentimens furent sans doute des sentimens religieux : il devoit lui être doux et consolant de penser que le système universel de la nature est conduit et gouverné par un Etre éternel, tout-puissant, essentiellement bon, qui en a tellement disposé l'ordre que le plus grand bien de la créature doit en résulter. Il n'a pas été nécessaire pour cela, qu'il eût ou crût avoir une connoissance distincte d'un Dieu, créateur du monde; elle est au-dessus de l'intelligence humaine, mais il semble qu'il n'ait pu se refuser à l'idée d'une puissance invisible, toujours active, dont la grandeur, la sagesse, la bonté éclatent dans tous les ouvrages de la nature.

Cette idée heureuse et féconde qui paroît aussi nécessaire à la nature morale de l'homme, que l'action du soleil et celle du fluide ignée le sont à toutes les végétations, à toutes les productions de la nature; cette idée répand la vie, la vérité, l'ordre, la raison sur tout ce qui existe. Semblable aux bienfaits de la nature physique, elle appartient également à tous les hommes, à l'*Homme de la Nature* comme à l'homme civilisé. Tous les motifs de consolation et d'espérance en sortent comme d'une source pure et intarissable; ils deviennent la propriété du pauvre comme du plus riche, du foible comme du puissant, et nous voyons que l'homme dont l'état le rapproche des loix primitives de la nature, en jouit plus sous l'humble toit de sa chaumière que le grand dans ses palais élevés par l'orgueil et la fastueuse opulence.

L'heureuse idée d'un Dieu embellit à chaque instant le chemin de la vie; elle ajoute à la jouissance de tous les bienfaits de la nature et de toutes ses beautés ; ses phénomènes les plus étonnans annoncent la puissance de celui aux ordres duquel ils se développent. Que l'homme est satisfait quand il est parvenu à élever ses pensées à cette cause universelle, dont il découvre par-tout les effets, à s'en entretenir, à rapprocher le spectacle de sa puissance, de sa magnificence et de sa bonté! C'est donc un Dieu qu'il faut à l'homme, un Dieu tel qu'une sage et religieuse philosophie pourroit l'offrir, puissant, bon, auteur et garant d'une félicité promise, annoncée par la voix même de la nature. C'est par cette puissante idée que l'homme même le plus barbare peut trouver les moyens de remplir les devoirs que la divinité sans doute a droit d'exiger de lui.

Mais par quels moyens, cet *Homme de la Nature*, ce sauvage dont nous regardons les facultés comme réduites au seul instinct animal, pourra-t-il s'élever à cette sublime conception? par le sentiment intime dont il est pénétré : ce sentiment est un guide assuré ; c'est la partie de lui-même qui communique de plus près avec l'auteur de la nature : s'il est capable de réfléchir, bientôt il sait ce qu'il doit faire ; il écoute les décisions de son cœur, il suit le premier mouvement de sa conscience, et se détermine toujours pour le parti le plus conforme à la justice et à la loi de Dieu; la vérité habite au-dedans de lui-même.

L'idée de Dieu est à l'esprit de l'homme ce que le soleil est à ses yeux; il ne peut le fixer; mais les yeux baissés, il sent l'activité de ses rayons, il est témoin de son influence bienfaisante sur toute la nature.

Toutes les facultés de l'homme se réunissent à cette idée, et deviennent une sorte d'instinct spirituel, que l'on ne peut rapporter qu'à une cause première, à l'Etre suprême dont la méditation l'a fait naître, l'entretient et produit le bonheur de celui qui s'abandonne à son impulsion.

Si le philosophe contemple la divinité dans les traits de sagesse, de grandeur, de bienveillance qui brillent dans tous les ouvrages de la nature; si ces contemplations sublimes établissent dans son cœur les sentimens d'un respect profond, d'une reconnoissance sincère; ne peut-il pas être tenté de les attribuer au bon usage qu'il a su faire des talens qu'il tenoit de l'auteur de tout bien? Ainsi nous voyons que la considération des années qui s'écoulent, de la santé qui s'use tous les jours, de la vivacité des sens qui s'affoiblit, de l'éclipse de tous les plaisirs, dont la jouissance rendoit la vie si chère, ont leur effet sur les ames honnêtes et sensibles. Heureuses si elles reconnoissent à temps la nécessité de recourir à un appui plus ferme, à un objet solide et permanent qui les console de l'absence de tous les autres biens dont le goût s'est perdu!

Mais il semble que l'idée de Dieu ne puisse être considérée qu'à une certaine distance, plutôt avec respect et humilité que d'un œil trop curieux. Si l'homme veut l'examiner de trop près, il est confondu par son immensité et sa nature surprenante, qui n'a rien d'analogue avec ses pensées, même avec son imagination. Aussi voyons-nous que, quoique la croyance d'un Dieu ait été universellement reçue par tous les peuples de la terre, qu'elle soit innée à l'*Homme de la Nature*, elle a été corrompue par des superstitions, qui non-seulement en ont empêché l'heureux effet, mais l'ont rendue nuisible aux vrais intérêts de l'humanité.

L'Etre suprême a été trop souvent représenté sous des traits plus propres à en faire un objet de terreur que d'amour. Souvent on en a fait un maître injuste et barbare, avide de sang, qui ordonnoit aux hommes de s'entr'égorger. Ainsi le motif le plus puissant pour réformer les passions les a servies, et a été le prétexte des entreprises les plus injustes de la tyrannie.

Nous aurons plus d'une fois occasion d'observer que l'*Homme de la Nature*, soit dans son état primitif, soit lorsqu'il est subjugué par des institutions étrangères et presque toujours vicieuses, est tellement disposé à s'étonner d'un pouvoir suprême et tout-à-fait au-dessus de ses conceptions, que ce dont on doit le plus se défendre dans la manière de l'instruire, c'est de donner lieu aux diverses terreurs dont il est susceptible. On a remarqué que les opinions superstitieuses ont toujours eu plus d'empire sur la classe commune des hommes, naturellement crédules, que les considérations générales qui ne présentent le souverain Être que comme juste et bienfaisant, devant lequel tous les hommes sont égaux. Nous verrons encore que la croyance d'un Être suprême, accompagnée seulement d'une idée confuse des qualités qu'il possède, devenant la base de la règle des mœurs, eut constamment une influence marquée sur le bonheur des hommes. Quoique défigurée par les plus étranges superstitions, elle a conservé assez généralement la puissance de réprimer les passions, contre lesquelles la raison et les lumières même de la philosophie n'offroient que de foibles armes : si l'application de ce principe fondamental de la religion, l'idée d'un Dieu équitable, bon envers tous les hommes, sans acception de personne, eût été dirigée vers cette fin utile, avec tout le soin que l'importance du sujet l'exigeoit, quel bien il en eût résulté pour toutes les sociétés en général ! Que ne doit-on pas en attendre si l'on sait employer ce grand moyen dans la civilisation des peuples dans l'état de nature, si jamais on est à portée de l'entreprendre !

§. XLII.

*Idée de Dieu : mêmes causes de l'origine des cultes chez les peuples sauvages comme chez les peuples civilisés : usages qui tiennent au sentiment d'une divinité bienfaisante de l'*Homme de la Nature : *religion des Algonquins, des Natchez, des Samoïèdes.*

Il ne sera peut-être pas indifférent de nous occuper ici, avant de présenter des détails sur les idées religieuses et la croyance des sauvages des deux hémisphères, de démontrer que les cultes chez l'*Homme de la Nature* ont eu dès leur origine les mêmes causes que chez l'homme civilisé. Quelques idées générales que nous allons développer ne paroîtront point inutiles.

Toute tradition sur l'origine des cultes se perd dans la nuit des temps ; mais tous les historiens s'accordent sur un point essentiel, c'est que l'idée d'un Dieu et celle relative à tel ou tel culte, sont dues à la voix de la nature ; à une première idée, dont le principe paroît gravé en traits ineffaçables dans le cœur de l'homme ; aux talens de quelques législateurs, qui n'ont alors consulté que le génie des siècles, les mœurs de leurs concitoyens, la température des climats, la force ou la foiblesse des tempéramens, et bien plus souvent leur intérêt, leur caprice ou leurs passions.

Il est certain que l'homme frappé des idées de grandeur, de puissance, de perfections infinies, sentit naître en lui l'idée de la divinité. Saisi d'étonnement à la vue de la beauté des cieux, de l'harmonie des êtres, de la majesté de la nature, de la sublimité du grand tout, il *soupçonna* d'abord *Dieu* : bientôt à la vue de ses bienfaits il reconnut son existence, et c'est à la nature qu'il dut cette idée grande et magnifique.

Ce dogme consolateur trouva bientôt des prosélytes, et Dieu fut reconnu dans l'univers; la conscience de l'homme l'avoit proclamé, et tous les hommes parurent toujours d'accord sur ce principe, quoique le temps, les circonstances, les grands évènemens en aient altéré l'idée primitive.

Le philosophe, à la conviction intérieure, ajoute bientôt les raisonnemens de l'intelligence ; on vit ensuite le législateur guidé par sa foiblesse ou ses passions, quelquefois éclairé par un génie créateur, se saisir de l'idée du Dieu révéré, se déclarer son interprète ou son envoyé, créer une religion et l'accommoder avec succès aux climats, au caractère des peuples, à l'esprit des nations, aux mœurs des temps, enfin, à la férocité, à l'urbanité des siècles.

Transportons-nous sur les rives de l'Euphrate, ou sur le bord du Nil ; le déisme bientôt aboli, ici, par les passions ; là, par le choc des guerres intestines, et sur-tout par l'ignorance et la superstition, cède bientôt la place aux simulacres enfantés par le polithéisme. Sur les bords fortunés de l'Eurotas, aux lieux où triomphèrent les talens, les connoissances et les arts, on vit l'imagination riante donner des Dieux à la Grèce : dans ceux où les noms de patrie, d'honneur, de courage, de vertus militaires furent respectés, l'on vit la raison sévère fonder celle des Romains. Les Graces et Vénus dictoient leurs voluptueuses loix aux enfans de Cadmus : Mars et Minerve présidoient chez les descendans de Romulus. Les premiers vouloient qu'on parlât à leurs sens, qu'on sourît à leur imagination, qu'on charmât leur cœur : les seconds, dans le culte qu'ils rendoient à leurs Dieux, conservoient ce sombre, cette tristesse, cette gravité qu'inspirent à un peuple guerrier l'horreur des combats et la discipline militaire. Les enfans de la Grèce, vifs, enjoués, sémillans, n'invoquoient, n'adoroient que le plaisir : les descendans de Mars, sages, sensés, formidables, n'avoient d'autres passions que la gloire, d'autre objet qu'une noble ambition, d'autres desirs que de voir parmi eux des hommes et des citoyens. Enfin, chez ces deux peuples, on vit toujours la religion conserver la forme qu'elle reçut des caractères et des passions locales.

Dans les autres climats on put faire les mêmes observations, et l'histoire moderne nous en fournit une preuve évidente et sans réplique. Chez le Persan voluptueux, le feu reçoit des adorations : aux rives de l'Indus, le luxe élève par les mains des mages des temples à l'astre brillant du jour : plus loin, l'ignorance et la superstition arrosent les autels du tigre de sang humain : l'idolâtrie règne en souveraine chez tous les peuples féroces et sanguinaires qui habitent des contrées arides, brûlées par le Midi, ou que les glaces du Nord rendent stériles : au lieu où régna Constantin, le génie de Mahomet assujettit un peuple brave, mais voluptueux, par le contraste des privations et des plaisirs : dans les climats où le *Tien* est adoré, Confucius dicte ses sages loix au peuple policé du vaste empire de la Chine. Le christianisme triomphe aux lieux où règnent les arts et la philosophie ; et dans le nouveau monde où cette religion s'introduisit, ne vit-elle pas la superstition et l'ignorance sacrifier aux plus vils et aux plus féroces animaux ; et le sage, le doux Péruvien, offrir au soleil les dons de la reconnoissance et de l'amour ? A ce tableau fidèle, qui ne reconnoît le génie de la politique, des préjugés et des passions ?

L'histoire des peuples sauvages doit nous convaincre que c'est souvent à-peu-près aux mêmes causes qu'ils ont dû leur culte et leurs idées religieuses. Quel historien pourroit présenter les causes qui ont altéré ces mêmes idées, et produit les cultes féroces et superstitieux ? Ce vœu ne peut être rempli ; mais il pourroit nous convaincre que l'idée de Dieu et les opinions religieuses ont eu le plus souvent pour base le caractère des peuples, la température du climat, des causes physiques et morales, suite nécessaire de quelques grandes révolutions, des horribles catastrophes et de quelques événemens inconnus.

Tous les peuples sauvages qui sont encore dans la simplicité de l'état primitif, ou qui ne s'en sont écartés que par quelques excès qu'un penchant général les porte à regarder comme permis, n'ont aucune idée des peines réservées aux coupables après la mort. Ils imaginent que les morts vont recommencer une nouvelle carrière dans un monde invisible, et beaucoup d'entr'eux pensent qu'ils doivent y rentrer avec leurs armes et ce qu'ils ont eu de plus précieux dans leur première vie. Dans quelques sociétés on enterroit avec les chefs, leurs femmes, leurs principaux domestiques, leurs chevaux, leurs armes; usage barbare qui a beaucoup contribué à l'anéantissement de quelques nations sauvages, surtout dans l'Amérique. La mort d'un chef des Natchez étoit ordinairement suivie du meurtre de trente à quarante personnes que l'on immoloit, afin qu'elles allassent le servir dans un monde nouveau.

Ces usages plus ou moins barbares semblent tenir à l'influence du climat sur le caractère général des nations. Dans les régions dont la température douce est toujours égale, les mœurs et les idées religieuses y répondent : tout y semble annoncer que l'esprit humain, naturellement formé pour être religieux, auroit dû s'élever à des idées qui s'étant perfectionnées deviennent une source de consolation au milieu des calamités de la vie. Mais ce bonheur n'est dû qu'à une lumière surnaturelle, dont il sera difficile d'éclairer ces nations, tant qu'elles seront livrées aux seuls appétits de la nature. Elles sont si peu conséquentes dans leurs raisonnemens, qu'elles sont restées jusqu'à présent dans une espèce d'enfance, dont rien n'annonce qu'elles doivent sortir, tant elles paroissent s'y trouver bien, quoiqu'elles soient habituées à différens actes d'adoration; qu'elles témoignent quelque soumission aux décrets de l'Etre suprême. Leurs actions, leurs paroles sont celles d'un enfant qui n'a pu se faire encore quelque idée distincte de la grandeur, de la bonté, de l'excellence d'un Etre dont il a un sentiment confus. Leurs notions vagues et obscures paroissent produites plutôt par la crainte des maux qu'ils redoutent, que par la reconnoissance des bienfaits journaliers qu'ils reçoivent.

Jouissant des biens que la nature leur présente dans sa marche uniforme et constante; ne pouvant l'attribuer aux incertitudes d'un hasard aveugle, les plus sensés d'entr'eux y ont reconnu la puissance d'une divinité bienfaisante, constamment disposée à faire le bien, sans qu'elle exige ni supplication ni reconnoissance. Ils ont pris cette idée dans le bel ordre des saisons, dans les riches productions de la nature qui offre ses trésors sans cesse renouvellés, et avec une égale libéralité à tous les hommes, bons ou méchans. Les mœurs générales de ces nations et leurs procédés entr'elles semblent modelés sur leur manière de concevoir la divinité.

Les hommes de la nature ne connoissant point de passions factices ; les inquiétudes de l'ambition, les emportemens de la volupté, les desirs de l'avarice n'ayant sur eux aucun empire, ils sont bienfaisans les uns à l'égard des autres ; les orphelins, les malades, les vieillards ont droit à leur attention et à leurs soins ; ils partagent libéralement leurs provisions avec ceux dont la chasse, la pêche ou les récoltes ont trompé les espérances ; leurs cabanes sont nuit et jour ouvertes aux passans et aux étrangers. C'est dans leurs fêtes surtout que brille cette hospitalité généreuse qui fait le bien public en faisant celui du particulier. C'est moins par ce qu'il possède que par ce qu'il donne qu'un sauvage aspire à la considération ; celui qui régale a bien plus de plaisir que celui qu'il a invité. Ne reconnoît-on pas dans cette conduite les impressions que produisent en eux les idées qu'ils se forment de la bienfaisance de l'Être suprême, qu'ils s'efforcent d'imiter autant qu'il est en eux ? Celui qui fait le plus de bien est celui qui lui ressemble le mieux : telle est l'heureuse simplicité primitive.

Mais les écarts du bel ordre de la nature, sur-tout dans les climats où elle étale ses richesses avec une abondance soutenue, étonnent et épouvantent le sauvage : il en cherche les causes avec une curiosité inquiète ; il espère qu'en les découvrant, il pourra se garantir de leurs effets. Son intelligence n'est pas capable de les démêler, parce qu'il se laisse entraîner par son imagination et sans doute par les préjugés dont il est imbu et qui se perpétuent de race en race. Un système de théogonie fabuleuse, l'idée qu'il a de la formation de la terre et de la création de l'homme fournissent ample matière aux rêves de son imagination exaltée par la terreur : ainsi il attribue les phénomènes extraordinaires de la nature, tels que les tempêtes, les ouragans, les tremblemens de terre, les volcans et les autres fléaux qui bouleversent la face de la terre et portent l'effroi dans l'ame de ses habitans, à quelques êtres invisibles et méchans dont ils sont l'ouvrage.

Outre les calamités générales, l'homme dans l'état de nature se trouve exposé à des dangers et des peines, qui sont au-dessus de ses forces et de ses ressources; il n'imagine aucun moyen d'y résister. Saisi par la crainte d'en être la victime ainsi que ses semblables, qu'il a vu succomber; pénétré de son impuissance, il ne voit d'autre moyen de se soustraire à tant de maux que le secours d'un Etre puissant et invisible. Rien de ce qu'il connoît ne peut lui en donner l'idée, il l'a puisé dans l'excès de ses maux, dans les extrémités même où il se trouve réduit.

Telle est l'origine de ces terribles divinités, que les nations grossières représentent sous les formes les plus effrayantes, et auxquelles elles ne rendent un culte que dans la vue d'appaiser leur courroux : elles les regardent comme des puissances malfaisantes, ennemies de l'homme, toujours disposées à lui faire du mal; ce sont celles qui sont le plus respectées, au culte desquelles on craint le plus de manquer; il a pour motif d'écarter les maux qui sont redoutés de tous, et dont chacun est menacé. Superstition entretenue par ceux qui se donnent pour interprètes des volontés de ces êtres invisibles, qu'ils ont intérêt de présenter comme très-redoutables à l'ignorante crédulité.

La plupart des sauvages ne reconnoissent que des divinités malfaisantes : élevés dans la terreur d'une vengeance qu'ils redoutent, leurs yeux se tournent rarement vers le ciel pour l'implorer, mais se tiennent fixés sur la terre et les ténèbres de la nuit pour en conjurer les esprits malfaisans. Ces hommes si terribles pendant le jour, deviennent des enfans timides aux approches de la nuit, et n'osent presque faire un pas dans l'obscurité. Ils racontent des choses incroyables de leurs divinités, esprits ou génies. L'éloquence des missionnaires, les raisonnemens sensés des Européens, avec lesquels il leur arrive de traiter, ne leur semblent que de vains argumens : les douceurs attachées à la manière de vivre des peuples civilisés ne les séduisent pas ; ce qu'ils connoissent des gouvernemens policés, ne leur semble qu'un fantôme de liberté; ils fuient dans l'intérieur de leurs terres, dans l'épaisseur de leurs forêts pour y conserver leurs tristes et féroces institutions. Cependant cette fierté indomptable qui ne peut être subjuguée ni par la raison, ni par la force des peuples instruits, a subi le joug inévitable d'une crainte religieuse et d'un merveilleux auquel ils sont d'autant plus attachés, qu'ils peuvent moins en rendre raison.

Nous citerons pour exemple les idées religieuses des nations Algonquines qui ont tenu un rang distingué parmi les sauvages de l'Amérique septentrionale, et dont la langue mieux formée que celles de toute cette contrée, annonçoit une société établie depuis long-temps. Outre le grand Être, le premier esprit auquel ils ont donné le nom de *grand lièvre*, ils admettent une quantité de génies subalternes bons et mauvais, pour les empêcher de nuire aux autres qui sont préposés à la garde des hommes, chacun ayant le sien en particulier; et c'est à ceux-ci qu'ils s'adressent dans les occasions importantes pour en obtenir protection, secours ou faveurs extraordinaires. Ils donnent le nom d'esprit à tout ce qui est au-dessus de l'intelligence : si quelqu'un se distingue parmi eux, par ses talens et quelque sagacité, ils l'attribuent à l'esprit qui le gouverne, plus éclairé et plus puissant que les autres.

Leurs jongleurs qui sont, en même temps, prêtres et médecins, et qui ont le plus grand crédit, leur persuadent que dans certaines extases très-pénibles, les génies leur découvrent l'avenir et les évènemens les plus éloignés et les plus importans. Tels se sont montrés, chez toutes les nations barbares et ignorantes, les imposteurs qui leur parloient au nom de la divinité. C'est le jeune homme qui reconnoît ou imagine l'être sensible, qu'il regardera par la suite comme le symbole du génie auquel il sera confié ; on l'instruit soigneusement de l'hommage qu'il lui doit ; on pique, ou l'on grave sur son corps, en traits ineffaçables, la figure du *Loki* ou *Manitou*, sous laquelle il a conçu l'idée du génie ; c'est une espèce d'initiation ou de fête de famille, qui se termine par un festin : le jeune homme est distingué dans la suite, des autres individus de sa famille, par le nom de son esprit protecteur : les femmes ont aussi le leur, mais on y attache moins d'importance ; ce qui, sans doute, est relatif à leur état dans la société, où elles ne sont regardées que comme des esclaves, faisant partie de la propriété du mari. Ces esprits sont honorés par des offrandes, des libations, des cérémonies religieuses que les sauvages tiennent fort secrètes, et dont les Européens n'ont pas encore trouvé le moyen de s'instruire à fond. Sans doute qu'ils craignent de les profaner, en y faisant participer des étrangers qui ne les respecteroient pas autant (1).

---

(1) Tel étoit le respect dont les Grecs furent pénétrés pour les mystères d'Eleusis. Il n'étoit pas permis d'en parler, et ceux qui y étoient initiés étoient obligés au secret le plus inviolable. Un étranger qui osoit se glisser dans ces assemblées secrètes, étoit sur le champ mis à mort. Cicéron prétend que ces mystères avoient contribué, plus

On rencontre fréquemment dans ces régions des offrandes de différentes espèces, des colliers de rasade, de tabac, des peaux, des animaux entiers consacrés à ces esprits invisibles, sur-tout au bord des chemins difficiles, des rochers escarpés, des lacs orageux, des passages rapides ou dangereux des fleuves. Ils prétendent se concilier ainsi les génies qui président à ces lieux; il y a apparence que la crainte des dangers les oblige à ces attentions religieuses pour les esprits malfaisans. On a vu en Arcadie, un arbre fort vieux sur le bord de la mer, qui étoit toujours chargé d'offrandes, parce qu'on le croyoit habité par quelque génie puissant : l'arbre tomba, et les sauvages continuèrent de rendre le même culte à quelques branches qui s'élevoient au-dessus des eaux.

Mais comment reconnoissent-ils ces génies ? par une sorte de divination, par les songes et les rêveries d'un enfant, d'un vieillard, d'un fourbe qui en impose à la peuplade : ainsi un

---

qu'aucune autre institution, à tirer les hommes de la vie sauvage et agreste, pour les rendre doux, humains et sociables; aussi leur donnoit-on le nom de commencemens ou de principes..... Il est probable que les initiations des Algonquins, en les rassemblant, en exaltant leurs idées, avoient contribué à la perfection de leur langage.

morceau de bois, le pied d'une bête fauve, un caillou, un buisson, deviennent un objet de culte, parce qu'on a dit qu'ils étoient le siége d'un esprit.

Les Natchez regardoient Dieu ou le grand esprit, comme si puissant, que toutes choses n'étoient rien auprès de lui ; il avoit tout fait, ce que l'on pouvoit voir ou imaginer ; il étoit si bon, qu'il ne pouvoit faire mal à quelqu'un, quand même il le voudroit : cependant les petits esprits qui étoient ses serviteurs, pouvoient bien, par son ordre, avoir fait dans l'univers les beaux ouvrages que l'on y admire ; ces esprits étoient serviteurs libres, mais aussi soumis, et aussi respectueux que des esclaves, toujours présens devant Dieu, prêts à exécuter ses volontés avec une diligence extrême. Ils disoient que l'air étoit rempli d'autres esprits, dont les uns étoient plus méchans que les autres, qu'ils avoient un chef plus mauvais qu'eux tous ; mais que Dieu l'avoit trouvé si méchant, qu'il l'avoit enchaîné pour toujours, de sorte que les autres esprits de l'air ne faisoient plus tant de mal, sur-tout quand on les prioit de n'en point faire. C'étoit parmi le peuple une coutume religieuse de jeûner, d'invoquer les esprits aériens, pour avoir de la pluie ou du beau temps, quand il en étoit besoin. Suivant l'ancienne parole des Natchez, Dieu avoit
pétri

pétri de la glaise, telle que celle que l'on emploie à faire de la poterie ; qu'il en avoit fait un petit homme ; qu'après l'avoir examiné, et trouvé à son gré, il avoit soufflé sur son ouvrage ; qu'aussitôt ce petit homme avoit eu vie, qu'il avoit crû, agi, marché, et s'étoit trouvé homme fait, très-bien conformé. L'ancienne parole ne leur disoit rien sur la manière dont la femme avoit été formée ; que suivant toute apparence elle l'avoit été de la même manière que l'homme ; qu'elle leur apprenoit seulement que celui-ci avoit été formé le premier, le plus fort, le plus courageux, parce qu'il devoit être le chef et le soutien de la femme, qui fut faite pour être sa compagne.

On est étonné des rapports qui existent dans ce récit, et celui contenu dans le livre des chrétiens. Il est très-difficile d'assigner le temps où s'est établi, parmi les *Natchez*, une pareille croyance, et de ce qui a pu l'altérer.

On trouve, chez les Samoïèdes, des idées plus simples, quoique très-obscures et très-imparfaites, et telles que les ont pu arranger des hommes, retombés dans l'état de nature où ils sont encore. Ils admettent l'existence d'un Être suprême qui a tout créé, si bon et si bienfaisant, qu'il n'exige d'eux ni culte, ni prières, parce que, ne prenant aucun intérêt à ce qui se passe sur

Tome I.   Y

la terre, il n'attend rien des hommes dont il n'a pas besoin. Mais ils joignent à cette idée, celle d'un autre Etre invisible, éternel et très-puissant, quoique subordonné au premier, et enclin à faire du mal ; c'est à cet Etre qu'ils attribuent tous les malheurs qui leur arrivent dans cette vie : ils le craignent beaucoup, mais ils ne lui rendent aucun culte, comme le font les autres naturels de la partie du globe qu'ils habitent. Le soleil et la lune, leur tiennent lieu de divinités subalternes : c'est par leur moyen qu'ils croient que l'Etre souverain leur fait part de ses faveurs ; ils en ont, sans doute, de la reconnoissance, mais ils ne la témoignent par aucun signe extérieur. Ils portent sur eux des petites idoles, ou fétiches, dont ils font peu de cas ; ils ne les conservent que par l'attachement qu'ils ont aux traditions de leurs ancêtres, dont des espèces de devins, établis parmi eux, qu'ils nomment *Tudèbes*, se disent les dépositaires : ils n'ont aucun crédit, mais on écoute quelquefois leurs conseils, parce qu'on les croit en relation avec l'esprit malfaisant. C'est ce qui arrive, lorsque les chasses ne réussissent pas, ou que les familles sont attaquées de quelque maladie extraordinaire, quoiqu'ils soient dans l'habitude de supporter, avec une espèce d'insensibilité, les maux et les accidens qui leur surviennent.

Ils ont quelques idées confuses de l'immortalité de l'ame, et d'un changement possible, plus ou moins heureux, sur lequel ils n'ont que des doutes; c'est, en conséquence, de ce sentiment, qu'ils mettent dans le tombeau du défunt qu'ils enterrent, ses habits, son arc, ses flèches, et tout ce qui lui appartient, parce qu'il se pourroit faire qu'il en eût besoin dans un autre monde, et qu'il ne convient à personne de s'approprier ce qui appartient à autrui; loi primitive de la nature, que l'on voit, avec satisfaction, recevoir une nouvelle sanction dans ces occasions fréquentes et solemnelles. Quelques doux et humains que soient ces peuples; quoique l'on reconnoisse en eux plus de dispositions à la vertu, que de penchans au vice, il seroit difficile de leur donner des idées religieuses, plus élevées, et plus spirituelles : leur entendement est trop borné, pour s'arrêter à des spéculations au-dessus de la portée des sens, et ils trouvent leur sort assez heureux pour n'y desirer aucun changement (1). Il est douteux qu'ils fussent touchés du bonheur que certains Popes Russes promettent dans une autre vie, à ceux de leurs chrétiens qui auront été exacts à remplir les devoirs de religion, et

---

(1) Hist. Gén. des Voyages, tom. XVIII, in-4°.

à payer la dîme : au lieu de la mauvaise eau-de-vie dont ils se régalent dans ce monde, ils en boivent de l'excellente dans le séjour des bienheureux ; tandis que ceux qui n'auront pas satisfait à ces obligations, seront éternellement plongés jusqu'au cou, dans des tonneaux de la meilleure eau-de-vie, sans pouvoir en goûter, ni appaiser la soif ardente dont ils seront tourmentés.

§. XLIII.

Sentimens religieux des Mexicains de la province de Mechouacan; *des Péruviens....*

Plusieurs nations de l'Amérique, quoique sorties de l'état sauvage, soumises à des loix sociales assez sagement combinées, n'ont pas des idées plus justes sur l'Etre suprême. Dans les uns, les sentimens religieux dépendent de leurs habitudes sociales ; dans les autres, ils paroissent avoir été produits par un caractère dur et bizarre : les plus sensés sont ceux qui doivent leur origine à la sagesse et à la douceur du gouvernement.

Il y avoit une foule d'idoles au Mexique ; cependant on reconnoissoit dans tout l'empire une divinité supérieure à laquelle on attribuoit la création du ciel et de la terre, mais elle étoit sans nom pour les Mexicains ; ils faisoient seulement connoître qu'ils en avoient l'idée en regardant le ciel avec respect. Les Espagnols ne purent leur persuader que le même pouvoir qui avoit créé le monde pût le gouverner sans aucun secours : ils le croyoient oisif dans le ciel ; sentiment qui a beaucoup de rapport avec celui des Indiens orientaux.

Tous les idolâtres forcés par le sentiment intime à reconnoître la réalité d'un Etre suprême, la mettent au-dessus de leurs conceptions, et regardent cet Etre infini comme quelque chose d'incompréhensible : ils obéissent ainsi à la raison naturelle qui ne leur donne d'idées claires et distinctes que des objets sensibles et matériels.

Les divinités subalternes, objets du culte des Mexicains, étoient selon eux des substances aériennes très-atténuées : ils disoient que les hommes n'avoient commencé à les connoître qu'autant que les besoins et les misères de la vie les y avoient contraints : ils les regardoient comme des génies bienfaisans dont ils ignoroient la nature, et qui se produisoient lorsque les mortels avoient besoin de leur assistance.

Ils avoient une idée assez distincte de l'immortalité de l'ame et ils la croyoient destinée à des punitions ou à des récompenses dans une autre vie ; mais ils expliquoient mal quels étoient leurs motifs d'espérance ou de crainte. Ils distinguoient différentes habitations pour les ames séparées des corps ; les gens de bien, ceux qui étoient morts dans des combats ou qui avoient été sacrifiés par leurs ennemis, habitoient un lieu près du soleil ; les méchans étoient relégués dans les profondeurs les plus obscures de la terre.

Ce que les historiens les plus estimés nous apprennent de la police et des loix du Mexique, annonce une très-ancienne civilisation, un gouvernement dont toutes les parties se correspondoient et veilloient de concert à la prospérité de l'empire. Les souverains n'y recevoient le sceptre et la couronne qu'à des conditions onéreuses. Aussitôt que l'empereur étoit élu, il se mettoit en campagne à la tête des troupes nationales, et étoit obligé de remporter une victoire sur les ennemis de l'état ; le succès de ses armes justifioit le choix des électeurs. L'empereur rentroit triomphant dans la capitale, ou le conduisoit au temple du Dieu de la guerre, où on sacrifioit sous ses yeux une partie des prisonniers. On le revêtissoit ensuite des ornemens impériaux, et un des principaux seigneurs lui représentoit les devoirs de sa place ; après quoi le grand sacrificateur s'approchoit de lui pour recevoir un serment inconnu dans tous les gouvernemens humains. Outre la promesse de maintenir la religion de ses ancêtres, d'observer les loix de l'empire, de rendre la justice à ses sujets ; on lui faisoit jurer que les pluies tomberoient à-propos, les rivières ne causeroient point de ravages par leurs débordemens, les campagnes ne seroient point affligées par la stérilité, ni les hommes par les malignes influences de l'air et du soleil. L'historien D. Antonio de Solis observe avec raison, que ce serment si bizarre n'étoit établi que pour faire comprendre au prince que les malheurs de l'état venant presque toujours du désordre de l'administration, il devoit régner avec tant de modération et de sagesse, qu'on ne pût jamais regarder les calamités publiques comme l'effet de son imprudence ou comme la punition de ses déréglemens.

Cette inauguration du souverain présente des idées de justice, de bonté, d'humanité, qui donneroient la plus belle idée de la morale des Mexicains si elles n'étoient détruites par la superstition atroce qui les portoit à sacrifier des victimes humaines à leurs idoles. On ne trouve point d'exemples de leurs abominables fêtes parmi les nations les plus barbares de l'Afrique et des deux Indes ; ils ne ménageoient le sang de leurs ennemis dans les combats que pour avoir plus de victimes à immoler. Montezuma ne fit pas difficulté d'avouer à Cortez, qu'ayant le pouvoir de conquérir la province de Tlascala, il s'étoit refusé cette gloire, pour ne pas manquer d'ennemis, ou plutôt pour ne pas manquer de victimes à offrir à ses Dieux. Quelle idée présente un féroce Mexicain qui se revêt de la peau sanglante de son ennemi, comme d'un glorieux trophée, et qui se rassasie ensuite de ses membres encore palpitans! Ne regarderoit-on pas les Espagnols qui détruisirent cet empire comme les vengeurs de l'humanité outragée, si la soif de l'or ne les eût portés à des excès moins barbares en apparence, mais aussi injustes, aussi contraires aux droits naturels des hommes? La superstition mexicaine avoit acquis tant de forces dans toutes les parties de ce vaste empire, et parmi ses voisins, que cette énorme barbarie subsistoit encore long-temps après sa conquête, parmi la plupart des nations qui avoient conservé leur état et leur liberté.

Les peuples de la grande province de *Mechouacan*, avoient des notions plus justes d'une divinité suprême, d'un jugement dernier, du ciel et de l'enfer; ils donnoient à Dieu le nom de *Tuca Pacha*; ils le regardoient comme l'auteur de tout ce qui existe, et comme l'unique arbitre de la vie et de la mort. Ses adorateurs l'invoquoient dans leurs afflictions, en jettant les yeux vers le ciel, qu'ils prenoient pour la base de son trône : leurs prêtres faisoient retentir dans leurs temples les menaces des peines destinées aux méchans dans une autre vie ; ils en faisoient des peintures si vives, qu'ils forçoient leurs auditeurs d'abandonner le vice, malgré le penchant qui les y attachoit ; et cette morale si sage, si sévère, n'empêchoit pas que les sacrifices humains ne fussent aussi fréquens parmi eux, que dans la capitale du Mexique, dont ils paroissoient avoir emprunté les principaux usages. Ainsi le sauvage dénaturé, considère dans l'Être suprême, non un Dieu bienfaisant, protecteur et ami de l'homme, mais un vengeur, toujours disposé à punir, que l'on redoute, et que l'on n'ose aimer : ainsi les idées religieuses semblent toujours produites par les habitudes sociales ; le barbare qui n'a jamais pardonné à son ennemi, et dont le plus grand plaisir est de se venger, ne voit en Dieu que des dispositions semblables, dont l'effet répond à l'étendue de sa puissance ; sentimens qui peuvent encore tenir à un caractère national, dur et bizarre.

On n'a jamais bien connu quelle idée les Péruviens se faisoient d'une autre vie, et du souverain auteur de la nature : on n'adoroit au Pérou, d'autre divinité que le soleil, dont la fête principale se célébroit au mois de juin, immédiatement après le solstice, dans l'appareil le plus magnifique. Le monarque, en qualité de fils du soleil, se disposoit à la solemnité par un jeûne de trois jours, qui étoit observé par toute la nation, et qui renfermoit même la privation du commerce des femmes. La dernière nuit étoit employée par les prêtres à purifier les vêtemens du sacrifice ; les vierges consacrées au culte du soleil, préparoient, en même temps, les gâteaux et les liqueurs qui devoient être servis aux Incas, à la suite du sacrifice. Les mêmes préparatifs se faisoient par toute la nation, et dans le même ordre.

Le lendemain à la pointe du jour, le monarque, accompagné de tous les Incas qui marchoient en ordre, se rendoit à la grande place de *Cusco*, les pieds nuds et le visage tourné vers l'orient : ils attendoient en silence que le soleil montât sur l'horison ; lorsqu'ils commençoient à l'appercevoir, ils s'accroupissoient à terre, ils étendoient les bras, ouvroient les mains, et les approchoient ensuite de leur bouche ; ils en pressoient leurs lèvres, comme s'ils eussent voulu baiser l'air et les premiers rayons qui précédoient leur bienfaisante divinité. De vieux cantiques, chantés par les prêtres, et répétés par la multitude, célébroient la puissance du Dieu, et les soins paternels du bienfaiteur : le monarque se levoit au milieu du cercle qui l'entouroit, et prenoit deux grands vases d'or remplis de liqueurs : il offroit au soleil celui qu'il tenoit dans la main droite ; il en versoit la liqueur dans une autre coupe d'or, où tenoit un chalumeau tourné vers le temple, afin que le soleil parût en boire. Le vase de la main gauche, étoit offert par une libation de quelques gouttes qui étoient répandues, et le reste de la liqueur étoit versé dans de très-petites coupes qui se distribuoient aux Incas, et chacun avaloit sa portion d'un seul trait. On prenoit ensuite le chemin du temple, où il n'étoit permis d'entrer qu'au monarque et aux Incas ; le premier s'avançoit seul au pied de l'autel, pour offrir au soleil les deux vases des libations. Les grands qui étoient restés à la porte du temple, remettoient leurs vases aux prêtres, et les offroient par leurs mains, avec diverses figures d'animaux travaillées en or.

Après ces oblations, les prêtres faisoient amener une multitude de brebis et d'agneaux, consacrés par des cérémonies mystérieuses, avant que d'être immolés : on tiroit de l'état de leurs entrailles, des augures pour les évènemens futurs, et qui intéressoient la nation. Le cœur et le sang en étoient brûlés en holocauste, à un feu tiré des rayons du soleil ; les chairs étoient rôties et mangées en public, et on buvoit des liqueurs avec profusion. Cette fête duroit neuf jours entiers, dont huit au moins étoient employés à des festins.

Mais jamais les Péruviens ne versèrent, sur les autels, le sang des victimes humaines ; jamais ils n'imaginèrent que le soleil, leur Dieu et leur père pût voir avec plaisir de si barbares sacrifices. Ce peuple, éloigné de ce culte sanglant qui éteint toute sensibilité, qui étouffe les mouvemens de la compassion, à la vue des souffrances de l'homme, devoit à l'esprit même de la superstition qu'il avoit adoptée, un caractère national plus doux que celui des autres peuples de l'Amérique. Cette influence de la religion s'étendoit jusqu'aux institutions civiles, et en écartoit tout ce qui étoit contraire à la douceur des mœurs et du caractère de la nation. Le pouvoir des souverains, quoique le plus absolu, étoit mitigé par son alliance avec la religion : l'esprit des sujets n'étoit pas humilié, avili par l'idée d'une soumission forcée à la volonté d'un être semblable à eux. L'obéissance qu'ils rendoient à un souverain revêtu d'une autorité divine, étoit volontaire, et ne les dégradoit point. Le monarque, convaincu que la soumission respectueuse de ses sujets étoit l'effet de leur croyance à son origine céleste, avoit continuellement sous les yeux des motifs qui le portoient à imiter l'Etre bienfaisant dont il étoit le représentant. Jamais les Incas ne firent la guerre que pour civiliser les vaincus, les prendre sous leur protection, et les faire jouir des avantages de leurs anciens sujets (1).

Cette pratique digne de l'humanité des nations les mieux civilisées, ne peut être attribuée qu'au genre de la religion des Péruviens. Combien ils différoient des barbares Mexicains qui ne combattoient que pour avoir plus de victimes à immoler à leurs cruelles divinités !

§. XLIV.

Bresiliens barbares: leurs sentimens religieux et qualités sociales : leurs femmes : laborieuses et braves Amazones.

Les Bresiliens, qui probablement ont fait autrefois partie de l'empire des Péruviens, ainsi que l'on en peut juger par plusieurs de leurs usages, et par les sentimens d'humanité qu'ils ont les uns pour les autres, sont retombés dans un état d'ignorance et de barbarie qui les a amenés à l'état primitif de l'*Homme de la Nature*, dé-

---

(1) Hist. de l'Amérique, par Robertson, liv. 7.

gradé par des coutumes sociales, que la loi du plus fort et celle des penchans corrompus ont établies, plutôt que la raison ou quelques vues d'honnêteté publique.

Nous ne parlerons pas ici des Bresiliens esclaves qui vivent asservis à la domination des Portugais, mais de ceux que l'on peut encore regarder comme les descendans libres des premiers habitans des belles et fertiles contrées où ils sont établis, entre l'équateur et le tropique du capricorne, à l'orient de l'Amérique méridionale, et que l'on peut comparer, tant par les riches productions du sol que par les usages de la vie, aux îles de la Société, situées sous les mêmes climats dans un autre hémisphère.

Les Bresiliens, antropophages avec leurs ennemis déclarés, sont tendres et affectueux avec les étrangers qui ne leur donnent aucun sujet de défiance; ils leur présentent des vivres et prennent garde que rien ne les incommode. Ils sont également bons et charitables les uns pour les autres et se traitent mutuellement avec des égards constans et soutenus, au point que si l'un d'eux a quelque plaie, son voisin se présente aussitôt pour la sucer, et y appliquer les remèdes qui consistent en quelques herbes du pays dont ils connoissent la propriété; ils se rendent tous les bons services de l'amitié avec le même zèle, ce qui entretient une grande union; les querelles sont rares; s'il s'en élève et qu'ils se battent, les spectateurs ne les séparent point; mais si l'un des combattans est blessé, les parens font une blessure semblable au vainqueur, ou le tuent s'il a tué son adversaire : ils sont rigides observateurs de la loi du talion, ce qui probablement prévient les disputes et entretient la paix.

Quelles que soient leurs qualités morales, on ne peut assurer qu'aucune idée religieuse influe sur leurs sentimens et sur leurs actions : ils ne connoissent aucune divinité suprême, ils n'en adorent aucune; leur langue n'a pas même de terme qui exprime le nom ou l'idée d'un Dieu; on ne trouve parmi eux aucun monument d'un culte public; cependant ils semblent rendre quelque hommage à une puissance invisible, en levant souvent les mains vers le soleil et la lune, avec des marques d'admiration et de respect qu'ils expriment par de vives exclamations, sorte de culte qu'ils peuvent tenir des Péruviens.

Nous avons déjà vu que ces peuples ont une idée de l'immortalité de l'ame et d'un état à venir où la vertu est récompensée et le vice puni; qu'ils font passer les gens de bien après leur mort, derrière de hautes montagnes, dans des lieux fort agréables où ils n'ont d'autre occupation que de rire et de danser. On connoît leurs *Aymans*, ces esprits dont ils se plaignent souvent et qui sont les bourreaux des méchans et les vengeurs de l'innocence outragée. Leurs devins leur ont persuadé qu'ils étoient en commerce avec ces puissances invisibles, qu'ils recevoient d'eux le pouvoir d'inspirer de la puissance, de la force et du courage aux guerriers, de faire croître les plantes et les fruits; ce qui suppose quelque connoissance d'un Etre suprême. Ainsi par-tout où il y a apparence de raison, il y a aussi quelque idée vraie ou fausse d'un pouvoir au-dessus de l'homme. Comme les lumières de l'esprit humain livré au seul instinct de la nature, ne sont pas assez vives pour donner à cette connoissance surnaturelle toute l'énergie qu'elle devroit avoir, il n'est pas étonnant qu'il ne s'en conserve que quelques traits grossiers que les différentes nations sauvages, dépourvues de toute instruction, adoptent à leur manière de vivre et à leurs inclinations.

Les voyageurs qui ont observé les Bresiliens avec le plus d'attention et assez long-temps pour prendre une idée de leur caractère moral, ont reconnu en eux de la raison, de la bonté. Les principes de la morale chrétienne, les maximes évangéliques leur paroissent admirables, ils écoutent avec attention ce qu'on leur en dit;

ils

ils paroissent convaincus, mais ils ne sont pas plus disposés pour cela à s'y soumettre. Les missionnaires ont à peine achevé leurs instructions, que les naturels se rassemblent entr'eux pour s'affermir dans leur ancienne croyance, ce qu'ils font ainsi que tous leurs semblables, par des chants qui leur rappellent leurs obligations et dans lesquels ils observent un certain ordre. Ils ont d'abord pour sujet les regrets qu'ils doivent à la mémoire de leurs vaillans ancêtres ; ils s'en consolent par l'espérance de les aller rejoindre derrière les grandes montagnes et de s'y réjouir avec eux : ils menacent ensuite leurs ennemis de les attaquer, de les vaincre et de les manger : ils exaltent la puissance du *tonnerre* qu'ils nomment *tupar*, parce qu'ils le craignent et croient tenir de lui l'art de cultiver la terre : ils finissent par célébrer un ancien débordement de la mer, dans lequel tous les hommes furent noyés à l'exception des auteurs de leur race. On peut dire que ces chants contiennent à-peu-près tous les principes des idées politiques et religieuses des Bresiliens. On ne leur connoît d'ailleurs d'autres loix que leurs usages, dont plusieurs sont des infractions marquées des droits les plus généralement reçus de la justice et de l'humanité. Quand on leur en fait des reproches, ils répondent qu'ils y sont d'autant plus attachés qu'ils sont très-anciennement établis parmi eux, et que s'ils les abandonnoient ils deviendroient la risée de leurs voisins : justification digne de cet orgueil indomptable des sauvages qui fait la principale base de leur caractère dans toutes les contrées.

Cependant on remarque parmi les sauvages quelques traces d'un meilleur ordre, quelques vertus sociales auxquelles ils sont aussi attachés qu'à leurs pratiques les plus barbares. Ils ont l'adultère en horreur ; c'est-à-dire que malgré la liberté bien établie de prendre plusieurs femmes et de les répudier, un homme n'en doit pas connoître d'autres que celles qu'il prend à ce titre, et les femmes doivent être fidelles à leurs maris, sous peine de la vie. Avant le mariage, non-seulement les filles se livrent sans honte aux hommes libres, mais leurs parens même les offrent aux premiers venus et comblent de caresses leurs amans : de sorte qu'il est très-rare que quelques-unes d'elles portent à leur mari les prémices de leurs faveurs. Mais lorsqu'elles sont attachées à un homme par des promesses, seule formalité qui les lie, elles cessent de prêter l'oreille à toute sollicitation étrangère, parce qu'elles savent que celles qui manquent à leurs engagemens sans l'aveu de leurs maris, sont assommées sans pitié. Cet usage a tant de rapport avec la conduite des naturels des îles de la Société, qu'il semble établi dans les mêmes vues. Oseroit-on dire que ces peuples si éloignés les uns des autres, qui obéissent, dans les deux hémisphères, à l'activité d'un climat chaud et stérile, mettent l'observation de la loi de la continence au-dessus des forces de la jeunesse ? car l'habitude où sont les deux sexes d'être toujours *nuds* ne blesse en rien par rapport à eux les loix de la pudeur et n'ajoute pas à la vivacité de leurs desirs. Les Bresiliens ne traitent pas leurs femmes avec plus d'égards que les autres peuples sauvages : elles ne sont dispensées en aucun temps des travaux communs, pas même dans une grossesse avancée; ils les croient nécessaires pour l'heureux succès de leur délivrance, car les accouchemens sont très-laborieux : ce sont les maris qui sont les accoucheurs de leurs femmes : ils reçoivent l'enfant, nouent le cordon ombilical, lui écrasent le nez avec le pouce et le peignent tout de suite de diverses couleurs ; la femme après ce travail de l'enfantement reste à peine deux jours en repos dans son *hamac*, après lesquels elle retourne à ses travaux domestiques, portant dans un réseau de coton le nouveau-né pendu à son cou. Elles suivent leur mari à la guerre, portent le bagage, et combattent même dans l'occasion avec leurs maris. L'opinion commune est que les Espagnols, quand ils découvrirent ce pays, voyant quantité de femmes se présenter armées et se battre aussi courageusement que des hommes, crurent que les bords du fleuve qu'ils remontoient étoient habités par des femmes guerrières, ce qui leur fit donner à ce fleuve le nom de rivière des Amazones.

§. XLV.

Polithéisme des Tlascalans comparé à la théogonie des Grecs : superstitions douces et humaines.

Le système religieux des Tlascalans étoit moins sensé que leur conduite politique : outre une grande multitude de Dieux, ils reconnoissoient quantité de Déesses, dont la principale étoit celle *de l'amour*, à laquelle ils attribuoient aussi l'empire des vents; ils la croyoient servie par d'autres femmes qu'ils associoient à son culte, par des bouffons et des nains qui s'employoient à ses amusemens, dans une demeure délicieuse, et lui servoient de messagers pour avertir les Dieux dont elle desiroit la compagnie. Son temple étoit fameux; sa fête y étoit célébrée tous les ans avec une pompe qui attiroit toute la nation. Les vices avoient leurs divinités comme les vertus ; le courage et la poltronnerie, l'avarice et la bienfaisance étoient honorées sous de bizarres figures. On gravoit leurs noms et leurs symboles sur les rochers, et l'on prétend que l'on y retrouve encore des monumens d'une aveugle superstition. Le Dieu des eaux et du tonnerre portoit le nom de *Holec*. Dans un pays chaud, où de longues sécheresses étoient une calamité générale, c'est à cette divinité et à la Déesse des vents et des amours que l'on rendoit les principales adorations. La pluie tenoit lieu d'or aux Tlascalans, parce qu'en rendant leurs terres fécondes, elle leur procuroit les seules richesses vraiment utiles.

L'extravagance de ce polithéisme ne les empêchoit pas de reconnoître une divinité supérieure, mais qu'ils ne distinguoient par aucun nom, et à laquelle ils sembloient n'oser rendre aucun culte extérieur : ils admettoient des récompenses et des peines dans une autre vie ; des esprits ou génies répandus dans l'air, et neuf cieux pour leur demeure ordinaire, ainsi que pour celle des hommes vertueux après leur mort. Ils regardoient le feu comme le Dieu de la vieillesse, parce qu'il n'y a point de corps qu'il ne consume. Dans leurs idées, le monde étoit éternel, mais ils croyoient sur d'anciennes traditions qu'il avoit changé deux fois de forme : l'une par un déluge, l'autre par la force du vent et des tempêtes. La terre devoit finir par le feu et demeurer réduite en cendres jusqu'à de nouvelles révolutions qu'ils ignoroient et sur lesquelles ils ne formoient aucune conjecture.

Ne sera-t-on pas étonné du rapport qui se trouve entre le polithéisme des Tlascalans et celui des Grecs ? Cette Déesse des amours, ces femmes qui la servent, ces nains ou génies inférieurs qui l'amusent et sont porteurs de ses ordres ; ces Dieux dont elle desire la compagnie n'étoient-ils pas pour les Tlascalans le symbole des différentes opérations de la nature, desquelles résulte la fécondité de la terre ? N'est-ce pas de même sous l'emblême de l'union du soleil avec Vénus, du ciel avec la terre, que les plus anciens poëtes de la Grèce qui en furent aussi les théologiens, les législateurs et les physiciens, expriment les prodiges de la fécondité, et les effets admirables de la chaleur et de l'humidité, nécessaires à la production des fruits de la terre ? On pourroit pousser la comparaison plus loin et lui donner une explication plus détaillée.

Seroit-il donc vrai, comme les naturalistes le prétendent, qu'il n'existe et n'existera jamais qu'une certaine quantité déterminée de mouvement? Il n'y a pareillement dans les divers ordres de l'espèce humaine que la même quantité de lumières, de talens, d'idées et de connoissances, qui se présentent sous diverses formes, mais qui sont les mêmes et toujours relatives à la manière d'exister tant physique que morale des différens peuples.

Que conclure de ce que nous venons de rapporter sur les idées religieuses de plusieurs peuplades que l'on regarde comme sauvages, sinon que de même que toutes les autres nations connues, elles ont eu, lorsqu'elles ont commencé à se réunir en société, les mêmes opinions et les mêmes pratiques? Telle a été par-tout la marche de l'esprit humain, qui, en faisant les mêmes progrès, a donné dans les mêmes erreurs.

Les peuples sur lesquels la raison naturelle a eu le plus d'empire, qui se sont trouvés capables de quelques réflexions solides et sensées, ont reconnu une cause universelle, à laquelle tous les êtres doivent leur existence. Quelque fabuleuses que soient leurs traditions, elles n'ont pas totalement obscurci l'idée d'une puissance surnaturelle qui a créé le monde et dispose de tous les évènemens : ils l'appellent assez généralement le grand esprit ; mais ces idées sont vagues et confuses, et lorsqu'ils s'expliquent, on reconnoît qu'ils n'admettent aucun être qui ne soit corporel. Ils donnent à leurs divinités une forme humaine et sensible ; quelquefois ils la conçoivent comme un animal extraordinaire auquel ils attribuent des qualités supérieures et une nature plus parfaite que celle de l'homme. Chaque peuple débite quelque fable absurde sur les qualités et les opérations de sa divinité favorite. Combien de vestiges de cette façon primitive de penser, se retrouvent dans la classe ignorante des peuples policés !

Nous voyons encore que par-tout où le penchant naturel de l'homme à reconnoître une puissance supérieure, le porte à admirer l'ordre et la bienfaisance qui existent dans les opérations de la nature, le caractère de la superstition est doux. Quoique l'esprit des Péruviens ne se fût pas élevé à des idées justes de la divinité, que même leur langue n'eût aucun terme pour désigner sa puissance suprême, et que rien ne fasse conjecturer qu'elle fût pour eux comme créatrice et conservatrice de l'univers ; le culte qu'ils adressoient à l'astre brillant dont l'énergie universelle et vivifiante est le plus magnifique emblême de la bienfaisance divine, ne s'exprimoit que par un culte humain et doux. Une superstition qui avoit un objet aussi sensible, pouvoit-elle manquer d'agir sur l'esprit et la raison simple des hommes qui étoient encore dans l'état de nature? Le soleil est la source apparente de la vie, du mouvement, de la fécondité répandus sur toute la nature : l'esprit humain une fois porté à contempler, à admirer l'action si puissante de cet astre, les résultats de ses premières spéculations, arrêta son admiration sur ce qui se présentoit à ses sens; il fut comme forcé de rendre à l'ouvrage le plus brillant de l'Etre suprême, un culte qui n'est dû qu'à son auteur. Le premier des Incas en persuadant aux naturels du Pérou qu'il étoit fils du soleil, les tira des misères de la barbarie, et des peines inséparables de la vie sauvage et errante : par ses douces insinuations, il les détermina à se rassembler en corps de société. Les idées religieuses qui font si peu d'impression sur l'esprit d'un sauvage, que leur influence sur ses mœurs et sur ses sentimens est à peine sensible; ces idées étoient ici la première et la seule loi, la base la plus solide d'un bonheur général. Cette singulière superstition étoit-elle la perfection ou l'anéantissement des privilèges de l'état de nature, dont elle avoit tiré ces peuples pour les soumettre à l'autorité du despote le plus absolu ? Il est vrai qu'il ne l'employa jamais que pour conserver le bon ordre, le bien-être et la tranquillité de la nation, en tenant la main à ce que dans chaque district, la subsistance fût assurée par des moyens d'autant plus simples que chacun étoit obligé d'y contribuer par son travail, dont le produit se partageoit entre tous : princes et sujets étoient persuadés par ces actes de prévoyance qu'ils imitoient la bienfaisance de l'astre qu'ils regardoient comme le principe de la fécondité et le conservateur de la vie de tous les êtres, la divinité à laquelle ils devoient une soumission sans bornes. La famille des souverains en possession du trône étoit sacrée, et pour lui conserver le respect et la soumission qui lui étoient dus pour la maintenir dans le degré d'élévation où la superstition l'avoit placée, sans aucun mélange impur d'un sang moins précieux, les descendans de Manco-Capac n'épousèrent jamais que leurs propres sœurs, et aucun ne monta sur le trône s'il ne prouvât sa descendance des seuls enfans du soleil.

C'est à-peu-près sur les mêmes principes que les anciens Parsis, long-temps sans doute avant que l'Amérique ne fût habitée, fondèrent leur système religieux. Les malheureux Guèbres, leurs descendans, écrasés en quelque sorte sous le joug de l'*Islamisme*, conservent encore dans la douceur de leurs mœurs, leur attachement mutuel, leurs mariages et leur zèle pour l'agriculture, des vestiges intéressans de leurs anciennes polices.

§. XLVI.

Considérations sur quelques nations sauvages et barbares de l'Amérique : équilibre de bonheur dans les diverses conditions.

Nous nous sommes écartés de notre objet principal en jettant un coup-d'œil sur les principales nations de l'Amérique, que la superstition a tirées de l'état de nature pour les soumettre à quelques loix d'une civilisation sociale, dont la plupart tenoient encore à l'ignorance et à la barbarie des premiers âges du monde ; mais par-tout ailleurs dans ce vaste continent, on n'a trouvé ni principes de société, ni forme d'un culte quelconque qui dût ramener l'homme à la connoissance d'un Etre suprême. On n'y a vu que quelques peuplades errantes et peu nombreuses, que la fréquentation des Européens n'a pas encore fait sortir de l'état de nature sauvage où ils les ont rencontrées :

ce que les dernières relations nous en apprennent, nous représente tous les sauvages comme aussi barbares que grossiers.

Le lieutenant du *Senau* anglais, nommé le *Loutre-de-Mer*, parti de *Macao* le 5 mars 1786, pour aller faire la traite des pelleteries sur la côte occidentale de l'Amérique, mouilla le 18 du mois d'août suivant, dans le port nommé par le capitaine *Cook*, le roi *George*, environ le 52e. degré de latitude nord. Il y échangea quelques peaux contre des couteaux et autres clincailleries. Les naturels de cette côte sont de stature moyenne, vigoureux et trapus, de couleur de cuivre et d'une contenance fière qu'ils cherchent sans doute à rendre plus formidable, en se peignant le corps d'une terre rouge, délayée dans l'huile de poisson, et le visage de traits noirs ; ils mettent de cette terre engraissée dans leurs cheveux qu'ils recouvrent ensuite d'un duvet d'oiseaux blancs. L'habillement des hommes est une peau ou une natte faite d'écorces d'arbres qu'ils s'attachent au cou et qui reste ouverte pardevant. Ils portent sur la tête de hauts bonnets pointus faits de baguettes souples comme l'osier ; les femmes s'habillent de même, mais leur habit n'est pas ouvert pardevant ; il est attaché par une corde au milieu du corps ; elles y ajoutent une espèce de natte ronde placée au milieu afin qu'elles y puissent passer la tête. Les hommes vont nuds dans leurs expéditions de guerre, de chasse ou de pêche : ces sauvages sont d'une malpropreté révoltante ; les huiles dont ils se frottent exhalent l'odeur la plus puante ; on les a vu dévorer le poisson crud même avant que de le détacher de la ligne. On ne peut pas douter qu'ils ne soient antropophages, ou qu'ils ne mangent leurs ennemis, leurs prisonniers de guerre, peut-être même leurs morts ; car ils proposèrent aux gens de l'équipage du *Senau* de leur vendre des têtes, des bras, des jambes et d'autres pièces de chair humaine. Leur langage composé d'un petit nombre de sons qu'ils prononcent de la gorge est très-dur. Tout annonce en eux la grossièreté, la barbarie et même la cruauté ; cependant ils ne sont pas sans industrie ; leurs canots et pagayes sont très-bien travaillés ; un de leurs canots creusé dans un seul arbre avoit 74 pieds de long et 8 de large ; trente bancs pour des rameurs et plus de vingt places pour les passagers : c'étoit un canot de guerre orné sur le plat-bord de trois rangs de dents d'hommes. Leurs armes tant pour la guerre que pour la chasse, ne sont garnies que d'os humains aiguisés ou taillés en dents de scie, pour en rendre les blessures plus dangereuses; tout annonce dans ces sauvages les ennemis du genre humain; et cependant un Européen que des vaisseaux anglais de *Bombai* avoient abandonné sur cette côte depuis un mois, préféra de rester avec eux, plutôt que de revenir en Europe comme on le lui proposoit.

Ce genre de vie, quelque dur qu'il paroisse à un homme civilisé, est tellement conforme à l'inclination de ces sauvages, qu'il est presqu'impossible d'imaginer aucune révolution qui contribue à changer leur manière d'être, à leur donner d'autres idées, à les rendre plus humains, à établir des liaisons entre les différentes peuplades voisines qui, depuis qu'elles existent, sont habituellement en guerre les unes contre les autres. Si elles ne poussent pas réciproquement les fureurs de la dévastation à l'extrême, il semble que ce soit pour ménager la satisfaction barbare de recommencer les hostilités à la première occasion qui se présentera. Un sauvage n'a jamais considéré ce que cette conduite a de contraire aux droits de l'humanité. Son père et ses ancêtres lui en ont donné l'exemple, et c'est pour lui une loi suprême dont la raison même ne parviendroit pas à le détacher. Son amour-propre est indomptable; son orgueil féroce s'oppose même à sa propre conservation. Telles sont les hordes voisines des grands établissemens des Anglais dans l'Amérique septentrionale. Malgré le petit nombre auquel elles sont réduites, et le commerce qu'elles entretiennent avec les Anglais, elles sont toujours disposées à lever la hache contre eux, à les massacrer, quoiqu'elles éprouvent constamment que les moyens de défense des Européens sont très-supérieurs aux ressources qu'elles tirent de leur courage intrépide.

On est assez bien fondé à croire que les facultés intellectuelles du sauvage sont très-bornées : s'il lui arrive de réfléchir sur lui-même et sur ce qu'il est, il n'estime dans ses semblables et dans lui-même, que l'adresse à tirer de l'arc ou à se servir de la massue, à chasser, à pêcher; qu'à se venger de ses ennemis, et les ayant vaincus qu'à les massacrer en telles ou telles circonstances. Habitant telle cabane, ayant une ou plusieurs femmes et des enfans, tout-à-fait libre et indépendant, il s'occupe tout entier de ces idées et des objets extérieurs qui les renouvellent. Il passe toute sa vie sans faire même réflexion sur la partie de son être qui pense et qui raisonne, sans songer à ce qu'elle est, d'où elle tire son origine, ce qui doit faire son bonheur ou son malheur.

Tous les jours on en découvre qui n'ont

d'autre idée d'un avenir, que celle que leur donne leur manière actuelle de vivre. Dans une contrée sablonneuse de l'Amérique méridionale, les naturels du pays se roulent dans le sable quand ils se sentent de la disposition à dormir, le jour ou la nuit. Un missionnaire exhortoit un de ces Indiens aux approches de la mort ; il cherchoit à le consoler en lui représentant le bonheur suprême qui l'attendoit dans le ciel, (sans doute parce qu'il avoit été baptisé) mais cette exhortation ne fit aucune impression sur le malade jusqu'à ce que le missionnaire eût répondu à la question.... y a-t-il du sable dans le ciel (1)? On peut juger par cette demande que la sensation la plus délicieuse que ces sauvages éprouvent, est celle qui leur procure le sommeil, et qu'elle leur donne l'idée du plus grand bonheur auquel ils puissent aspirer. Avec des prétentions aussi simples, est-il surprenant que l'*Homme de la Nature* préfère son genre de vie, quelque pénible qu'il soit, à tout autre, et qu'il ne supporte pas même l'idée d'en changer?

En effet, quelque parti que prennent les hommes, quelque route qu'ils suivent, les biens

---

(1) Relation des Missionnaires Jésuites. Nuremberg, 1786.

et les maux suivent leurs pas ; ils se trouvent toujours embarrassés lorsqu'ils veulent se décider d'après leurs desirs et les idées qu'ils se font du bonheur, des plaisirs et des aisances de la vie, les grands objets des recherches, des travaux et de l'occupation de l'*Homme de la Nature* comme de l'homme civilisé ; et tout dans le monde n'est-il pas réduit à une espèce d'équilibre ? Hélas ! les biens et les maux des diverses conditions se balancent tellement, qu'on les trouve presque dans toutes, dans une égale proportion. L'erreur des hommes consiste principalement en ce qu'ils s'imaginent que leur condition est plus ou moins heureuse que celle des autres ; et la vérité est qu'elle est à-peu-près la même d'après leurs insatiables desirs. Si le bonheur se rencontre quelque part, sans doute cela devroit être chez l'*Homme de la Nature* qui ne s'est pas écarté de la simplicité primitive de ses loix, et chez l'homme civilisé, qui sait triompher de la tyrannie des passions, qui n'écoute que le sentiment intime de la raison. Telle est l'influence éternelle de la nature, toujours uniforme dans ses opérations, soit physiques, soit morales, parce qu'elle est régie par une puissance suprême, aussi sage qu'invariable dans ses desseins sur toutes ses créatures.

§. XLVII.

Première réflexion de l'Homme de la Nature : croyance religieuse des insulaires de la mer du Sud : ce qu'ils disent de la création de l'ame, de son immortalité.

Tout homme qui réfléchit assez pour saisir dans l'ensemble de la nature, un ordre général et constant, ne peut l'attribuer qu'à une intelligence infinie. Dès-lors il a l'idée distincte d'un Etre suprême, principe de l'univers. Tout ce qu'il voit, tout ce qu'il éprouve, tout ce qu'il conçoit l'oblige d'en affirmer l'existence et de reconnoître les intentions bienfaisantes et conservatrices de l'Etre tout-puissant.

L'Homme de la Nature s'en tient là, il ne cherche point à pénétrer les causes qui le font agir : il ne prétend pas saisir l'ensemble de ce bel ordre qu'il admire ; ses facultés sont trop bornées. N'est-il pas plus sage, plus raisonnable que le philosophe orgueilleux qui prétend rendre raison de tout, et déterminer par quelles loix le système général de l'univers s'est établi et se conserve ?

Les naturels des îles de la mer du Sud, ceux des îles de la Société, des Amis, de la Nouvelle-Calédonie, sont des peuples à demi-civilisés, qui, séparés des grands continens par des mers immenses, n'ont ni art, ni loix, ni religion proprement dite. Ils sont dans l'habitude de vivre et de se contenter de ce qu'un sol constamment fertile leur offre sans cesse, et du produit d'une industrie bornée; leur espèce de gouvernement est celui du père de famille, le premier de tous et le plus égal tant qu'il se conserve dans sa simplicité primitive. Ils sont bons les uns pour les autres et plus heureux sans doute que les peuples civilisés, qui, avec leurs connoissances et leurs talens, leur communiqueroient leurs passions et leurs vices.

Les peuplades de ces différentes îles étant assez nombreuses pour former un corps de nation, une société dans laquelle on remarque un commencement de civilisation, et des usages établis et connus, on voit que leurs facultés intellectuelles se sont développées plus avantageusement que celles des nations barbares et sauvages dont nous avons parlé. C'est avec une sorte de satisfaction que l'on a remarqué que les naturels des îles de la Société ont jugé des sentimens, peut-être de l'honnêteté des navigateurs étrangers qui abordoient chez eux et de la confiance qu'ils pouvoient leur accorder, par la conformité de croyance qui se trouvoit entr'eux.

« Un chef des Taïtiens demanda sérieusement

aux officiers de l'équipage du capitaine Cook, s'ils avoient un Dieu dans leur pays, s'ils le prioient. Quand un Anglais lui eut fait entendre qu'ils reconnoissoient une Divinité invisible qui a créé toutes choses, qu'ils lui présentoient leurs adorations et leurs prières, il parut fort content; et s'adressant à plusieurs des naturels qui étoient assis autour de lui, il s'entretint un moment avec eux, et tâcha de faire comprendre aux voyageurs que les sentimens de ses compatriotes étoient sur ce point les mêmes que ceux des Anglais ».

Ainsi, tout sert à convaincre que l'idée simple et juste d'un Dieu, souverain maître de l'univers, a été connue de tous les hommes dans tous les temps et toutes les régions, et que les systèmes absurdes et embrouillés, auteurs de cette idolâtrie qui a déshonoré l'histoire morale de toutes les nations sauvages et même de plusieurs de celles qui sont civilisées, ont été imaginés par des spéculateurs fourbes et intéressés. Nous aurons plus d'une preuve dans la suite de cette histoire, des entreprises de certains individus, qui, parmi toutes les nations, ont essayé d'asservir l'esprit des peuples par des idées superstitieuses; leur audace fut couronnée du succès, car ils appuyoient leurs assertions sur des évènemens extraordinaires, mais naturels, dont il leur étoit facile de donner au vulgaire ignorant des explications qui avoient quelque vraisemblance et qu'ils annonçoient avoir puisées dans un commerce intime avec quelque Divinité dont ils exaltoient la puissance.

On reconnoît que les idées religieuses des insulaires de la mer du Sud, sont analogues à celles de toutes les nations, lorsqu'elles ont commencé à se former en corps de société. Il semble que l'on doive attribuer ce que ces idées ont de raisonnable, tantôt à une tradition confuse qui s'est conservée à la suite de la grande révolution qui a pu détacher ces îles du continent de l'Asie méridionale; et tantôt à la douceur du climat, à la fertilité du sol, bienfaits de la nature qu'ils attribuoient à un Etre suprême, dont la puissance surpassoit infiniment toutes les puissances connues de leur foible intelligence, et qui par une sage prévoyance dirige vers un but général la chaîne des êtres, leurs actions, leur accroissement et leur propagation.

Parmi les insulaires de la mer du Sud, quelques-uns pensent qu'il est bon, et que sa main libérale leur accorde tout ce qu'il y a de bien dans ce monde; les autres, et ce sont les plus raisonnables, pensent qu'il sait tout, et qu'aucune des actions humaines ne lui est cachée; mais le plus grand nombre s'en tenant à la beauté de la température dont ils jouissent et à la facilité de trouver des subsistances abondantes et à leur goût, n'ont pas jugé à propos d'occuper la divinité du discernement de leurs pensées, qu'ils croient de nulle importance pour cet Etre suprême, dont ils pensent néanmoins qu'ils dépendent en tout.

Il est donc presque constant que tous les peuples sauvages, ceux mêmes qui sont restés dans l'état de nature la plus brute, comme ceux qui sont réunis par quelques loix sociales, ont quelques idées religieuses. Mais comment définir cette espèce de religion? Rien n'est plus certain et plus obscur à-la-fois que l'idée qu'ils ont d'un premier Etre. Nous avons déjà vu qu'ils s'accordent généralement à le regarder, comme le premier, le grand esprit, le maître et le créateur de l'univers : mais les presse-t-on d'expliquer ce qu'ils entendent par ces mots, on ne trouve plus que les résultats d'une imagination bizarre, que des fables mal conçues, que des mensonges et des folies. Et pourquoi s'en étonner? le genre humain, dans la société, a son enfance comme les individus. L'idée d'un Etre suprême et l'obligation de l'adorer ne sont pas d'une évidence assez palpables pour être saisies par un enfant; il faut attendre l'âge de la raison pour qu'il soit capable de réflexion, pour qu'il puisse concevoir par lui-même l'existence d'un Dieu. Il croit à ce Dieu d'abord par tradition, ensuite par instruction, et ces premières idées acquièrent insensiblement dans son ame, une consistance si forte, qu'elles paroissent le sentiment de la nature même.

Or, l'esprit des Taïtiens que nous citons ici pour exemple, encore dans l'enfance, n'est pas assez mûr pour s'élever à des idées religieuses et pures, qui correspondent à la dignité de l'Etre suprême qu'ils reconnoissent. Leurs mœurs, leur police, leurs idées de liberté, l'heureuse situation de leur climat, l'aisance dans laquelle ils vivent, les conserveront encore long-temps dans cet état.

Leur système actuel de religion est une espèce de polithéisme qui ressemble assez aux idées des Indiens orientaux sur le même sujet. Ils admettent un Etre suprême (*Eatooa-Rahai*) qui domine sur tous les autres. Chacune des îles qui environne Otahiti a sa Divinité particulière ou son génie tutélaire, et c'est toujours à cette divinité que le prêtre ou ministre du culte de chaque île s'adresse dans les prières qu'il fait au grand *Maraï*, temple et en même temps lieu de la sépulture du prince de l'île.

Ils croient que cette divinité principale ou grand esprit, est la première cause de tous les êtres divins et humains; et comme ces peuples ont mêlé par-tout les idées de la génération auxquelles ils sont fort attachés, on les trouve dans l'origine de leurs dieux inférieurs.

Ils donnent à l'*Eatooa-Rahai* une compagne du sexe féminin, qui n'est pas de la même nature que lui : ils croient que sa substance est matérielle et dure, et ils l'appellent *Ote-Papa* ou *Roche*. Ce couple a procréé *Ohéena*, déesse qui a créé la lune et qui habite un nuage noir que l'on voit au milieu de cette planète; ils la regardent encore comme la cause productrice ou le génie des étoiles, de la mer et des vents. Mais la mer est sous la direction des treize dieux ou génies, qui tous ont des fonctions particulières.

Le grand Dieu *Tavou-Téay-Etoomoo* habite le soleil qu'il a créé : on le représente comme un homme qui a de beaux cheveux pendans jusqu'à terre. Il passe pour être la cause des tremblemens de terre, sans doute parce que les naturels ont reconnu qu'ils sont occasionnés par une chaleur concentrée, ou par une fermentation intérieure assez violente et assez active pour soulever et culbuter les parties du globe, dans lesquelles son action a son effet.

Après que le grand Dieu eut créé le soleil, il saisit *Ote-Papa* (*Roche*) qu'il traîna de l'Ouest à l'Est, à travers les mers. C'est alors que les îles de la Société et toutes celles de la mer du Sud, qui sont maintenant habitées et que les naturels connoissent, se détachèrent de la grande masse. Le reste de la terre ou la partie principale resta à l'Est et forma la grande terre ou le continent oriental. Cette allégorie n'est-elle pas fondée sur le souvenir confus de quelque grande révolution arrivée dans cette partie du globe, précédée de tremblemens de terre, de mouvemens impétueux de la mer, qui firent disparoître une étendue immense du grand continent qui s'étendoit jusqu'à l'Asie orientale, et dont les parties les plus solides et les plus élevées résistèrent à l'impétuosité du choc, et formèrent les îles que l'on trouve encore dans cette vaste mer de plus de deux mille lieues en toute direction?

Ces peuples ou leurs prêtres reconnoissent encore quantité d'autres dieux de la seconde classe, en quoi leur système de théogonie se rapproche de celui de tous les peuples idolâtres: les Grecs et les Romains qualifioient ces dieux inférieurs de génies ou protecteurs de petites nations. L'une de ces divinités qu'ils nomment *Orometoca* est d'un mauvais caractère; elle habite sur-tout auprès des *Maraïs*, (temples ou cimetières) dedans ou autour de petites boîtes qui contiennent les têtes des parens ou amis qui sont morts, et qu'ils appellent, à cause de cela, la maison du mauvais génie. Le peuple de Taïti croit que ce génie, invoqué par les prêtres, tue subitement celui sur lequel il veut faire tomber la vengeance du Dieu, et qu'il n'est pas rare de voir leurs invocations s'accomplir. Superstition affreuse dont les effets peuvent devenir aussi cruels que redoutables par la fourberie des prêtres et jongleurs. Il reconnoît encore un autre génie ou dieu inférieur, sous le nom d'*Orome how houwe*, qui a aussi le pouvoir de tuer les hommes. On ne le prie pas, on ne l'invoque qu'en le sifflant. Les prêtres de l'ancienne Egypte pratiquoient des cérémonies à-peu-près semblables (1). Les *Téhées* sont les génies du dernier ordre : ce sont les ames des défunts qui errent autour des tombeaux, et s'en écartent souvent pour nuire, ce qui les rend très-redoutables : car le peuple croit que ces ames ou génies se glissent la nuit dans les maisons, qu'ils mangent le cœur

---

(1) Ce sifflement, à s'en rapporter aux auteurs qui ont parlé des premiers inventeurs de la musique, est comparé à une harmonie qui avoit des effets merveilleux et surnaturels. Les initiés dans les pratiques mystérieuses, invoquoient certaines divinités en sifflant, et en étoient promptement exaucés. Est-ce dans les antiques traditions que le fameux *Mesmer* avoit pris l'idée de son *harmonica*, qui produisoit sur ses crédules sectateurs, les femmes sur-tout, des effets si singuliers ? Car l'*harmonica* paroit ressembler beaucoup aux sifflets harmoniques des Egyptiens et de nos Insulaires.

et dévorent les entrailles de ceux qui dorment, et qu'ils les font périr subitement. Cette idée paroît contradictoire avec la bonté du caractère de ces peuples. Il est vraisemblable qu'elle a été adoptée par l'ignorance, effrayée de l'effet de quelques maladies violentes, ou de morts inopinées dont elle ne pouvoit deviner les causes. Le peuple de Hongrie ne croit-il pas encore aux vampires, et autres puissances malfaisantes, qui n'agissent que la nuit, et dont on ne peut se garantir ?

Les idées de ces peuples sur la création de l'homme paroissent correspondre à celles qu'ils ont de la formation des îles qu'ils habitent. Ils racontent que le grand dieu, après avoir produit les différentes îles, en traînant sa femme, *Ote-Papa*, dans l'immensité des mers, en eut enfin un fils nommé *O-Téa*, qui fut le premier homme. Ses membres étoient roulés comme une boule, mais sa mère les développa soigneusement et leur donna la forme qu'ils conservent encore aujourd'hui : imagination née de la vue de quelque embrion enveloppé dans sa membrane. La même union produisit une fille nommée *O-Tetorro*, qui devint la femme d'*O-Téa*. C'est de ce couple qu'ils croient que descend tout le genre humain.

Cette histoire de l'origine du monde explique plusieurs points de la religion et de la philosophie des insulaires. 1°. Ils disent que l'homme est né de leur grand Dieu, mais on ne peut conclure de cette explication, qu'ils pensent que ce Dieu ressemble à l'homme dans les formes extérieures, puisqu'ils disent qu'il ne peut se voir. 2°. La manière dont ils expliquent l'existence de l'Etre qui sent, qui pense après la mort, lorsqu'il est séparé du corps, n'ayant plus alors la faculté de voir, d'entendre, de recevoir du plaisir des actions de ses amis, de se venger en tuant ses ennemis, annonce qu'ils admettent un être invisible très-distinct du corps. Ils le nomment *Téhée* : ils le représentent sous une figure d'homme ou de femme d'environ dix-huit pouces de hauteur, figure qui ne peut en être que l'emblême. 3°. Puisqu'ils assurent que l'homme descend de la *divinité suprême* ou *du grand Esprit*, qu'il doit être invisible, il faut que l'homme lui ressemble à quelques égards; si ce ne peut être par le corps visible et destructible, c'est donc par la faculté de penser et de raisonner.

On retrouve ainsi parmi ces insulaires, comme chez presque toutes les nations sauvages, les deux points fondamentaux sur lesquels est établi le système de la religion naturelle, l'existence d'un Dieu et l'immortalité de l'ame, sur lesquels les sentimens de tous les peuples ont été les plus uniformes. L'esprit humain, même dans l'état de nature, se révolte à l'idée d'une dissolution totale : il se livre avec complaisance à l'espoir d'une existence future. Ce sentiment, produit dans l'homme par la conscience de sa supériorité sur tout ce qui l'environne et qu'il croit être fait pour son usage, le porte vers l'immortalité : il est si général, qu'on ne peut le regarder que comme un sentiment qui se trouve inné dans le cœur de l'homme ; quoique tout périsse aux yeux du sauvage, il rejette loin de lui toute idée d'un anéantissement total : dans l'état de civilisation la plus parfaite, ce sentiment n'est-il pas la base des espérances les plus sublimes de l'homme, et ne voit-on pas avec satisfaction qu'il en est pénétré même dans les sociétés les plus simples, les plus grossières, les plus abandonnées aux appétits sensuels ?

On doit regarder ce sentiment intime comme le principe de la fermeté que témoignent les sauvages aux approches de la mort : ils ne la regardent pas comme l'extinction de leur existence : presque tous espèrent un état à venir, où ils seront à jamais exempts des calamités qui troublent le cours de la vie humaine. Ils sont persuadés qu'ils y trouveront sans peine tout ce qui fait l'objet de leurs desirs, qu'ils croient devoir être toujours les mêmes, ainsi que leurs occupations : en conséquence, ils réservent les distinctions et les avantages de cet état futur, aux qualités et aux talens qui ont été dans cette vie l'objet de leur estime.

Ces idées assez généralement reçues, peuvent être regardées comme un principe de civilisation. C'est par la croyance d'une vie à venir et de la félicité que les ames doivent y trouver, que les législateurs habiles inspirent aux peuples les sentimens les plus convenables aux intérêts et à la nature du gouvernement. En comparant les opinions différentes des nations les plus grossières ou les plus avilies sous le joug du despotisme, sur la nature des peines qui seront dans une autre vie la punition du crime obscur et impuni dans celle-ci, on voit qu'ils n'ont point de sentiment fixe, et que la nature de ces peines leur est assez indifférente. Ils sont plus sensibles à l'espérance qu'à la crainte, dont ils ont toujours porté le joug tant qu'ils ont existé dans ce monde.

Les naturels des îles de la Société, ont, ainsi que les autres nations de ce vaste Archipel, une idée de la vie à venir, qu'ils se sont formée sur l'état actuel de la société; en quoi ils pensent comme tous les peuples qui sont encore dans l'état de nature. Selon eux, les chefs, et tous ceux qui occupent des rangs distingués, habiteront dans le soleil où ils se nourriront des viandes les plus délicieuses, où ils trouveront des provisions inépuisables de l'*ava*, liqueur dont ils s'enivrent, et qu'ils composent avec une racine fermentée, qui a le goût piquant du poivre. Il paroît qu'ils ont pris cette idée dans l'assemblée des états de la nation, où les classes les plus élevées de la société peuvent seules assister, et dans la manière dont ils se nourrissent alors. Car il paroît que le plaisir de manger est, pour les insulaires, fort au-dessus de l'amour; ce qui n'a rien de surprenant : ils trouvent plus aisément des femmes dès qu'ils sont en état d'en jouir, que des nourritures délicates et choisies. Les rangs de cette assemblée céleste, qu'ils appellent *Touroovat-eraï*, qui ne sera composée que des rois, des principaux guerriers, des prêtres, des chefs de district, des *manahounes*, ou francs tenanciers de possessions considérables, seront réglés comme dans ce monde, car les *Hoas*, ou officiers qui composent la maison du roi, et font la société ordinaire, y seront toujours debout, faisant leur service comme sur terre. Quant aux *Towtow*, nom sous lequel on comprend les ouvriers et artisans de toute espèce, tous les naturels servant d'habitude, quoique librement, les chefs et grands de la nation, en un mot toute la classe inférieure du peuple, se rassembleront après leur mort, à *Tayashoboo*, sans doute pour y jouir d'une existence nouvelle qui leur convienne. Mais quelle sera la destinée des femmes dans une autre vie ? Participeront-elles à ses avantages ? ils n'en ont rien dit, ils ne paroissent pas même s'en inquiéter : ce qui prouve qu'ils ont peu d'attachement pour elles ; et peut-être sont-ils assez aveugles, assez injustes pour penser, qu'ayant eu pour elles si peu d'égard dans ce monde, elles n'ont rien à espérer au-delà, et que tout est fini pour elles, lorsqu'elles ont cessé de vivre.

La religion de ces insulaires, et de presque tous ceux de la mer du Sud, porte dans son imperfection et dans ses erreurs, l'empreinte de l'invention des hommes ; mais elle n'est pas aussi cruelle, aussi remplie de superstitions que beaucoup d'autres qui étoient autrefois, ou sont encore suivies par des nations très-anciennement civilisées : elle les oblige à une espèce de culte ; elle leur apprend à regarder le souverain Etre, comme celui qui distribue tous les dons de la nature dont ils jouissent, qui entend leurs prières, qui assiste ceux qui l'invoquent, et récompense les bons. Ils le regardent moins comme le vengeur du crime, que comme le rémunérateur de la vertu : idées douces qui prennent leur origine dans les mœurs habituelles, et dans le système de leur société, où il se commet peu de crimes, où l'on s'aime, on s'entr'aide sans autre vue que de satisfaire aux sentimens mutuels d'humanité et de fraternité.

On doit remarquer à l'avantage des peuples sauvages, que s'ils n'ont pu s'élever jusqu'à la connoissance distincte et raisonnée d'un Etre suprême, au moins ils n'ont pas donné dans les erreurs superstitieuses qui déshonorent la raison et les opinions prétendues religieuses des Grecs et des Romains, parmi lesquels cependant l'étude de la sagesse avoit fait en apparence de si grands progrès. L'*Homme de la Nature*, le sauvage, se livrent sans en rougir, à tout ce que l'instinct animal exige d'eux : mais on ne voit pas qu'ils aient imaginé des Dieux vicieux et lascifs, des Dieux vindicatifs, ambitieux ou voleurs, par l'exemple desquels ils fussent autorisés dans leurs excès.

A Taïti même, où l'incontinence autorisée semble faire partie des mœurs publiques, les familles puissantes, les guerriers, le peuple, ne citent jamais l'exemple ou la protection de leur divinité, pour justifier le libertinage dans lequel ils vivent. La puissance de leur Jupiter ne se trouve point en contradiction avec les sages maximes de leurs *Catons*; et si leur *Venus* est impudique, ils n'ont point parmi eux un *Lucrèce* pour faire son apologie.

La doctrine des deux principes du bien et du

mal, se trouve généralement répandue chez tous les peuples sauvages, même parmi ceux qui sont réunis depuis long-temps en société. Ce système religieux qui remonte à la plus haute antiquité, est descendu des théologiens et législateurs des premiers temps du monde, jusqu'aux poëtes et aux philosophes chez les Grecs et les Romains...«... Sans que l'on sache, dit Plutarque, qui en est le premier auteur, encore qu'il soit si avant imprimé en la foi et opinion des hommes, qu'il n'y a moyen de l'en effacer ni arracher. C'est l'avis et opinion de la plupart, et des plus sages anciens : car les uns estiment qu'il y a deux Dieux de métier contraire, l'un auteur de tous biens, et l'autre de tous maux ; les autres appellent l'un *Dieu* qui produit les biens, et l'autre *Démon*. *Zoroastre* appelloit le Dieu bon, *Oromazes*, et l'autre *Arimanius* : l'un ressembloit plus à la misère qu'à toute autre chose sensible ; l'autre aux ténèbres et à l'ignorance». C'étoit le sentiment de Platon...«... Dieu seul doit être regardé comme la seule cause de tous les biens, et il convient d'assigner aux maux un tout autre principe que Dieu...»... (1) Les peuples de l'Europe barbare étoient dans les mêmes sentimens qui se soutien-

---

(1) Plutarque, Isis et Osiris.... Platon, de la République, liv. II.

nent dans une partie de l'Afrique; et ils sont encore en vogue dans plusieurs régions de l'Orient. Les *Curdes, Tartares errans*, entre la Perse et la Turquie, admettent deux principes ; l'un comme l'auteur du bien, l'autre comme la cause du mal, et sont infiniment plus exacts au culte du dernier, qu'à celui du premier...... Ainsi la raison par-tout impuissante, enveloppée de ténèbres, cherche en vain le Dieu qu'elle doit adorer, le Dieu qu'elle doit aimer, et l'Etre méchant qu'elle doit appaiser par des offrandes, des prières, et des sacrifices.

§. XLVIII.

Mariages des Taïtiens : leurs Tatoüages, et de quelques autres peuples.

Mettrons-nous au rang des cérémonies religieuses, ce qui se pratique aux mariages des Taïtiens et de quelques autres insulaires? c'est un contrat social, un engagement à vie de la part de la femme. Il paroît qu'il n'oblige pas de même le mari, qui peut faire divorce avec sa femme, et la renvoyer. Cet usage est assez généralement celui de tous les peuples qui vivent sous la loi de nature, même en société civilisée. Les rites de ces mariages sont fort simples : l'époux s'assied par terre à côté de la femme à laquelle il doit s'unir, et met la main dans la sienne ; ils sont environnés de dix ou douze personnes, sur-tout de femmes qui récitent ou chantent quelques paroles, auxquelles les époux font de courtes réponses ; on leur apporte des alimens, l'époux en présente à son épouse, et celle-ci en offre à son tour. Toutes ces cérémonies sont accompagnées de paroles propres aux circonstances ; après quoi les deux époux vont se baigner ensemble à la rivière, et se retirent dans leur cabane.

Après l'accouchement qui, d'ordinaire, suit de près la cérémonie des noces ; dès que l'enfant est né, le premier soin du père est celui de comprimer un peu le nez ; il lui donne ensuite un nom, qui est celui du premier objet qui se présente à sa vue : l'un est appellé *Héron gris*, l'autre *Tortue*, ou *grand Chapeau*, ou *Téhée* (l'ame), ou bien on lui donne le nom d'un arbre, d'un buisson, d'un caillou, sans doute pour le distinguer au moins de sa famille et de son voisinage.

Les enfans mâles subissent très-jeunes une opération qui dans ce pays a plus de rapport à la propreté du corps, qu'à la cérémonie religieuse pratiquée par les Juifs, et connue sous le nom de circoncision. Dès que l'enfant est assez fort pour la supporter, on appelle le prêtre ou jongleur, qui place sous la peau du *prépuce*, un roseau de *bambou*; il fend la membrane avec un autre bambou affilé, en forme de couteau, ce qui empêche qu'elle ne se resserre, et que dans la suite elle ne couvre le *gland*.

Les deux sexes portent sur leur peau différentes figures imprimées, ce que les naturels appellent *tatoüage*. Cette opération se fait avec un instrument d'os mince et taillé en plusieurs pointes et dents, à-peu-près comme un peigne : l'opérateur l'imprègne d'une liqueur noire, et frappe sur l'instrument à dents avec une espèce de marteau pour le faire pénétrer dans la peau. On peut mettre cette opération au rang des usages religieux de ces insulaires, car ce sont les prêtres qui la font, sur-tout aux femmes. Les piqûres qu'elles portent aux fesses, et qui annoncent leur puberté, sont regardées comme le signe honorable de l'utilité dont elles deviennent dans la société. Les jongleurs reçoivent pour salaire de la peine qu'ils prennent à imprimer ce signe, des volailles, du poisson, des fruits, auxquels ils préfèrent des clous et des grains de verre qui sont devenus assez communs, depuis que les navigateurs Européens fréquentent ces îles.

L'usage où sont tous ces insulaires de se graver des figures de fantaisie sur les différentes parties de leur corps, est pratiqué chez les Tartares

Tongouses (1), les Groënlandois et tous les peuples sauvages de l'Amérique; dans beaucoup de régions de l'Asie, même dans les états de l'empire Ottoman. Mais comme tous les peuples y sont habillés, ces figures imprimées ne paroissent pas, et ne peuvent être regardées comme la marque de superstitions religieuses. J'ai vu plusieurs missionnaires, un capucin entr'autres, qui avoit un crucifix gravé sur le haut de son bras. Un homme qui avoit été esclave en Afrique, s'étoit fait imprimer différentes figures sur les bras, les cuisses et les jambes; il me dit que l'on

---

(1) Ces Tartares impriment sur le front et le menton de leurs enfans, différentes figures peintes en bleu ou en noir; ils emploient pour cela du fil trempé dans un mélange de craie, de terre colorée, ou de suie délayée avec de la salive : ils cousent point à point le visage de leurs enfans qui jettent des cris horribles pendant l'opération, qui ne peut être que longue et douloureuse. Le visage enfle, on le frotte avec de la graisse qui calme la douleur. Anciennement ces peuples avoient coutume de décorer les vainqueurs de pareilles figures que l'on appliquoit, non-seulement au visage, mais même sur tout le corps. Quiconque portoit ces marques étoit en vénération, ce qui, sans doute, les rendoit plus communes et leur attachoit l'idée de la beauté. C'est probablement cet usage qui a fait peu-à-peu disparoître la barbe du visage de ces peuples errans qui ont tous une même origine.

attachoit les deux extrémités de la partie du corps où l'on vouloit faire graver quelque figure, de fortes ligatures qui la comprimoient et excitoient une sorte d'enflure ; qu'on dessinoit ensuite la figure, dont on marquoit les traits par des piqûres d'aiguille ; on essuyoit le sang qui en sortoit, et on frottoit la partie piquée avec de la poudre à canon bien pulvérisée, ce qui produisoit une gravure à la manière noire, et tout-à-fait indélébile. La transpiration la plus forte, la sueur la plus abondante n'y causent aucune altération. Les nobles de Guinée sont encore dans l'usage de se faire piquer tout le corps, et d'y former des fleurs et des feuillages : c'est un ornement et une marque distinctive de leur rang et de leur puissance.

§. XLIX.

*Funérailles et cérémonies funèbres très-intéressantes pour l'*Homme de la Nature*, dans les îles de la mer du Sud ; métempsycose.*

Aucune cérémonie religieuse ne paroît intéresser autant les différentes nations dont nous avons parlé, que celle des funérailles ; toutes les pratiquent avec le plus grand appareil.

A la nouvelle de la mort d'un naturel de Taïti, d'un rang distingué, ses parens et ses amis se rendent à la maison ou cabane qu'il occupoit, où ils se lamentent en commun, et témoignent le chagrin que leur cause la perte qu'ils ont faite ; ils y passent le reste du jour et la nuit, jusqu'au lendemain matin, que le corps enveloppé d'une étoffe ou fine natte blanche est porté auprès du *Maraï*, ou cimetière où il doit être déposé. Si le trajet est long, on transporte le corps sur une pyrogue, dans une espèce de bierre couverte d'un toit qui a la forme d'une petite cabane. Un ministre des cérémonies religieuses récite quelques prières avant l'enlèvement du cadavre, et les continue le long du chemin, jusqu'à ce qu'il soit arrivé au *Maraï*, où il les renouvelle. Il fait des aspersions d'eau de la mer à côté du corps, mais non pas dessus, en prononçant quelques courtes prières, ce qui se répète autant de fois que l'on change le corps de place. On le dépose dans un petit enclos près du *Maraï*, sous un hangard ouvert, où il est mis sous un *Tupapou* ou échafaud soutenu par des poteaux de six à sept pieds de hauteur ; on l'y laisse jusqu'à ce que la chair se pourrisse et se détache des os, ce qui exige un long espace de temps, pendant lequel on a soin de porter de temps en temps auprès du *Tupapou* des viandes rôties, des fruits, de l'eau, des étoffes, des noix de cocos, et des guirlandes de différens feuillages.

Les femmes de la famille du défunt donnent sur-tout les marques les plus expressives d'une grande douleur : elles se déchirent le visage et le sein avec une dent de *goulu* : elles recueillent le sang qui coule de leurs blessures, ainsi que leurs larmes, sur des pièces d'étoffe qu'elles jettent sous la bierre, avec les cheveux que les jeunes gens se coupent en cette occasion (1).

Quelques jours après cette première cérémonie, un des plus proches parens du défunt se revêt d'un habit de deuil que l'on nomme *Héva*, tenant d'une main un claquet formé de deux grosses coquilles de nacre, et de l'autre un bâton plat armé d'une dent de goulu. Il est précédé de deux hommes presque nuds, et noircis avec du charbon détrempé dans de l'eau ; ces deux personnages jouent le rôle de *fous*, comme

---

(1) Plus on se rapproche de l'origine du monde ou des peuples qui en ont conservé les usages primitifs, plus on reconnoît que les anciens accompagnoient les deuils des démonstrations les plus fortes : ils se coupoient les cheveux, se rasoient la tête, se déchiroient le visage, le sein. On retrouve dans les écrits de la plus haute antiquité une multitude de traits semblables tirés des histoires orientales : nous en parlerons plus en détail, lorsque nous en serons à l'histoire particulière de ces insulaires, dont il nous suffit à présent d'indiquer quelques usages.

si le chagrin les mettoit en délire, et tous les trois suivis de quelques autres, marchent processionnellement de la maison du défunt jusqu'au *Maraï*, ce qu'ils réitèrent plusieurs fois pendant cinq lunes. Si le principal acteur rencontre quelque insulaire, il court à lui, le frappe avec le bâton armé de la dent de goulu, sans doute pour le forcer à prendre part au chagrin commun. Mais dès que l'on entend le bruit du claquet, on a grand soin de s'enfuir des huttes qui se trouvent sur la route de cette procession, pendant laquelle on répète différentes prières ou sentences relatives à la cérémonie.

Dans le dernier voyage de Cook aux îles de la Société, quelques Anglais assistèrent à des funérailles, ils virent des cérémonies qui furent nouvelles pour eux : elles se célébroient dans l'intérieur de la cabane du mort. Le spectacle commença par un drame de trois jeunes filles, et pendant qu'elles se reposoient, trois hommes représentoient entr'eux une espèce de drame dont le sujet étoit sans doute l'éloge du défunt : les danses et les dialogues eurent lieu à plusieurs reprises : les amis et les parens se montrèrent deux à deux en habit de deuil à l'entrée de la maison, mais n'y entrèrent point : la cérémonie se termina en courant un espace de trente pieds de long sur huit de large, couvert de nattes qui furent distribuées aux joueurs d'instrument. C'est ainsi que se célèbrent les funérailles des insulaires d'un rang distingué ; le chant, la danse, et les drames occupent ces insulaires, et leur servent à célébrer la mémoire du défunt (1).

Après que la chair s'est détachée des os du cadavre déposé au *Maraï*, on les ratisse, on les lave, et on les enterre dans *l'intérieur du Maraï* si le mort étoit un chef, et en dehors s'il ne l'étoit pas. Le crâne d'un chef ne se met point avec les os, on l'enveloppe dans une étoffe, et on le conserve dans une boëte qui reste sur une des colonnes qui sont autour du lieu des sépultures.

L'enterrement des os ne termine pas les cérémonies funèbres ; les parens les renouvellent de temps en temps avec un de leurs prêtres ; ils se rassemblent autour d'un panache formé de plumes rouges de perroquet, fort estimées par les insulaires : ce panache posé au-dessus d'un long but, ou planté en terre, est dans cette occasion l'emblême de la divinité ; ils placent vis-

---

(1) Quelque singuliers que paroissent ces usages, on en trouvera la relation vraisemblable, si l'on a été témoin des funérailles d'un doge de Venise, dans lesquelles on trouvera quantité de traits de ressemblance avec celles d'un chef des îles de la Société, quoique les deux peuples soient si différens de mœurs, de religion et de police.

à-vis, un jeune bananier, symbole de l'amitié, de la paix et des regrets : le prêtre entouré des parens s'arrête, il récite ses prières et arrange ensuite sur le tombeau des feuilles de cocotier que les parens chargent de différens comestibles, qui après avoir été offerts aux mânes du défunt, restent sans doute au profit du ministre.

Quelquefois ces cérémonies sont accompagnées de danses qui se font au bruit du tambour et des instrumens de la musique du pays. On peut conclure de ces usages, que les opinions religieuses ne placent point l'ame des défunts aussitôt après leur mort dans le séjour de la paix ou des récompenses, mais qu'ils pensent qu'elles conservent les sentimens et l'intérêt pour tous les objets auxquels elles avoient été attachées, lors de leur union avec le corps : opinion qui donne une idée favorable du caractère moral de ces insulaires, en ce qu'elle annonce un mutuel attachement, une amitié sincère. Le souvenir de leurs amis se conserve après leur mort, il forme la base de l'union de ceux qui survivent, perpétue la mémoire du défunt, et rappelle tout ce qui lui fut cher.

Les habitans des îles des *Amis*, ont quelques cérémonies funèbres qui approchent de celles des îles de la *Société* : ils ont des cimetières où l'on voit des figures d'hommes grossièrement sculptées, mais pour lesquelles ils témoignent peu de respect, quoique leurs prêtres soient dans l'habitude d'exercer quelques pratiques religieuses, et de faire d'assez longues prières auprès de leurs *Maraï* qui leur tiennent lieu de temple, car on n'a point vu d'autre lieu destiné à rendre quelque culte à l'Etre suprême.

A la *Nouvelle-Calédonie*, les sépultures sont placées sur des *mondrains* ou buttes élevées la plupart près des rivages de la mer. Ils y érigent des monumens distingués à la mémoire de leurs chefs, qui sont remarquables par des poteaux, ou colonnes de bois d'environ 10 à 12 pouces en quarré et de 8 ou 9 pieds de haut, surmontés par la figure d'une tête humaine grossièrement sculptée : usages qui ont beaucoup de rapport à ceux des îles de la Société.

A l'île de Pâques où le bois est très-rare, on remarque de tous côtés, sur-tout auprès des bords de la mer, des statues colossales formées de pierres grossiérement unies, autour desquelles il est probable qu'ils exposent leurs morts et qu'ils les enterrent, à en juger par la quantité d'ossemens humains que l'on voit répandus autour, et sur les plates-formes, lieux où les monumens publics sont élevés.

Les naturels des îles de la Société et les ministres de leurs cérémonies religieuses n'ont pu donner connoissance aux Européens du temps employé par les ames des défunts, pour se rendre à cette assemblée de bienheureux, dont nous avons parlé, où ils vivent si délicieusement à leur gré. On peut seulement conclure de leurs *rites* que cette transmigration a lieu quand la chair du corps est entièrement pourrie, et qu'il n'en reste plus que les os.

Les Egyptiens sembloient être dans la persuasion que les ames ne s'éloignoient point des corps, tant qu'il leur restoit de la chair. En embaumant les cadavres ils prétendoient les rendre incorruptibles pendant trois mille ans, après lesquels l'ame étoit destinée à animer de nouveau un corps humain : ainsi ils croyoient la sauver d'une humiliante et ennuyeuse transmigration par le corps d'une multitude d'animaux, avant qu'elle pût retourner à sa vraie destination (1).

Les habitans des îles de la Société ne portent sûrement pas leurs idées aussi loin que les Egyptiens ; mais le respect et les attentions qu'ils conservent pour le corps des défunts, pendant un assez long espace de temps, peut avoir pour origine quelque usage qui se rapproche beaucoup de ceux des Egyptiens ; car il est fort probable qu'ils sont originaires de la partie méridionale

---

(1) Hérodote, liv. 1, n°. 121.

de l'Inde, où la doctrine de la métempsycose est établie depuis un temps immémorial, bien avant que Pythagore n'en eût puisé la doctrine dans les conversations qu'il eut avec les anciens Brachmanes. Les princes de l'Orient ont entretenu cette opinion pour engager les sujets à se dévouer au salut des souverains, par l'espérance d'une heureuse transmigration. Les femmes, les esclaves de l'Inde, entraînés par la force de l'usage, se jettent dans le bûcher destiné à consumer le corps du maître ou du mari défunt : tandis que l'on conserve religieusement les animaux en ce pays, comme dépositaires des ames des morts, suivant la doctrine de la transmigration, et que l'on a construit des hôpitaux où ils sont entretenus jusqu'à leur mort.

On a trouvé la même superstition établie parmi les sauvages du *Maynas*, peuples de l'Amérique méridionale, entre la ligne et le tropique du capricorne ; mais ils s'embarrassent fort peu de la durée et du destin de l'ame. On leur a annoncé jusqu'à présent les vérités de la religion chrétienne, et leur indifférence est telle, que de l'aveu même des missionnaires les plus sincères, il est toujours incertain s'ils les ont reçues, même s'ils y comprennent quelque chose, ou s'ils ne se montrent chrétiens qu'extérieurement et par des vues d'intérêt. Lorsque les missionnaires, après avoir bien instruit leurs néophites, leur demandent s'ils sont persuadés de ce qu'on leur a dit, ils n'en peuvent tirer d'autre réponse que celle-ci...«... Cela peut être, quant à moi je ne m'y oppose pas...»... Aux approches de la mort, ils ne donnent aucun signe d'inquiétude ou d'effroi; ils ont une patience incroyable dans les maladies les plus douloureuses, peut-être plus par une insensibilité qui leur est propre que par force d'ame.

La plupart de ces sauvages enterrent actuellement leurs morts; autrefois ils servoient à leurs amis le cadavre de leurs parens qu'ils avoient fait rôtir, ou ils le réduisoient en cendres qu'ils mêloient dans leurs boissons. Il y en avoit parmi eux qui ne mangeoient que leurs ennemis tués dans les combats, et le corps d'un Européen étoit pour eux un régal exquis (1).

On doit faire attention en lisant ce paragraphe, que nous ne parlons ici que des funérailles qui tiennent à des pratiques religieuses. Chez quelques nations de l'Amérique méridionale on pratique des espèces d'embaumement, en détachant la peau du corps dans son entier, après quoi on

---

(1) Relations des missionnaires Jésuites, in-8°. Nuremberg, 1786.

sépare

sépare adroitement les os de la chair sans les séparer; on les laisse sécher; on le recouvre ensuite de la peau, avec tant d'industrie, qu'après avoir rempli le vuide des chairs avec du sable fin, les cadavres paroissent être dans leur entier. Cet usage n'a lieu que pour les principaux personnages qui ont une sépulture commune, où leurs corps sont placés les uns à côté des autres, sur une grande estrade couverte de nattes. La chair séparée des os, après avoir été séchée au soleil, est mise dans un panier que l'on dépose aux pieds du cadavre auquel elle a appartenu. On prétend que cette pratique se conserve encore parmi quelques descendans libres des naturels du Pérou; elle a même quelque rapport avec la manière dont on arrangeoit les corps des Incas après leur mort.

On n'a jamais bien connu quelle idée ces peuples se formoient de leur destinée dans une autre vie. Les Incas étoient portés après leur mort dans un lieu voûté, où ils étoient assis revêtus de leurs ornemens les plus précieux. On y renfermoit avec eux une ou deux de leurs femmes. Cet honneur étoit contesté entre celles qui lui avoient été les plus chères, et de-là vint une loi qui obligeoit les maris de prononcer sur le choix, avant que de mourir. On assure qu'on enterroit aussi avec eux deux ou trois jeunes gens du nombre de leurs domestiques, avec toute leur vaisselle d'or et d'argent. Cet usage étoit fondé sur l'espérance d'une résurrection dans laquelle ils ne vouloient pas paroître sans cortège. Il est vraisemblable que ce peuple humain et doux étouffoit les femmes et les esclaves dans les tombeaux, avant que de les fermer. On plaçoit au-dessus de ceux des princes et des grands, des statues qui les représentoient ; sur ceux des gens du commun, les marques de leur profession. Les Péruviens voyant entrer les Espagnols dans ces tombeaux pour les dépouiller de leurs richesses, les prioient instamment de n'en pas disperser les os, dans la crainte que la résurrection des morts n'en fût plus lente et plus difficile.

La manière dont les Péruviens expriment encore leurs regrets et pleurent les morts, est en buvant beaucoup. La maison d'où doit partir le deuil est remplie de cruches pleines de liqueur. Non-seulement les proches qui sont dans l'affliction, noient leur chagrin dans des flots de *chica*; mais ceux qui s'intéressent le plus à la mémoire du défunt, sortent, arrêtent les passans de leur nation, les font entrer dans la maison du mort, et les obligent à boire à son honneur. Autrefois dans la cérémonie des funérailles, les parens versoient sur le lieu de la sépulture une certaine quantité de leur liqueur favorite dans un tuyau qui répondoit dans la bouche du mort (1).

Une bizarrerie des pratiques religieuses des Mosquites, peuples de la Nouvelle-Espagne, étoit d'enterrer avec chaque chef de famille, non-seulement quelques esclaves, mais son propre domestique et une partie de ceux qu'il avoit entretenus dans sa maison à ce titre. Un Portugais devenu l'esclave d'un de ces barbares, après avoir perdu un œil dans le combat, eut le malheur de survivre à son maître et d'être choisi pour l'accompagner au tombeau ; il touchoit au moment d'être égorgé, lorsqu'il lui vint à l'esprit

---

(1) Ces sortes de libation enivrante durent trois ou quatre jours, et quelquefois plus long-temps. Les pasteurs chargés de la conduite spirituelle des Péruviens soumis au joug des Espagnols ne s'en scandalisent pas, ils croient même y remarquer quelque ombre de christianisme. Sans doute que les pasteurs étoient des élèves des Franciscains Espagnols, qui retrouvoient dans les usages des Péruviens une imitation assez exacte de ceux qu'ils suivoient en Espagne aux funérailles des chrétiens, où ils avançoient pour maxime, que les ames des morts étoient soulagées et en quelque sorte récréées, lorsque les religieux qui les célébroient buvoient copieusement...... *Itaque fratres, largius compotandum quia perfectius atque plenius inde recreantur mortui....* n°. du *Pour et du Contre*, ouvrage périodique de l'*Abbé Prévost....*

de représenter que le mort seroit peu considéré dans l'autre monde, s'il y paroissoit avec un borgne à sa suite : les Indiens goûtèrent cette raison et firent choix d'une autre victime.

Les femmes veuves sont chargées parmi les Mosquites d'un devoir très-onéreux, et qui prolonge l'empire tyrannique de leurs maris sur elles, long-temps après qu'ils sont morts. Quand ils sont enterrés, elles leur portent tous les jours à boire et à manger sur leurs sépultures pendant quinze lunes : elles sont obligées à la fin de ce terme, d'exhumer les os, de les laver soigneusement, de les lier ensemble, pour les porter sur leur dos aussi long-temps qu'ils ont été en terre : elles les placent ensuite au sommet de leur cabane si elles en ont une, ou sur celle de leur plus proche parent. Elles n'ont la liberté de prendre un autre mari, qu'après s'être acquittées de ce devoir. On peut regarder cet usage comme une preuve remarquable du peu d'égards que les hommes ont eu pour les femmes dans l'état de nature : si elles viennent à mourir, on se contente de les enterrer ou de les jetter à la mer, sans aucune cérémonie et sans leur rendre aucun devoir funèbre; si ce n'est aux îles de la Société, où les Anglais ont cru remarquer que les femmes, probablement celles d'un rang distingué, jouissent après leur mort de quelques-uns de ces honneurs, que l'on semble prodiguer à la mémoire des hommes, encore ne sont-ils rendus que par de vieilles femmes.

En général, les cimetières, les tombeaux sont respectés chez toutes les nations qui vivent dans l'état de nature, quelque barbares qu'elles soient : leur profanation passe pour l'injure la plus atroce que l'on puisse faire aux bourgades auxquelles ils appartiennent : aussi n'ont-elles jamais été plus outrées contre les Européens, que lorsqu'elles les ont vu ouvrir les tombeaux, pour en tirer les peaux de castor qu'elles y avoient enfermées.

§. L.

Idée sur l'immortalité de l'ame : usages qui en résultent : opinions particulières : ame des bêtes.

Toutes les cérémonies dont nous venons de parler ont pour principe la persuasion où sont tous les peuples, même les plus barbares, de l'immortalité de l'ame. C'est l'opinion la plus générale et la mieux établie parmi eux, non qu'ils croient l'ame spirituelle, on n'a jamais pu les élever jusqu'à cette idée. Ils donnent aux génies et aux dieux des corps qu'ils exemptent de toutes les infirmités auxquelles les hommes sont exposés : ils leur attribuent une sorte d'immensité, puisqu'ils croient en être entendus dans quelque pays et à quelque distance qu'ils les invoquent. Mais ils ne peuvent rendre aucune raison de cette croyance : ils l'ont reçue par tradition, et ils s'y sont fortement attachés.

Quant aux ames, ils pensent que ce sont les ombres, simulacres animés des corps : c'est par une suite de ce principe et de la croyance des génies, qu'ils regardent tout ce qui existe dans la nature comme animé : idée que l'auteur de la philosophie de la nature a essayé inutilement de rendre probable en faisant converser ensemble un nègre, une huître et un rocher.

Ils prétendent que les ames séparées des corps conservent les inclinations qu'elles avoient pendant leur union avec eux. De-là est né l'usage d'enterrer avec les morts tout ce qui servoit à leurs besoins et à leurs goûts : on leur offre des vivres et des fleurs ; on en répand dans les cantons où on les croit errantes. Cette coutume est observée dans une grande partie de l'Asie, même parmi les peuples les plus anciennement policés, tels que les Chinois, qui croient remplir un devoir de religion en veillant à la nourriture des ames qu'ils supposent errer dans les pays où elles habitoient avec les corps, jusqu'à leur transmigration.

D'autres pensent que l'ame reste long-temps auprès du corps après leur séparation mutuelle, qu'elle passe ensuite dans un pays inconnu, où elle prend une autre forme que celle qu'elle avoit.

Quelques nations sauvages donnent deux ames à tous les corps; l'une qui s'en sépare à la mort, ainsi qu'on vient de le dire; l'autre qui ne quitte jamais un corps, et ne sort de l'un que pour passer dans un autre. C'est ce qui les détermine à enterrer les enfans sur le bord des chemins, afin que les femmes enceintes puissent en passant recueillir les ames, qui n'ayant pas long-temps joui de la vie, sont très-empressées d'en recommencer une nouvelle. Il faut nourrir ces ames, et c'est pour remplir ce devoir que l'on porte diverses sortes d'alimens sur les sépultures. Mais ce soin n'est pas long-temps prolongé, parce que l'on suppose que les ames s'accoutument bientôt à jeûner, quand même la peine que l'on a souvent à faire subsister les vivans, ne seroit pas oublier le soin de nourrir les ames des morts.

Quant aux ames destinées à quitter les corps pour toujours, on ne connoît pas les pays où elles se retirent lorsqu'elles s'en séparent : les sauvages pensent que c'est dans une région éloignée, à l'ouest des pays qu'elles habitent; qu'elles mettent plusieurs mois à s'y rendre; qu'elles ont plusieurs obstacles à surmonter dans cette route ; un fleuve à traverser où plusieurs se noient ; un chien furieux à éviter, dont elles ont beaucoup de peine à se défendre ; un lieu de souffrance où elles expient leurs fautes ; un autre où sont tourmentées les ames des prisonniers de guerre qui ont été brûlés, et où elles se rendent le plus tard qu'elles peuvent : aussi fait-on après leur supplice, beaucoup de bruit et de battues pour les éloigner, dans la crainte qu'elles ne se vengent des mauvais traitemens qu'elles ont reçus. Ne retrouve-t-on pas dans ces idées de l'*Homme de la Nature*, l'origine des récits fabuleux mis en avant par Homère et Virgile, d'après lesquels les Grecs et les Romains ont établi le système de leur religion ?

D'autres ont encore imaginé une espèce d'Elisée où ils admettent les ames des personnages les plus distingués, ou qui ont le mieux servi la patrie, tels qu'un bon chasseur, un brave guerrier, celui qui a conduit les entreprises de la nation avec prudence et succès, ou qui a brûlé le plus grand nombre d'ennemis ; car c'est parmi eux tout ce qui constitue le mérite et la vertu. Dans les régions fortunées, on fait toujours des chasses heureuses, des pêches abondantes ; il y règne un printemps perpétuel : on y a des vivres en abondance et sans peine ; en un mot, on y goûte tous les plaisirs des sens : c'est-là où se bornent tous leurs vœux : leurs chansons qui composent leurs prières, n'ont d'autre objet que d'obtenir la continuation des biens dont ils jouissent, et ils se croient d'autant plus assurés d'y parvenir, qu'ils ont été plus heureux dans le cours ordinaire de la vie.

Ils placent dans ce même séjour imaginaire, les ames des bêtes qu'ils supposent immortelles comme les leurs, et toutes sous la protection de leur génie : car ils n'admettent qu'une différence graduelle de sentiment et de conception entre les hommes et les bêtes, l'homme n'étant, selon eux, que le premier ou le roi des animaux, qui possède les mêmes attributs, mais dans un degré bien supérieur. Cependant ils ne les croient propres qu'à leur nourriture : aucun d'eux, dans l'état de nature, n'a encore imaginé de les associer à ses travaux rustiques, et d'en tirer des services qui développent, au moins dans la plupart, une intelligence que le sauvage ne peut connoître.

Telle est l'idée que l'*Homme de la Nature* se forme de l'ame et de sa destination, soit dans cette vie, soit dans une autre. Il ne faut cependant porter ses réflexions bien loin pour se persuader qu'il n'y a aucune analogie entre l'être qui sent, qui pense, et les corps étendus, solides, impénétrables, qui sont l'objet des sensations extérieures. Il n'y a aucune raison de croire ces deux êtres de même nature. Le sentiment de la spiritualité de l'ame n'est pas une opinion qu'il faille prouver: elle n'est que le résultat simple et naturel d'une analyse exacte de nos idées et de nos facultés; tout homme est capable d'en faire la différence et de la sentir.

§. L I.

Crainte, principe de toute superstition : divination pratique, ancienne et illusoire : jongleurs et devins fourbes.

Si nous poussons nos recherches plus loin sur les sentimens religieux dont peuvent être susceptibles, ou les naturels des îles, qui sont réunis en société assez nombreuse, parce que dans des terreins resserrés de tous côtés par la mer, les familles n'ont pu s'éloigner beaucoup les unes des autres, et sont pour long-temps encore dans l'état primitif de nature ; ou les peuplades errantes de l'Amérique et même quelques-unes de l'ancien continent ; nous voyons que la crainte, plus que tout autre motif, a donné lieu aux différens systêmes de superstition qui se sont formés à l'origine des sociétés.

Si l'on reconnoît parmi eux quelques usages

que l'on puisse prendre pour un culte public, il est aisé de voir que ce sont des cérémonies superstitieuses qui leur ont été transmises par tradition, sur lesquelles ils sont assez indifférens, à moins que la crainte ou le besoin ne les forcent à recourir à une puissance supérieure qu'ils croient capable d'écarter les maux dont ils sont menacés.

Alors même la raison n'entre pour rien dans leurs démarches et leurs supplications; on voit qu'une crédulité puérile les entraîne; ils ont plus entendu parler d'une puissance surnaturelle qui agit dans certains cas, qu'ils n'en ont reconnu la réalité : mais en général, ils ont conçu de la confiance et une sorte de respect pour ceux qui augmentoient leurs terreurs, en exagérant les maux qu'ils avoient à craindre : ils les ont regardés comme les organes de cette puissance, dont une idée confuse ne leur permettoit pas de discerner ce qu'ils en avoient à craindre ou à espérer.

Presque tous, impatiens de savoir quelle doit être leur destinée, se livrent aux impostures de quelque jongleur, qui plus audacieux que le commun des barbares parmi lesquels il vit, les a persuadés qu'il pouvoit lever le voile sous lequel le grand Esprit cache sa conduite et ses desseins sur les hommes.

Ainsi la divination, fille de l'ignorance et de

l'orgueil, science aussi méprisable qu'illusoire, est cependant l'une des plus anciennes. Il seroit difficile de déterminer le temps de son origine; mais on voit par les observations faites dans les régions où les loix primitives de la nature sont encore observées, que ceux d'entre les naturels, dont les facultés intellectuelles se sont développées avec le plus d'avantage, ont bientôt succombé à la tentation de se donner pour des hommes privilégiés, ayant des relations immédiates avec l'Etre suprême ou le grand Esprit: dès-lors ils ont entrepris de deviner, de prédire les évènemens les plus intéressans, et ils se sont présentés comme n'ayant d'autres vues, que d'alléger les peines de l'humanité. La magie ou la divination ont donc pris naissance avec la misère des hommes, et cette science ténébreuse ne s'est établie nulle part plus solidement que dans les pays où règnent l'ignorance et la grossiéreté la plus barbare.

Que l'*Homme de la Nature* reconnoisse, quoique sans y réfléchir avec quelque attention, une puissance surnaturelle qui agit en certaines circonstances, ne fût-ce que dans le retour régulier des saisons; les distributions réglées des dons de la nature, que chacun trouve sous sa main, à des temps marqués, sans aucun soin de sa part; les formes admirables et variées que prend un arbre avant que son fruit ne soit parvenu à la maturité; qu'il adore cette puissance modératrice de l'univers; ce seroit en lui une preuve de raison, une opération d'un esprit juste, mûri par la réflexion, une prérogative de son être, qui l'élève beaucoup plus au-dessus du reste des animaux que sa conformation, son industrie et sa force.

Mais qu'il se laisse abuser par le vain desir de pénétrer dans l'avenir, c'est une erreur qui annonce que l'esprit du sauvage est encore dans les ténèbres de l'enfance et la foiblesse du premier âge. C'est à ces dispositions habituelles à presque tous les peuples sauvages qu'il faut attribuer leur confiance dans les songes, leur soin à observer les présages, leur attention au ramage des oiseaux, au cri des animaux : ils les regardent comme des indications des évènemens futurs, et si quelqu'un de ces pronostics leur paroît défavorable, ils renoncent aussitôt à l'entreprise qu'ils formoient avec le plus d'ardeur.

Combien n'a pas duré cette enfance de l'esprit humain! Les Romains, même au plus haut degré de leur puissance, lorsqu'ils formoient le corps de nation le plus formidable, le plus éclairé sur ses intérêts, et le plus sagement gouverné, ne cherchoient-ils pas la connoissance de l'avenir, dans le plus ou le moins d'appétit avec lequel mangeoient les poulets sacrés, dans la couleur, la configuration des viscères des victimes qu'ils immoloient ?

Le sage Confucius fut favorable à l'art divinatoire, qu'il trouva établi à la Chine, avant qu'il n'y eût donné des leçons de morale pratique : il prétend que les regards pénétrans du sage percent dans l'avenir, et en dévoilent d'avance les secrets.

Sous combien de formes l'art de deviner ne s'est-il pas multiplié dans la Grèce, si savante, si policée ! Il étoit exercé à Athènes, ainsi que dans la bourgade la plus obscure ; par tout on trouvoit des devineresses, qui dès-lors étoient surnommées magiciennes ; des interprètes des songes, qui débitoient publiquement leurs rêveries, et entraînoient la populace à leur suite.

La divination a été la folie de tous les temps et de toutes les nations, l'occupation des siècles d'ignorance, de ceux où les passions ont dominé avec avantage pendant les crises révolutionnaires. Avec quelle fureur ne se montre-t-elle pas encore de nos jours ! En vain la raison et la philosophie veulent s'opposer à cette maladie des foibles, et aux tentatives des fourbes adroits : la divination maîtrise les femmes, les enfans, les vieillards, même des hommes faits qui se disent philosophes. Ce qu'il y a d'étonnant, c'est que

Paris et Londres aient vu ces absurdités se renouveller, dans le siècle prétendu de la philosophie et des lumières ; que des individus qui se croient fort éclairés et au-dessus des superstitions du vulgaire, se soient plongés volontairement dans les ténèbres de l'ignorance, de la sotte crédulité, de l'enfance des nations les plus sauvages, dans le ridicule espoir d'être instruits de l'avenir ; et ceux qui se laissoient entraîner dans cette déplorable erreur, prétendoient être doués d'une force d'esprit supérieure, et feignoient l'athéisme le plus dangereux, le matérialisme le plus absurde !

La divination qui chez les Romains et quelques autres peuples célèbres dans l'antiquité, ressembloit à un acte de religion et souvent en faisoit partie ; avoit-elle quelque chose de commun avec ce sentiment intérieur qui ramène sans cesse l'homme à l'observation de ses devoirs, tant envers Dieu qu'envers ses semblables ? on n'ose l'imaginer. Car quel bien pouvoit résulter pour la société de ce desir ardent de pénétrer dans l'avenir ? N'a-t-on pas mille fois éprouvé que les talens du général, sa prudence et son expérience étoient des présages plus assurés des succès que le vol ou le cri des oiseaux ? les plus sages et les plus éclairés d'entr'eux le pensoient ainsi. Mais il falloit contenter le peuple, la partie la plus nombreuse et la plus difficile à conduire il falloit le flatter par des illusions ; ainsi par-tout où les facultés intellectuelles sont plus foibles, moins exercées, l'esprit humain s'abandonne à une vaine curiosité, et cède à l'empire des préjugés : ces passions, même poussées à l'excès, bien loin de donner à son ame cette énergie qu'elles font naître dans certaines circonstances, l'affoiblissent au contraire, au point de lui faire adopter les rêveries les plus absurdes, dans l'espoir chimérique de trouver les moyens de les satisfaire.

Par-tout où l'on trouve des hommes réunis en société, là on est sûr de trouver aussi des idées superstiticuses, des traditions fabuleuses, un desir insatiable de pénétrer dans les secrets de l'avenir. La divination y est regardée comme un acte religieux : elle y est préconisée par des imposteurs privilégiés, d'autant plus respectables qu'ils se donnent pour les ministres du ciel, et les dépositaires de ses oracles. Tels sont les devins, les augures, les magiciens qui disent être initiés dans l'art important et sacré de découvrir ce qui est caché aux yeux des autres hommes. Dans quelle société n'existent pas ces fourbes qui abusent de l'ignorance et de la facile crédulité du peuple, dont l'esprit une fois prévenu ne revient que très-difficilement ? Il ne connoit pas les causes de la plupart des effets de la nature,

ture, qui l'étonnent : sur l'assurance de ses devins, il croit qu'ils sont produits par des esprits d'autant plus redoutables que leur invisible puissance agit sur toute la sphère dont ils sont environnés, et y cause des mouvemens impétueux, suivis du désordre et de la destruction. Il faut les appaiser, et les devins seuls en sont capables par l'accès qu'ils ont auprès d'eux ; seuls ils jouissent de la faculté de les entendre et de faire connoître leurs volontés aux peuples. On peut juger par cette croyance, du crédit, de la considération où ils s'élèvent, sur-tout dans des régions où aucune police ne peut s'opposer à leurs entreprises extravagantes.

Chez quelques nations qui n'ont aucun système religieux, les maladies, l'impatience dans la douleur, le desir de recouvrer la santé, ont inspiré le plus grand respect et une confiance aveugle pour ceux qui se vantent de connoître l'espèce de la maladie, ou de pouvoir en prévenir les funestes effets. Mais ces prétendus sages n'ayant aucune notion de l'économie animale, des dérangemens qu'elle éprouve ; n'ayant jamais comparé les maladies et leurs variétés, ni étudié la différence des tempéramens, suppléent aux remèdes par des talismans, à des connoissances par un langage mystique, à la science par la fourberie. Ils attribuent l'origine des maladies à une influence surnaturelle ; ils prescrivent ou exécutent eux-mêmes différentes cérémonies mystérieuses auxquelles ils attribuent la vertu de guérir ; la crédulité, le besoin, l'amour du merveilleux, si naturels à des hommes tout-à-fait ignorans, les disposent à favoriser les imposteurs, à en être les dupes On sait combien le peuple est porté à donner dans ces illusions. Cette superstition n'a donc d'autre principe que l'empressement naturel à tout homme de se délivrer d'un mal présent : elle n'a eu pour base que l'art imposteur des jongleurs ou devins. La crainte des maux réservés aux coupables dans une autre vie, n'entra jamais dans l'idée des sauvages ; les missionnaires les plus zélés conviennent qu'ils ne peuvent les persuader de la vérité d'une vie à venir. La métempsycose est seule capable de donner quelques inquiétudes aux orientaux qui l'admettent, et un Jésuite ne parvint à gagner la confiance d'un vieux Chinois qu'il exhortoit à la mort, qu'en assurant que son ame ne passeroit pas dans le corps d'un cheval déporté ; transmigration que le mourant regardoit comme le châtiment le plus cruel.

Si les jongleurs ou magiciens se sont vantés de connoître le passé et de prédire l'avenir, c'est que leur emploi les mettant à portée d'observer l'esprit humain affoibli par la maladie, et déslors disposé à s'alarmer de craintes chimériques, ou à se repaître d'espérances imaginaires, ils en profitoient pour inspirer une confiance aveugle dans la vertu de leurs enchantemens et la certitude de leurs prédictions. Dans quelques peuplades assez nombreuses pour conserver un rang et un nom connus, on voit encore de ces jongleurs employer des cérémonies aussi vaines que bizarres, pour chasser les causes imaginaires du mal qu'ils ont à combattre : ils ne craignent pas de prédire hardiment quelle sera la destinée du malade qu'ils traitent.

Que penser de ces devins ou sorciers qui exercent l'art absurde et détestable de la magie; qui assurent avoir un commerce intime avec le prince des ténèbres, le génie malfaisant par essence; qui le voient, qui même le font apparoître à ceux qui sont curieux de connoître cette puissance de laquelle ils attendent leur fortune, leur bonheur, l'accomplissement de leurs desirs; qui persuadent qu'en l'appellant, il se rend à leurs cris? Mais ce génie si redoutable ne se montre que sous une même forme; il répond et se tait sous les mêmes invocations et formules : ce sont par-tout les mêmes convulsions, les mêmes signes ou traces de son opération ou de sa présence ; et ses invocateurs aveugles, sous le voile de l'illusion la plus ténébreuse, ne sentent pas combien cette puissance est bornée dès qu'elle ne peut pas se prêter à la variété des circonstances, à la combinaison des besoins de ceux qui y ont recours.

Les nations grossières, ignorantes, esclaves ou malheureuses, continueront long-temps encore de se livrer aux prestiges de cette science ridicule; ils la regardent comme une ressource aux malheurs de leur situation; c'est la ténébreuse folie de tous les temps et de tous les peuples. Les *Maynas*, sauvages de l'Amérique méridionale dont nous avons déjà parlé, lorsqu'ils se choisissent des chefs, ont moins d'égard à leur bravoure et à leur expérience, qu'à leur habileté en fait de sorcellerie. Lorsqu'ils ont bu le jus d'une racine qu'ils appellent *campana huasca*, (dont les effets ressemblent beaucoup à ceux de la jusquiame) ils sont hors d'eux-mêmes; ils ont des visions extraordinaires, et courent comme des forcenés, par des chemins escarpés, difficiles, entrecoupés de précipices : c'est la première preuve qu'ils donnent de leur mission et de leur inspiration.

Les autres devins une fois reconnus pour tels, sont dans l'indépendance absolue des chefs des nations, qui les redoutent en ce qu'ils se donnent pour les organes de la divinité qui fait agir la multitude : ils jouissent seuls de ce privilège, et on n'ose le leur disputer; parce que, réputés instruits de la volonté des génies bien ou malfaisans, on les laisse mettre en œuvre, sans contradiction, les instrumens les plus efficaces des systêmes religieux, les inspirations, les oracles, les sacrifices, l'indication des victimes, le dépôt des connoissances surnaturelles, et la science des moyens de les tourner au profit de la société. C'est ainsi que la superstition soutenue par l'ignorance séduit l'homme aveugle, au point de lui faire considérer un fourbe, comme un être doué des dons les plus précieux dès qu'il s'est mis en possession de l'art de le tromper.

§. LII.

Danses religieuses; leur origine; danses ou pantomimes.

Ne pourroit-on pas encore mettre la danse au rang des cérémonies religieuses des sauvages? car c'est plutôt un amusement pour eux qu'une occupation sérieuse et importante qui se mêle à toutes les circonstances de la vie publique ou privée. Ils dansent en présentant le calumet de paix; en déclarant la guerre, pour appaiser la colère de leurs dieux ou génies, et célébrer leurs bienfaits; pour se réjouir de la naissance d'un fils, ou pleurer la mort d'un chef ou d'un ami. Ils ont des danses appropriées aux sentimens divers dont ils sont pénétrés, et dès-lors on voit que ce sont des mouvemens expressifs de leurs sentimens ; des espèces de pantomimes, où sans parler ils se communiquent réciproquement leurs idées et leurs passions ; c'est ce que les navigateurs Européens ont remarqué de plus singulier, dans les espèces de spectacles dramatiques, dont les naturels aimables de la Nouvelle-Zélande amusent leurs loisirs.

Ce qu'il y a de plus singulier parmi les sauvages de l'Amérique, c'est que souvent ils ordonnent une danse pour la guérison d'un malade ; et s'il ne peut pas l'exécuter lui-même, le sorcier ou jongleur s'en acquitte pour lui : comme si la vertu de sa propre activité pouvoit se transmettre au malade. Circonstance qui porte à penser qu'ils regardent, dans quelques occasions, la danse comme un acte religieux, une sorte de vœu que l'on peut faire remplir par un autre, quand on ne peut pas l'accomplir soi-même.

On prétend que ce qui donna aux Grecs la première idée des danses représentatives, fut la marche des corps célestes qu'ils s'attachèrent à imiter dans des danses graves et majestueuses, lorsque la civilisation fut portée parmi eux à son plus haut point ; les danses étoient exécutées par des courtisannes qui, dans certaines occasions, tenoient des assemblées, et faisoient des supplications publiques pour la prospérité de l'Etat, sur-tout à Corinthe, où Venus étoit honorée comme divinité protectrice : ils avoient des danses morales et militaires, et ils conservèrent long-temps un certain respect pour cet exercice qui étoit regardé comme une fonction sérieuse du citoyen, puisque Socrate passoit pour danser de bonne grace.

Les sauvages n'ont pas porté leurs vues aussi haut ; mais toutes leurs danses sont des imitations de quelques actions intéressantes, et presque toutes sont très-expressives et très-animées. La représentation d'une campagne de guerre est d'une force qui a toujours étonné les Européens qui en ont été les témoins. Les acteurs entrent dans l'esprit de leurs différens rôles avec tant de chaleur et d'enthousiasme ; leurs gestes, leurs physionomies, les sons qui les accompagnent sont si variés, si conformes à leurs situations respectives, que l'on a peine à croire que ce ne soit qu'une scène d'imitation. Elles portent des impressions d'horreur et de crainte dans l'ame des spectateurs étrangers, tant elles dépeignent au naturel les sentimens féroces, et la valeur barbare des sauvages qui les exécutent.

Ce goût subsiste parmi toutes les nations, qui, soumises à quelque police, conservent encore beaucoup d'usages de la simplicité primitive de l'état de nature. Les nègres esclaves sont passionnés pour les danses licencieuses dont ils ont apporté le goût de leur pays : elles servent à les consoler pendant quelques momens des malheurs de leur situation. Ils croient alors jouir de leur liberté, et ils ne servent qu'à l'amusement de leurs maîtres, toujours sévères quand ils ne sont pas cruels.

Les jeunes Indiennes ne s'exercent-elles pas encore à des danses si expressives, qu'elles ne semblent les pratiquer que pour exciter dans le cœur de leurs spectateurs tous les desirs de la volupté? Les danses qui avoient servi à l'embellissement des fêtes religieuses, chez les peuples les plus anciennement policés, ainsi que parmi ceux qui s'étoient peu éloignés de l'état de nature, avoient été adoptées par les Espagnols du nouveau-monde, qui mêlèrent au spectacle des mystères de la religion, celui des danses des naturels de l'Amérique. Elles avoient conservé le caractère de la foiblesse et de la nouveauté de la morale de ces peuples, que l'on pouvoit regarder alors comme dans l'adolescence de la civilisation, et qui aimoient à se retracer le goût qu'ils trouvoient à suivre les impulsions de la nature. Elles passèrent même dans les solemnités de la religion romaine dont elles faisoient partie même dans ce siècle. On voyoit à Rome, à Naples, à Venise, dans les fêtes principales et pendant la célébration des saints mystères, des jeunes filles, des religieuses même, exécuter des danses allégoriques, relatives aux solemnités que l'on célébroit. Comme elles étoient devenues un spectacle public qui attiroit la jeunesse en foule, et que les spectateurs se laissoient aller à des indécences tout-à-fait indignes de la sainteté des lieux où ces ballets mystiques s'exécutoient, elles furent interdites.

Nous reviendrons sur les danses des sauvages, en nous occupant des exercices de ces *Hommes de la Nature*.

§. LIII.

De l'effet produit par les idées religieuses chez les peuples sauvages.

Jusqu'à présent nous n'avons point vu l'homme seul et solitaire, au milieu des forêts, parmi les bêtes féroces, tremblant et timide, incapable de se défendre des attaques de ses ennemis, et ne devant qu'au hasard, son existence et sa conservation. Cette manière d'exister peut fournir le sujet d'un roman, servir de base aux principes d'une philosophie hypothétique; mais elle est contraire à l'expérience, au récit des voyageurs, aux observations des naturalistes. Si les grandes révolutions de la nature, les vents, les tempêtes ont quelquefois isolé certains individus de l'espèce humaine, leurs descendans héritèrent toujours de l'industrie de leur père, de ses connoissances, de ses armes, de son courage ; et c'est à l'éducation qu'ils ont dû l'expérience, le doublement de leurs forces, leur industrie, leur supériorité sur les autres animaux ; beaucoup de préjugés, il est vrai, mais quelques vertus morales. Nous n'avons point encore apperçu le sauvage fuir ses parens, les haïr, leur déclarer la guerre et montrer une antipathie invincible pour les individus qui habitent avec lui dans le même séjour. Un état continuel de dispersion volontaire est donc contraire à toutes les idées connues, à l'histoire des peuples sauvages, des êtres les plus rapprochés de l'état de nature. Les mêmes penchans, les mêmes desirs, les mêmes défauts rapprochent les hommes de la même contrée ; le besoin, la nécessité les unit ; les idées religieuses achèvent ce que l'éducation a commencé, et rarement alors, voit-on l'homme abandonner ses semblables.

La nature dans sa marche uniforme et constante, toujours bien dirigée, règle nos sentimens, nos affections sur les différens degrés d'avantage, de plaisir, d'utilité, que nous trouvons avec les personnes avec lesquelles nous sommes unis. Quelques efforts qu'aient fait les poëtes, les philosophes, pour subtiliser nos sentimens, ils ne sont parvenus qu'à subtiliser nos expressions et nos procédés, sans altérer en rien ce principe naturel, fondamental, invariable, qui proportionne avec la plus grande justice, nos affections, nos intérêts. C'est sur-tout à la foiblesse de l'homme, dans cet état d'isolement parfait, qu'il faut attribuer l'origine des sociétés ; car le besoin de se réunir à ses semblables, un violent desir de rapprochement gravé dans le cœur de l'homme, et l'assurance de trouver parmi des êtres de la même espèce, sûreté, plaisir, utilité réelle, ont été les seules et uniques causes de l'établissement des premières sociétés chez les individus *agricoles*.

Cet intérêt qui avoit réuni les hommes leur fit rechercher ce qui pouvoit ajouter à leur bonheur. L'homme, quoiqu'encore agreste, eut bientôt des loix civiles et religieuses, des loix protectrices à opposer aux tentatives du méchant et du fort, publiquement en guerre avec leurs semblables : il fallut bien ajouter aux loix la crainte des dieux qui poursuivent les forfaits cachés des hypocrites ou des scélérats adroits. Il semble que l'idée de Dieu et le besoin des loix naissent de la même source, et que le législateur prudent ait reconnu qu'il avoit besoin tout-à-la-fois de la foudre et du glaive pour terrifier ces ames féroces, que rien ne peut dompter; sur qui les vertus, les bienfaits, les plaisirs, l'amour même n'ont aucun pouvoir; qui ne connurent jamais la tendresse, la crainte, l'espérance; et dont les cœurs froids et glacés, lorsque la voix de l'humanité se fait entendre, deviennent plus terribles que les animaux les plus féroces, lorsqu'ils sont guidés par l'égoïsme, leurs passions fougueuses et leurs desirs insensés.

Nous avons vu les peuples adorateurs de la puissance inconnue qu'ils ont tous conçue comme créatrice et conservatrice; voyons quels effets moraux l'idée de cette puissance a produits dans l'ame des peuples sauvages et les causes qui l'ont dénaturée.

On doit se rappeller que ce n'est point un roman que nous écrivons, c'est l'histoire du cœur humain. Ce ne sont point aussi de vains ménagemens que nous avons à garder, ni de sots préjugés, ou quelques opinions éphémères que des circonstances firent naître, et que de nouvelles circonstances peuvent anéantir, que nous devons écouter. Les leçons de l'expérience et l'étude du cœur humain doivent être ici nos seuls guides. Chez l'être bon et demi-civilisé, l'idée de Dieu dut son origine à la reconnoissance, à la raison, à l'amour de l'ordre. Chez l'être méchant et cruel cette idée naquit de la peur; chez les nations errantes et vraiment barbares, elle dut sa naissance à une imagination peu réfléchie, à des circonstances singulières, à une idée hasardée par quelque être estimé de ses semblables, et que l'on crut favorisé du ciel.

Le Dieu bon fut adoré par les peuples pasteurs. Sous l'ombrage des bosquets, sur les rives verdoyantes des fleuves féconds et sur les prés fleuris, l'hymne d'amour et de reconnoissance devoit être entonné pour la première fois, et la nature parlant au cœur de l'homme pasteur l'obligea de reconnoître la puissance du père des êtres.

Le *génie du mal* vit ses autels multipliés chez les peuples antropophages et guerriers. L'être méchant et cruel par intérêt, par caprice, par un penchant invincible pour le mal, ne reconnut pour l'auteur de son existence ou pour son maître, que la puissance qui s'annonçoit par le désordre, la vanité et son influence sur les êtres malfaisans. Le tigre, la foudre, les vents, voilà ses dieux; et quel culte rendre à ces fléaux de la nature? Hélas! il fallut bien que ce culte fût digne d'eux et de leurs adorateurs. Bientôt aussi la superstition égara les esprits, le mensonge et la peur se choisirent des ministres, la férocité immola ses victimes, et l'homme toujours infortuné, toujours timide et tremblant, multiplia les assassinats, arrosa les autels du sang humain, et ajouta, sans s'en douter, aux maux de la nature, lorsqu'il prétendoit travailler à sa conservation. Qu'il est digne de pitié l'homme superstitieux ! mais que le ministre de son culte doit paroître atroce et barbare, lui qui sur les autels du *tigre* ou d'un animal immonde, sur l'herbe desséchée qui sert de marche-pied aux viles idoles de bois ou d'argille à figure épouvantable, ouvrage de ses mains, frappe du poignard la victime pour abreuver la terre du sang humain et appaiser la colère du dieu que son intérêt, ses vices ou son ignorance ont imaginé !

Qu'il est digne de nos respects et de nos hommages ce sage législateur qui sait accommoder l'idée de la divinité à des préjugés utiles, à des circonstances impérieuses, aux maux des peuples qu'il veut réformer ! En vain une prétendue philosophie voudroit tourner en ridicule les conceptions hardies de *Moyse*, de *Confucius*, de *Mahomet*...etc... C'est une belle entreprise que de donner des loix morales, civiles et religieuses à des peuples abrutis par les passions, enclins à tous les penchans d'une nature déréglée, et n'ayant des sociétés civilisées que quelques loix consenties par nécessité, loix qui ne servent qu'à opprimer leurs voisins, ou qui les réduisent eux-mêmes en servitude. Quel législateur peut oublier le Dieu de la nature !... En formant son code, n'a-t-il pas vu que les loix sont presque toujours insuffisantes, et que dans une société où des hommes sans mœurs peuvent braver leur vengeance, il faut un frein plus puissant, qui soit en même temps le motif, l'interprète et le développement de la conscience ?

Mais on nous dira peut-être : dans vos sociétés policées, où le culte religieux est en honneur, le crime n'est-il pas aussi actif, aussi audacieux et plus terrible même dans ses effets, car sa marche est plus adroite, plus détournée et beaucoup plus dangereuse ? Il seroit facile de prouver que ces hypocrites sont des hommes sans religion, et que dans les sociétés de pareils sujets sont multipliés à l'infini : mais mettons à part ces abus, ne nous occupons que du sauvage dont nous écrivons l'histoire morale, et nous verrons que dans tous les lieux où l'idée primitive de la divinité s'est conservée dans toute sa pureté, le dieu des hommes a été représenté comme le bienfaiteur et le père des êtres ; les humains qui lui rendoient un culte, se sont montrés bons, humains, bienfaisans, ils se faisoient remarquer par l'exercice des vertus patriarchales : parmi eux, on pouvoit trouver des chefs et des sujets, des loix protectrices, un culte raisonnable, la liberté sans licence, des époux et des pères, des enfans soumis et reconnoissans ; enfin une société bien organisée, un peuple aimant sa patrie, son culte et ses loix. Mais on ne voit plus que barbarie, mœurs atroces, coutumes extravagantes et ridicules dès l'instant que la plus belle, la plus ingénieuse, la plus sublime des idées est dénaturée ; dès l'instant où le Dieu révéré est le Dieu du mensonge, de la superstition, des circonstances et de la peur ; alors le culte devient féroce ; les prêtres sont des bourreaux, les adorateurs des êtres avilis : ici le sacerdoce s'unit à la royauté ; ils préparent ensemble des fers avec lesquels ils enchaînent leurs victimes : là, le trône et l'autel sont divisés : plus loin une horrible anarchie anéantit le pouvoir du prêtre et du souverain, et c'est alors que le Dieu de quelques hommes est le Dieu de la vengeance, de l'intérêt, des passions les plus viles ou les plus exaltées.

Ainsi l'influence du culte sur les sociétés, est parfaitement démontrée : chez presque tous les peuples sauvages, où la superstition fit le Dieu terrible, les idées les plus pures, les plus consolantes de la saine morale sont dénaturées ; l'homme est avili, il est tout à-la-fois cruel, ne sachant jamais obéir aux loix, et cependant esclave.

esclave. Chez ces grandes nations enorgueillies de l'étendue de leurs connoissances et des principes d'une prétendue philosophie, la religion offre des effets différens sur l'esprit des hommes; elle est pour certains individus une affaire d'intérêt, un épouvantail pour les ignorans, un sujet de controverse pour les hommes éclairés, une arme meurtrière pour l'hypocrite, un objet de risée pour le libertin ou l'incrédule par raison ou par système; mais elle est aussi un objet chéri et respecté, qui sert à l'honnête homme de consolation, d'encouragement et de frein pour régler sa conduite, vaincre ses passions et remplir avec plus d'exactitude ses devoirs d'homme et de citoyen.

L'erreur a créé la diversité des cultes parce que les passions ont dénaturé l'idée de la divinité; mais cette grande et consolante idée a survécu, et survit encore au temps qui détruit tout, à l'esprit des siècles qui change tout, à la philosophie de l'imagination, fille de la nouveauté, qui détruit tout pour produire des systèmes chimériques et tous les romans de la raison en délire.

On n'a pu trouver des peuplades absolument sans autel, sans culte, sans une idée quelconque de la divinité. On voit en tous lieux des êtres prosternés devant l'Être tout-puissant,

Tome I.   E e

révéré sous mille formes matérielles, mais toujours reconnu pour le principe de toutes choses, pour l'ami de l'homme vertueux et le bourreau du méchant. Le déisme et le polithéisme se sont partagé l'univers ; et les climats, les préjugés, les caractères, les vices et les erreurs ont fait l'unité de Dieu ou multiplié les puissances divines.

§. LIV.

De quelques usages et cérémonies religieuses chez certains peuples de l'Amérique : purification des femmes et des filles : initiation des Indiens et des filles adultes.

Nous plaçons ici des détails curieux, parce qu'ils appartiennent à la croyance des peuples sauvages de l'Amérique, et qu'ils ont quelque chose de commun avec les anciens usages de quelques peuples civilisés.

Les séparations des femmes et des filles, au temps de leurs incommodités périodiques, et leurs purifications sont très-rigoureusement observées en Amérique ; pendant le temps qu'elles durent, elles habitent des cabanes à part, et construites pour ce seul sujet : elles passent alors pour être si immondes qu'elles n'osent toucher à rien qui soit d'usage. La première fois que cela leur arrive, elles sont pendant trente jours séparées du reste du peuple ; et chaque fois par la suite, on éteint le feu de la cabane d'où elles sortent, on en emporte les cendres qu'on jette hors du village, et on en allume un feu nouveau, comme si le premier avoit été souillé par leur présence.

Chez les peuples qui habitent les bords de la rivière de la Plata, on les coud dans leur hamac, comme si elles étoient mortes, sans y laisser une petite ouverture qu'à l'endroit de la bouche, pour leur laisser la respiration ; elles restent dans cet état tant que dure leur incommodité, après quoi elles passent par les diverses épreuves que doivent subir toutes celles qui ont atteint l'âge de la puberté.

Peu d'auteurs ayant donné à ce sujet des notions certaines, nous dirons un mot de ces épreuves dont on nous a communiqué les détails curieux, pendant que nous nous occupions de la rédaction de cette histoire de l'*Homme de la Nature*.

Chez les Gaures, dès que les femmes ou filles sentent qu'elles sont atteintes de cette incommodité, elles sortent promptement de leurs loges et vont demeurer seules à la campagne dans une petite hutte faite de clayes ; pendant ce temps, on leur porte toujours à boire et à manger; et quand elles en sont délivrées, chacune, selon ses moyens, envoie au prêtre, un chevreau, un pigeon ou une poule: après quoi, elles vont aux bains, et puis invitent à un repas quelques-uns de leurs parens.

Les nègres de la Guinée et de la Côte-d'Or en Afrique ont une semblable loi de purification: mais au lieu de bâtir à chaque femme ou fille une cabane particulière, ils en ont une publique qui est comme une grande halle, où toutes celles qui ont cette incommodité peuvent se retirer et vivre ensemble.

Chaque village, chez eux, a une case séparée des autres d'environ cent pas; ils l'appellent *Bournamon*. Toutes les filles ou femmes sans exception sont obligées de s'y retirer, séparées de la conversation de tout le monde jusqu'à la cessation de leurs règles, après quoi il leur est libre de retourner dans leur ménage. Elles n'oseroient, pour toute chose au monde, céler cette infirmité lorsqu'elle leur arrive, parce qu'il n'y va pas moins pour elles que de la vie, si on s'appercevoit qu'elles accommodassent à manger pour leurs maris pendant ce temps là.

Il est peut-être à propos de parler ici de *l'hascanavrement* (initiation des Indiens).

Les gouverneurs de chaque ville choisissent les jeunes gens les mieux faits et les plus éveillés, et qui aient amassé quelque bien dans leur voyage et à la chasse, pour être *hascanarés*, en sorte que ceux qui refusent cette épreuve ne sauroient demeurer avec leurs compatriotes. La principale de leurs cérémonies en pareil cas est leur retraite dans les bois où on les enferme plusieurs mois de suite sans qu'ils aient d'autre société ni nourriture que l'infusion et la décoction de quelques racines qui bouleversent le cerveau. En effet, ce breuvage qu'ils appellent *Wisocan*, joint à la sévérité de la discipline, les rend fous à lier, et ils restent dans cet état dix-huit ou vingt jours. On les garde enfermés dans un enclos très-serré et fait exprès pour cet usage : lorsque les médecins voient qu'ils ont assez bu de ce *Wisocan*, ils en diminuent peu-à-peu la dose, jusqu'à ce qu'ils les aient ramenés à leur premier bon sens. Après avoir essuyé une aussi cruelle fatigue, les jeunes gens n'osent pas dire qu'ils se souviennent de la moindre chose, de peur d'être initiés une seconde fois, et alors le traitement est si rude qu'ils n'en échappent guères. Je ne sais, dit l'auteur qui a écrit ceci, si leur oubli est feint ou réel ; mais il est très-sûr qu'ils ne veulent rien connoître de ce qu'ils ont su autrefois, et que leurs gardiens les accompagnent, jusqu'à ce qu'ils aient tout appris de nouveau.

Parmi les Caraïbes, les initiations sont accompagnées de jeûnes très rigoureux et d'épreuves extraordinairement difficiles à soutenir, pour les filles et les garçons qui entrent dans l'âge de puberté; ils ont lieu pour admettre un jeune homme au rang des guerriers, pour faire passer les guerriers dans l'ordre des capitaines, pour l'installation d'un chef général, et pour l'inauguration des devins.

Mais nous n'avons de ces mystères qu'un détail grossier et imparfait.

Les filles adultes ont aussi leur initiation; elles ont véritablement raison d'appréhender le moment de leur puberté qui est le signal d'un véritable martyre pour elles. On commence par leur brûler les cheveux, ou par les leur couper avec une dent de poisson, le plus près de la tête: après cela on les fait tenir debout sur une pierre plate, et avec une dent d'*aconti*, on leur tranche la chair depuis le haut des épaules jusqu'au dos, faisant une noix de biais, et plusieurs autres découpures, de manière que le sang en ruisselle de toute part. La douleur est extrême, mais la honte les retient et pas une ne laisse échapper le moindre cri; on frotte ensuite toutes les plaies avec de la cendre de courge sauvage, qui n'est pas moins corrosive que la poudre à canon et le salpêtre, en sorte que les marques ne s'effacent jamais ; après quoi on leur lie les bras et le corps d'un fil de coton; on leur pend au cou les dents d'un certain animal, et on les couche dans le hamac si bien enveloppées que personne ne peut les voir. Elles y restent trois jours entiers, sans pouvoir en descendre, et sans parler, boire ni manger. Ces jours expirés, on les fait sortir de leurs hamacs, on les délie et on leur fait poser les pieds sur la même pierre, afin qu'elles ne touchent point la terre de leurs pieds; de-là elles sont remises dans leur lit où elles sont nourries de quelques racines cuites, d'un peu de farine et d'eau, sans qu'elles puissent user de quelque viande ou de quelqu'autre breuvage. Elles sont dans cet état jusqu'à la seconde purgation, après laquelle on leur découpe tout le reste du corps depuis la tête jusqu'aux pieds, d'une manière encore plus cruelle que la première : on les remet de nouveau dans leur hamac où elles sont moins gênées et mieux nourries, mais elles ne peuvent encore sortir ni converser avec qui que ce soit de la cabane; elles ne s'occupent alors que de filer ou éplucher du coton. Le troisième mois, on les frotte d'une couleur noire, faite d'huile de jempat, et alors elles commencent de sortir pour aller aux champs : c'est pendant ce temps qu'on les instruit de leur croyance et de leur religion.

En général, les sauvages et les peuples de l'Amérique ont une idée religieuse et une grande opinion de la virginité, et ils en parlent avec beaucoup de respect. Le terme qui signifie une vierge, dans la langue Abénaquise, *Koussihous-koue*, rendu littéralement, signifie *celle* qu'on *respecte* : ils sont persuadés que l'amour de cette vertu s'étend jusqu'au sentiment naturel des plantes ; et pour opérer dans les remèdes, ils pensent qu'elles doivent être cueillies par des mains chastes et pures. Ils sont pour la plupart très-superstitieux et croient à la magie : ils ont tellement foi aux songes qu'ils s'obligent à observer les leurs avec le plus grand soin. Il faut absolument que celui qui a rêvé, obtienne de ses compatriotes toute la satisfaction qu'il peut désirer pour l'accomplissement de ses songes, de sorte qu'ils ne refusent jamais rien de ce qu'on leur demande, quelque chose que ce puisse être, ce qui seroit regardé par eux comme la plus grande infamie ; ils vont même au devant de ce qui peut faire plaisir à celui qui a fait un songe ; ils ne balancent pas dans ce cas à sacrifier ce qu'ils possèdent de plus précieux. En voici un trait qui prouvera jusqu'à quel point ils sont complaisans sur cet article.

DE LA NATURE. 441

« Un sauvage ayant un jour rêvé que le bonheur de la vie étoit absolument attaché à la possession d'une femme mariée à l'un des plus considérables de son village, il lui fit faire la même proposition qu'*Hortensius* eut le courage de faire lui-même à *Caton* d'*Utique* : le mari et la femme vivoient dans une grande union et s'aimoient beaucoup, la séparation fut rude à l'un et à l'autre, cependant ils n'osèrent refuser, et se séparèrent : la femme prit un nouvel engagement, et le mari abandonné ayant été prié de se pourvoir ailleurs, le fit par complaisance ; et pour ôter tout soupçon qu'il pensât encore à sa première épouse, il la reprit néanmoins après la mort de celui qui les avoit désunis, qui arriva peu de temps après. »

S'il est difficile, ou d'accomplir le songe, ou que son exécution entraîne des suites fâcheuses, ou une extrême bizarrerie ; les parens de celui qui a rêvé, cherchent à l'éluder, en contrefaisant eux-mêmes la chose desirée, ou en faisant semblant de l'accomplir.

« Un d'entr'eux eut un songe qu'il étoit fait prisonnier par les ennemis, et que par conséquent il avoit vu les apprêts de son supplice ; il voulut absolument le lendemain que ses compatriotes vérifiassent le songe en le surprenant comme un ennemi de guerre et en le traitant comme esclave : il se laissa d'abord brûler assez long-temps, mais il crut cependant inutile de voir son supplice jusqu'à la fin, et crut qu'il étoit prudent d'éluder les suites de ce songe funeste. »

« Un autre choqué de ce qu'on avoit donné la vie à un esclave dans sa cabane, en conserva depuis une haine mortelle pour lui ; et pour satisfaire sa cruelle vengeance, il dit un jour qu'il avoit rêvé qu'il mangeoit de la chair de l'esclave : en vain on voulut le faire changer de pensée, ou tâcher de donner à son rêve un autre sujet ou une autre interprétation, rien ne put lui faire abandonner son dessein, il fallut absolument pour le satisfaire, ordonner qu'on cassât la tête à l'esclave. »

Cette liberté de demander et d'obtenir ainsi tout ce qu'ils desirent, fait aussi que souvent ils en abusent; en voici la preuve.

« Un sauvage ayant vu à un Français une couverture meilleure que la sienne, dit qu'il avoit eu en songe qu'il se servoit de cette couverture comme de la sienne, et n'eut pas de peine à l'obtenir. Peu après le Français pour ne pas être sa dupe, rêva qu'il vouloit avoir une belle robe de bœuf illinois, et le sauvage se vit également contraint de la lui donner : cette alternative dura quelque temps; le sauvage rêvant toujours de tout ce que possédoit le Français, et ce dernier faisant paroli à tout. Enfin le sauvage qui s'apperçut qu'à ce beau calcul il n'y gagnoit rien du tout, s'ennuya le premier; il alla trouver le Français et convint avec lui qu'ils ne rêveroient plus ni l'un ni l'autre de rien de ce qui leur appartenoit : ils y consentirent et tinrent parole. »

Les sauvages et sur-tout les Iroquois ont leur carnaval ou la fête des songes et des desirs : elle dure environ trois semaines, ils la nomment *Ounon-houarori*, la *folie* ou le renversement de la tête. Chacun se déguise à sa manière ; ils se font des masques d'écorce d'arbre et d'un sac percé aux yeux et à la bouche ; ils brisent alors tout ce qu'ils rencontrent, sans que personne puisse y trouver à redire : c'est aussi un temps dont on profite pour satisfaire les haines et les vengeances particulières. Après avoir fait pendant ces trois semaines toutes les folies imaginables, ils vont tous en grande pompe jetter la folie hors du village, comme en Europe, le bas-peuple ensevelit le *carême-prenant*.

Ils sont généralement très-superstitieux, et ajoutent foi entière aux sorts et aux sortilèges.

Le père *Garnier* qui a été missionnaire dans ce pays pendant très-long-temps, a possédé plusieurs de ces sorts que les sauvages convertis lui avoient remis ; il y en avoit une grande quantité : c'étoit des paquets de cheveux entrelacés d'os de serpens ou d'animaux extraordinaires ou venimeux, des morceaux de fer ou de cuivre, des figures de pâte ou des feuilles de bled d'Inde.

§. LV.

Conclusion du premier volume.

Nous avons placé dans ce premier volume un grand nombre de paragraphes en forme de dissertation sur les opinions religieuses, qui ne devoient paroître que dans le second, parce qu'ils nous ont paru appartenir essentiellement à l'histoire morale de l'homme sauvage, et que dans l'état de société *imparfaite* comme dans celui que l'on peut appeller *parfaite*, les idées religieuses maitrisant les individus et ayant la plus grande influence sur les vertus et les vices de l'homme, on ne pouvoit séparer ce qui a rapport à la croyance des peuples sauvages. On a dû voir dans ce premier volume un tableau vraiment moral, qui représente l'homme, non dans l'état de nature *brute*, mais dans l'état d'une *nature sauvage*, (si l'on peut s'exprimer ainsi) où il fut placé par les révolutions physiques et morales par les circonstances, l'influence des climats, la force des préjugés et l'intérêt des individus.

Chaque vice, chaque vertu de l'*Homme de la Nature* ont été présentés; analysés, il en est résulté une histoire complette qui vaut bien l'histoire politique des grandes nations; qui doit piquer la curiosité, prêter aux méditations d'un sage observateur, et plaire un peu plus que ces récits menteurs, ces voyages fabuleux, ces romans, fruits d'une imagination exaltée.

Jusqu'à présent nous avons suivi le sauvage dans toutes ces régions, où les voyageurs ont pénétré, et nous avons extrait des relations les plus connues, tout ce qu'elles nous ont paru offrir de vrai ou de vraisemblable. Nous les avons rapprochées dans ce premier volume et les suivans dans le dessein de faire connoître les vertus et les vices de l'homme qui s'est conservé dans l'état primitif d'une indépendance absolue ou d'une liberté sans bornes. Bientôt nous l'avons vu être sociable, obéir à des loix consenties, et nous offrir alors un résultat de vertus et de vices, qui ne peuvent se trouver que dans cet état, également éloigné de celui de pure nature et d'une société vraiment policée. En considérant les usages auxquels la plupart des peuplades sauvages et barbares se sont assujetties et qui sont devenus la règle de leur conduite, les biens et les maux qui se trouvent attachés à leur existence morale, nous avons prouvé la prééminence des facultés spirituelles sur celles qui ne sont que purement animales, et les avantages que l'homme peut en tirer pour son propre bonheur et celui de ses semblables : quelques sociétés ont toujours été guidées par ces facultés, d'autres ont paru tellement maîtrisées par l'empire des sens et des passions, qu'elles semblent n'avoir rien de commun avec le reste des hommes que la conformation extérieure, tant elles sont grossières, ignorantes, barbares et féroces.

Quelle histoire que celle de l'*Homme de la Nature !* elle intéresse par ses détails ; elle instruit par les contrastes et par la connoissance qu'elle donne du cœur humain toujours incompréhensible et toujours le dépôt des idées les plus extravagantes et les plus saines, de toutes les affections les plus contradictoires, de tous les penchans les mieux ordonnés ou les plus dépravés. Quelle leçon pour l'homme de la société, lorsqu'il jette un coup-d'œil sur l'*Homme de la Nature*, et qu'il descend dans l'intérieur de sa conscience ! il voit cet être qu'il fut tenté de classer au rang des bêtes, animé de l'amour du bon, du beau, suivre en paix les loix de la sage nature ; et si de malheureuses circonstances, de sots préjugés ou de fausses idées l'entraînent dans des démarches inconsidérées, ou lui tracent la route des forfaits, il lit dans ces circonstances,

ces préjugés ou ces fausses idées, que la conduite du sauvage peut encore trouver une excuse. Mais si, imbu de la lecture des philosophes anciens et modernes, grands créateurs de systêmes, il a parcouru ces ouvrages où l'*Homme de la Nature* est présenté comme l'être par excellence ; où la magie du style, les séduisans tableaux, la beauté des descriptions entraînent et charment les lecteurs, que pourra-t-il dire s'il vient à jetter un coup-d'œil sur ce premier volume, et ceux qui doivent le suivre ? Ah ! du moins qu'il daigne suspendre son jugement et ne prononcer qu'après s'être bien convaincu que l'imagination n'a point guidé nos pinceaux, tracé nos portraits ; que nous avons renoncé, il est vrai, au frivole honneur d'écrire un beau roman où l'on trouve tout ce qui plaît, excepté la vérité : mais que, sévères historiens, nous avons dit de l'*Homme de la Nature* ce que les voyageurs en avoient écrit ; ce que contiennent les observations des philosophes, et ce que ne sauroient désavouer tous ceux qui ont fait une étude particulière du cœur humain, non dans des dissertations oratoires, dans des digressions oiseuses, dans des discussions métaphysiques ou de superbes discours, mais dans le grand livre de la nature et dans l'histoire morale des hommes.

La philosophie pourra regarder cet ouvrage

avec des yeux de pitié, parce qu'il ne combat point les préjugés anciens ou nouveaux, mais ce n'est pas son suffrage que nous osons ambitionner; et quelle est cette philosophie mensongère qui foule aux pieds les grands principes de la nature; qui ne se distingue que par des idées singulières; jette des doutes sur la croyance universelle, et ne se distingue au milieu des écarts d'un *pyrrhonisme* outré, que par la plus sotte crédulité pour les systèmes les plus absurdes et les plus révoltans ?

Cette philosophie qui dut nous guider en écrivant l'histoire morale de l'*Homme de la Nature*, fut préparée par un scepticisme raisonné : elle a rejetté loin d'elle tout ce qui peut être produit par l'enthousiasme, par l'entêtement ou par l'amour des nouveautés : elle a essayé de donner une idée de l'*Homme de la Nature*, tel qu'il devroit être s'il existoit seul et solitaire : elle a tâché de représenter l'homme sauvage, tel qu'il est réellement; le portrait n'est pas toujours flatteur, mais au moins nous croyons qu'il est vrai : sa manière d'exister ne sera pas toujours enviée, tant mieux ! l'homme de la société peut-il desirer de partager le sort de l'homme errant, féroce, agreste et barbare ? Quel est l'être sociable qui pourroit renoncer à ses droits, à ses prérogatives, aux bienfaits des

beaux

beaux-arts, pour errer dans des contrées brûlées par les feux du Midi, ou desséchées par les glaces du Nord? Pour le vrai sage, il n'est jamais de vrai bonheur loin de la société dont il est membre, de cette patrie qu'il aime avec ivresse : ainsi pensent tous les hommes citoyens, et ce sont de pareilles idées qu'il importe de propager. Malheur à la fausse philosophie qui vante un bonheur chimérique pour déverser le blâme et le dégoût sur les constitutions les plus sages, sur la manière d'exister la plus générale; sur l'ordre qui résulte de la force des loix, de l'union de tous; enfin sur le vrai bonheur qui se trouve dans les sociétés où l'on peut, sous l'égide des loix, être époux et père, et remplir tous les devoirs imposés par la nature, la raison et la société!

Qu'elle soit en horreur cette fausse philosophie qui publieroit le contraire; qui, toujours amie des bêtes, cherche à leur assimiler tous les êtres, même le premier, l'être pensant.... *l'homme;* et qui ne trouve des charmes dans la vie sauvage dont elle vante les attraits, que parce qu'elle desire que les citoyens abandonnent leurs propriétés, afin de pouvoir s'emparer de l'héritage de l'homme de la société! Non, ces conseils ne seront jamais suivis. Content de son sort, ami de son pays, enorgueilli avec juste raison de ses prérogatives, éclairé par une philosophie pratique, le vrai citoyen dira aux sectaires du mensonge : allez chez les sauvages chercher le meilleur des mondes ; pour nous, le travail, l'obéissance aux loix, font le charme de notre vie ; ils nous rendent la patrie, nos foyers, notre famille, notre gouvernement toujours chers, et c'est par eux et pour eux que nous voulons vivre et mourir.

Nous avons tâché de faire connoître les vices et les défauts de l'homme sauvage : nous l'avons vu tantôt le plus méchant des êtres, et tantôt le plus doux des humains ; ici errant et vagabond, ne connoissant que la loi du plus fort, maîtrisé par l'espoir de la vengeance et par les passions les plus violentes : là, nous l'avons vu amant, époux et père, soumis aux loix de la nature, ayant une patrie, un culte, un gouvernement : c'est bien l'homme moral dont nous avons tracé le portrait. Nous avons dévoilé son ame toute entière ; toutes les affections de son cœur ne nous ont point échappé ; à présent nous allons le faire connoître tel qu'il est formé par les travaux manuels, par les résultats produits par l'activité de son imagination et les efforts de son industrie. Appuyant toujours nos observations et nos récits de faits intéressans et curieux, de dissertations historiques, nous achèverons ainsi le tableau de l'*Homme de la Nature*, et nous prouverons que nous avons présenté à nos lecteurs l'homme sauvage, si digne d'être connu, si digne des méditations du sage, et de fixer la curiosité de tous.

Fin du premier volume.

TABLE
DES PARAGRAPHES

Contenus dans le Tome premier.

EPITRE DÉDICATOIRE.

AVIS DE L'ÉDITEUR.

DISCOURS PRÉLIMINAIRE.

PARAGRAPHE PREMIER. *Quel est l'Homme de la Nature dont nous voulons nous occuper dans cet ouvrage.* Page 1

§. II. *L'Homme de la Nature long-temps inconnu; quelle étoit son existence; Peuplades de la Nouvelle-Hollande; Chichimecas du Mexique; Barbares pourquoi méfians; Ecossois septentrionaux, habitans des Orcades, etc. comparés aux sauvages.*
10

§. III. *Opérations intellectuelles des peuples sauvages, leurs bornes, leurs desirs; lenteur dans leurs travaux; puissances de leurs ames, s'exercent rarement et foiblement;*

sans prévoyance pour les besoins à venir ; pourquoi antropophages ; manquent d'animaux domestiques, ne savent pas les multiplier ; comment les propriétés sont assurées parmi eux. Page 19

§. IV. *Pensées d'un sauvage réduites à l'instinct animal ; ce qui le détermine au vol ; vivacité de ses desirs ; ses idées sur la justice ; vole sans croire faire mal ; curiosité qui l'y porte ; police primitive à ce sujet ; le vol comment permis à Lacédémone.* 29

§. V. *Propriété des biens ; usages chez les Scythes et les Chinois ; Chinois voleurs, rusés et doux ; leurs loix contre le vol ; Africains voleurs, hardis et subtils.* 37

§. VI. *Bonté et simplicité primitives ; comment conservées ; Hottentots des bois ; Sauvages bons et mauvais ; vols faits aux îles de la Société, autorisés par les chefs ; causes qui altèrent la moralité de ces insulaires ; petits vols punis ; grands approuvés.* 45

§. VII. *Orgueil de l'indépendance chez les sauvages ; idée de leur caractère moral ; sont-ils capables de vertus propres à chaque état ; fiers et satisfaits de leur existence ; la férocité développe leur caractère ; leur manière d'exister ; paradoxe à ce sujet.* 52

§. VIII. *Indifférence des sauvages pour leurs semblables ; idées qui règlent leur conduite ; ce qui les produit ; leur peu de sensibilité ; constance à souffrir.* Page 57

§. IX. *Enfance du sauvage et son éducation ; mariage des femmes ; anciens Bretons et Scandinaves ; leurs mariages ; état de leurs femmes ; Finlandois sauvages ; mariages et état des femmes dans l'Archipel austral ; chez les sauvages de l'Amérique ; manière d'acheter les femmes ; ce que l'on doit penser de la douceur de la vie sauvage ; climats où les femmes sont mieux traitées ; physique de l'amour chez les sauvages.* 62

§. X. *Education des enfans sauvages ; ils n'ont aucun égard pour leurs mères ; rapports des enfans aux pères considérés dans les deux états, sauvage et civilisé.* 75

§. XI. *Arts des peuples sauvages ; comment ils se peignent le corps ; parure et luxe ; moyens d'augmenter leur industrie ; difficultés d'y réussir.* 82

§. XII. *Iles Mariannes ou des Larrons ; idée de la moralité des naturels, les plus libres des hommes ; industrie à perfectionner dans les îles australes, et comment ; canots et barques ; chefs-d'œuvres de leur adresse.*
96

§. XIII. *Liberté, indépendance, causes des guerres des sauvages, comparées aux temps barbares de l'Europe; pourquoi antropophages; causes qui empêchent la population de s'accroître; loi du talion; comment exercée parmi eux; exemple singulier à ce sujet; usage et droit de vengeance; force de la coutume nationale.* Page 104

§. XIV. *Européens regardés comme ennemis, et pourquoi; aventure funeste; sauvages de la terre de Feu massacrent des Hollandais; idée de leur caractère et de leurs usages; grossièreté et barbarie; précautions à prendre avec eux; causes physiques de leur barbarie.* 111

§. XV. *Difficulté de civiliser et de changer les mœurs de quelques sauvages comparés avec quelques habitans de nos campagnes; force de la coutume chez les sauvages; police de quelques peuplades.* 119

§. XVI. *Natchez, sauvages de la Louisiane, comment civilisés; préceptes sages de leur Législateur; Temple du feu élevé chez eux; docilité avec laquelle ils se soumettent; cause qu'ils allèguent de leur destruction; retournent à leur première barbarie; fureur pour la vengeance; forment le projet de tuer tous les Français de la Loui-*

siane ; *cause de leur entière destruction.*
Page 122

§. XVII. *Union de quelques sauvages entr'eux ; leur opiniâtreté à se détruire ; absurdité de chercher des héros parmi eux ; sauvage au-dessous de l'homme civilisé.*
135

§. XVIII. *Peuples sauvages et barbares de la Tartarie ; Wodyacks, sauvages singuliers et intéressans ; Wogules, Tartares sauvages, leurs usages ; hordes d'autres Tartares errans ; Schamanes ou Soréans, peuplades de sauvages à l'extrémité de l'Asie ; Talengoutes ou Kalmoucs blancs ; leur grossiéreté.*
138

§. XIX. *Samoïèdes ; leur position sur le globe ; comment conformés ; tentes qu'ils habitent ; simplicité de leur morale et sagesse de leur conduite ; ils n'ont ni princes ni rois ; tribut qu'ils paient au Czar ; modération de leurs desirs ; conservent les traits primitifs de l'*Homme de la Nature *; préfèrent leur manière de vivre au faste des villes ; comparés aux peuples civilisés ; leur conduite avec leurs femmes ; ils les achètent ; jaloux et dans quelles circonstances.* 148

§. XX. *Femmes considérées dans l'état de nature et dans les commencemens de la* civilisation : portrait de la première femme par Milton. Page 162

§. XXI. *Des femmes et des mariages chez les Iroquois, les Hurons et autres peuples de l'Amérique.* 164

§. XXII. *Manière de vivre d'autres peuplades errantes au nord de l'Asie ; exemple frappant de désintéressement et de probité ; gouvernement intérieur de ces peuples ; leur insensibilité à la douleur ; leurs maladies ; nourriture de quelques peuples de l'Afrique, cause leur mort ; funérailles des sauvages et autres ; leur origine.* 178

§. XXIII. *Eskimaux sauvages de l'Amérique ; leurs précautions pour conserver la vue ; pays peu connu ; idées religieuses ; sont humains ; coutumes barbares envers leurs pères et mères ; nécessité les rend antropophages ; réponses fermes des* Hommes de la Nature; *loix par rapport au bonheur.* 186

§. XXIV. *Rennes, animaux domestiques ; chiens qui tirent les traîneaux ; combien utiles et estimés ; manière de les atteler.* 192

§. XXV. *Origine commune des différentes peuplades ; hommes sauvage et barbare comparés ; comment quelques-uns sont de-*

DES PARAGRAPHES. 459

venus antropophages ; exemples à ce sujet ; sauvage dénaturé et barbare attaché à ses habitudes. Page 196

§. XXVI. *Premières nuances de l'Homme de la Nature; communauté de biens ; Ottomacos, sauvages de l'Amérique ; comment gouvernés ; heureuse vie ; regrets pour les morts ; polygamie proscrite ; singularités de leurs mariages ; femmes esclaves ; traces intéressantes de la bonté primitive ; Salivas, sauvages doux et tranquilles ; soin de leur parure ; malheur des femmes qui font deux enfans d'une couche ; comment ils enterrent leurs morts.* 202

§. XXVII. *Causes de l'ignorance des sauvages ; comment leurs préjugés se conservent.*
210

§. XXVIII. *Qualités distinctives de quelques sauvages : Tépéaques de l'Amérique : leur politesse et intelligence : Tlascalans, nation brave : ses usages et mœurs : République sage : ses coutumes comparées à celles des Républiques de l'Europe : pluralité des femmes : aventure singulière d'un hermaphrodite : sauvages combattoient nuds quoiqu'habillés en autre temps : circonstances qui ont fait naître les mêmes usages : défauts* essentiels de ces usages : ce que les sauvages savent de cette origine. Page 212

§. XXIX. *Réflexions sur la moralité des sauvages : indifférence sur la réputation et la vie : pourquoi ils n'ont rien inventé ou perfectionné dans les climats les plus heureux : ce qu'ils y sont encore : les plus barbares s'entre-détruisent.* 223

§. XXX. *Monumens remarquables : preuves d'ancienne population : grandes révolutions dégradent l'Homme de la Nature et le rendent barbare : Chiriguanes, nation sauvage, inconstante : naturels de la terre de Feu : leur brutalité.* 231

§. XXXI. *Nature agreste comparée à la nature cultivée ; comment le sauvage jouit des bienfaits de la nature.* 239

§. XXXII. *Difficulté de suivre les idées d'un sauvage et de l'instruire ; défaite d'une garnison espagnole en Californie, et caractère des naturels ; ce qui arrête les instructions qu'on leur donne ; expéditions faites dans les montagnes du Pérou, pour instruire quelques peuplades ; état où on les a trouvées.*
242

§. XXXIII. *Manière dont il seroit possible d'instruire les sauvages ; les rappeller aux loix primitives de la nature ; sentimens de*

la vertu innée ; pitié naturelle à l'homme.
Page 249

§. XXXIV. *Bresiliens sauvages : leurs idées religieuses : projet d'un Ecossais pour civiliser les nouveaux Zélandais : état des Spartiates, lorsque Lycurgue leur donna des loix.* 253

§. XXXV. *Différence des températures : ce qu'elles produisent sur les hommes :* Homme de la Nature *fait peu pour son bien-être : idée avantageuse que ses usages simples et grossiers ont donnée de lui : la vertu lui appartient moins que l'homme civilisé : ses sentimens prouvés par ses actions : son penchant à l'inaction, considéré dans ses passions : n'est jamais qu'un enfant qui sent sa force.* 261

§. XXXVI. *Peuples qui ont conservé les premiers usages de la société : Arabes et Tartares, nobles, généreux et hospitaliers : tableau précieux des anciennes mœurs.* 273

§. XXXVII. *Longévité de l'Homme de la Nature : première éducation des enfans : ses défauts : avantage de celle des sauvages : dernières années de sa vie : sauvages qui abandonnent les malades et les vieillards*

TABLE

mourans : peu sensibles à leurs derniers momens, et pourquoi. Page 279

§. XXXVIII. *Des maladies, de la mort chez quelques peuples sauvages de l'Amérique.* 288

§. XXXIX. *De quelques vertus chez les peuples sauvages.* 297

§. XL. *Avant-propos : premières idées sur les opinions religieuses de l'*Homme de la Nature. 309

§. XLI. *Sentimens religieux; comment produits dans l'*Homme de la Nature*; grands effets de l'idée d'un Dieu; ses avantages.* 316

§. XLII. *Idée de Dieu : mêmes causes de l'origine des cultes chez les peuples sauvages comme chez les peuples civilisés : usages qui tiennent au sentiment d'une divinité bienfaisante de l'*Homme de la Nature *: religion des Algonquins, des Natchez, des Samoïèdes.* 322

§. XLIII. *Sentimens religieux des Mexicains de la province de* Mechouacan; *des Péruviens....* 340

§. XLIV. *Bresiliens barbares: leurs sentimens religieux et qualités sociales : leurs femmes : laborieuses et braves Amazones.* 349

§. XLV. *Polithéisme des Tlascalans comparé à la théogonie des Grecs : superstitions douces et humaines.* Page 356

§. XLVI. *Considérations sur quelques nations sauvages et barbares de l'Amérique : équilibre de bonheur dans les diverses conditions.* 363

§. XLVII. *Première réflexion de l'*Homme de la Nature *: croyance religieuse des insulaires de la mer du Sud : ce qu'ils disent de la création de l'ame, de son immortalité.* 370

§. XLVIII. *Mariages des Taïtiens : leurs Tatoüages, et de quelques autres peuples.* 387

§. XLIX. *Funérailles et cérémonies funèbres très-intéressantes pour l'*Homme de la Nature*, dans les îles de la mer du Sud; métempsycose.* 391

§. L. *Idée sur l'immortalité de l'ame : usages qui en résultent : opinions particulières : ame des bêtes.* 405

§. LI. *Crainte, principe de toute superstition : divination pratique, ancienne et illusoire : jongleurs et devins fourbes.* 410

§. LII. *Danses religieuses ; leur origine ; danses ou pantomimes.* 421

§. LIII. *De l'effet produit par les idées religieuses chez les peuples sauvages.* Page 425
§. LIV. *De quelques usages et cérémonies religieuses chez certains peuples de l'Amérique : purification des femmes et des filles : initiation des Indiens et des filles adultes.* 434
§. LV. *Conclusion du premier volume.* 444

Fin de la Table du premier volume.

www.ingramcontent.com/pod-product-compliance
Lightning Source LLC
Chambersburg PA
CBHW071717230426
43670CB00008B/1035